任玉岭

只为呼声成政声

崔秀芝◎编著

人民日报出版社
北 京

图书在版编目（CIP）数据

任玉岭：只为呼声成政声 / 崔秀芝编著 . -- 北京：
人民日报出版社 , 2021.8

ISBN 978-7-5115-6851-9

Ⅰ.①任…　Ⅱ.①崔…　Ⅲ.①任玉岭—传记
Ⅳ.① K825.31

中国版本图书馆 CIP 数据核字（2021）第 141569 号

书　　　名：**任玉岭：只为呼声成政声**
RENYULING: ZHIWEI HUSHENG CHENG ZHENGSHENG
编　　　著：崔秀芝

出 版 人：刘华新
责任编辑：宋　娜　刘思捷
特约编辑：杨文勇　梁　雁
封面设计：金　刚

出版发行：人民日报出版社
社　　址：北京金台西路 2 号
邮政编码：100733
发行热线：（010）65369527　65369846　65369509　65369510
邮购热线：（010）65369530　65363527
编辑热线：（010）65369521
网　　址：www.peopledailypress.com
经　　销：新华书店
印　　刷：保定市铭泰达印刷有限公司
法律顾问：北京科宇律师事务所　010-83622312

开　　本：710mm×1000mm　1/16
字　　数：240 千字
印　　张：17.25
版次印次：2021 年 8 月第 1 版　　2021 年 8 月第 1 次印刷

书　　号：ISBN 978-7-5115-6851-9
定　　价：55.00 元

2006年3月，任玉岭在全国政协十二届四次会议上发言

2004年8月，任玉岭（左）在宁夏西海固地区调研，与农民亲切交谈

任玉岭在人民大会堂与会议代表交流

目录

CONTENTS

序　言　壮丽七十年，奋斗新时代　　　　　　001

【上　篇】

第一章　艰辛多彩成长路　　　　　　003

第二章　实践淬火长本领　　　　　　008

第三章　科技创新攀高峰　　　　　　013

第四章　管理科技流芳多　　　　　　017

第五章　汗洒珠城铸辉煌　　　　　　023

【下　篇】

第六章　话说"任玉岭现象"　　　　　　035

第七章　建言"三农"，重中之重　　　　　　051

第八章 　 教育发展，永挂心间 　 　 　 　 079

第九章 　 关注医改，拳拳服膺 　 　 　 　 113

第十章 　 建言房改，百姓为先 　 　 　 　 147

第十一章 　 助推经济，负重致远 　 　 　 164

第十二章 　 建言科技，披肝沥胆 　 　 　 193

第十三章 　 社会治理，大胆建言 　 　 　 211

第十四章 　 文化道德建言，走在前沿 　 227

【 附 　 　 录 】

一 　 "共和国第一部书法大红袍" 　 　 　 238

二 　 抒发大爱的《中华三百名城颂》 　 　 248

三 　 任玉岭收藏及作品展览馆 　 　 　 251

壮丽七十年，奋斗新时代

任玉岭已从国务院参事岗位退休5个年头，然而，他仍忙于各种社会活动，奔波于祖国各地。2019年有一周，7天中他走了山东、江苏、江西、广东、福建、天津6个省市，做了6个报告。2019年7月，他在同一天收到9个会议邀请，最后，选择参加其中3场。2019年11月，一周内"今日头条"就发表了他的3篇会议发言，每篇发言都不少于5000字。仅从以上这些事例就可以看出这位退休的老人似乎比没退休前还要忙。为什么会有那么多地方、那么多会议邀请他？通过对任玉岭的了解和观察，我们认为：一是他做事甚多，知名度较高；二是他阅历丰富，知晓国情；三是他勤于学习，涉猎广泛；四是他低调清廉，乐于奉献。

一是他做事甚多，知名度较高。早在1965年，《天津日报》就用头版整版篇幅，以《年轻人敢想敢干敢攀世界高峰》为题，对任玉岭牵头完成的国家科技攻关项目进行报道。20世纪80年代任玉岭被任命为沿海开放城市北海市副市长时，他工作努力，最多同时分管21个单位或部门，赢得了"北海的冲击波"和"北海攻关市长"的称号。台湾《世界论坛报》以《情系那湾海，汗染那座城》为题，用两整版篇幅对他进行报道，当时的《时代潮》杂志也全文刊载了这篇文章。

1993年他在北京出席第八届全国政协会议时成了媒体关注的焦点，17家媒体刊登了他的照片。在全国政协委员任上，任玉岭因提案数量多、质量高，被媒体称为"任玉岭现象"。他任全国政协常委后，8次担任全国政协视察团副团长，多次受团长委托代表视察团同被视察省市的主要负责人直接对话，报告视察意见。仅此，就可以看出任玉岭在百姓心目中的地位。任玉岭先后被14所大学聘为兼职教授，被55家杂志聘为主编、编委或顾问，被多个单位聘为发展顾问，这都从侧面表明任玉岭在各行各业具有较高的知名度和一定的影响力。

二是他阅历丰富，知晓国情。任玉岭出生于卢沟桥事变的第二年。80多年来，他经历了日本侵华的战争灾难和河南的"水旱蝗汤"，也见证了新中国成立后的风风雨雨和中国社会的发展变化。

任玉岭除了求学经历外，一度在工厂和部队受过锻炼，参加过中国科学院野外考察队，担任过河北省农村生活工作队队员，当过大学教师，做过科研工作，搞过行政管理，创办和管理过国有企业和民营企业。他在天津、上海、北京工作过，也在特区、沿海开放城市奋斗过，东部、西部，南方、北方乃至国外30多个国家和地区都留下了他工作的足迹和身影。他在一段时间内同时任全国政协常委和国务院参事。当时，同时担任这两个职务的只有他一人，他更感使命光荣、责任重大。他牢记"知屋漏者在宇下、知政失者在草野"，每年都要走访中国20几个省、市、区调查和了解基层情况。2005年8月，当任玉岭随行的考察团在云南丽江登玉龙雪山时，他请了假，并请丽江的同志协助，开车到50公里外随机找了一个村子进行调研。一次他带中国京剧考察团在宁夏、云南考察，除了任务内的考察外，他还在地方政府的帮助下，进行了医疗考察和座谈。正是因为任玉岭有着广泛的阅历及对调查研究的重视，使得他对中国的国情、民情十分了解和熟悉，这是他每一个建言都能有的放矢的原因所在。

三是他勤于学习，涉猎广泛。这一点多表现在他长期参政议政的效果上。任玉岭担任了15年全国政协委员（担任政协常委10年）、14

年国务院参事。他还两次被聘为国家教育咨询委员会委员。任玉岭不管在哪个岗位上，都会为了更好完成使命，不断学习、填补自己的知识空白。任玉岭曾经写过一篇《当好政协委员的"六个三"》。其中，第一个"三"，就是学好三方面的知识，即学好党中央的指示，学好中国的优良传统，学好外国的经验。任玉岭是这么说也是这么做的。他在国家科委①工作期间，曾参与中国生物工程中心、中国星火总公司、中国味精技术公司的组建。为了把工作做好，他不仅重视在国内的学习，而且十分重视向国外学习。他考察过30多个国家和地区，其中日本就去过10多次。当他在餐桌上看到外国有而中国还没有的一些产品时，回国后就组织企业先后开发了中国第一瓶矿泉水、第一瓶干红葡萄酒、第一瓶干白葡萄酒、第一瓶格瓦斯、第一瓶椰奶等。他在北海市任副市长时，分管科技、地震、海洋、环保、城建、规划、信息等方面的工作，为了做好业务，他总是边干、边学，既向书本学习，又向同事学习，尤其是重视向实践学习。任玉岭上学时学的是俄语，后来为了研究工作和出国进修的需要又学了日语、英语和法语，他牵头翻译出版了3套共5册科技专著。为了更好建言经济建设，他读完了厚厚的《微观经济学》和《宏观经济学》；为了建言房地产，他专门买来大部头房地产专著，认真学习；为了建言物流发展，他还通读了《物流学教程》和相关专著。他关注历史、时政新闻及中央政策，书架上的很多典籍已被他翻阅得有些破旧了。

四是他低调清廉，乐于奉献。这主要体现在任玉岭工作、生活、为人的方方面面。早在1995年，《光明日报》上《真情系北海，丹心献珠城》一文报道指出，"任玉岭分管20多个部门，不管担子有多重，工作有多累，他总是知难而进，无怨无悔，满腔热情地在这片热土上辛勤耕耘"，"他不但严格要求自己，而且教育身边的10位

---

① 即国家科学技术委员会，1998年3月，更名为中华人民共和国科学技术部。2018年3月，科学技术部、国家外国专家局的职责整合，重新组建了科学技术部。

秘书，不谋私利，注意团结，努力奉献，以苦为乐，奋力拼搏。"

2005年《中国政协》第9期刊登了京剧大师胡芝风写的《任玉岭印象记》。2005年政协安排任玉岭做考察团团长，带队包括胡芝风在内的一批著名的京剧大家，赴5个省考察京剧发展概况。胡芝风原是清华大学工程物理系高才生，后又做了梅兰芳关门弟子。她一开始对任玉岭做团长有些担心，怕其完不成考察任务。几天过后，她完全改变了看法，并评价任玉岭说："他待人亲切随和，直爽热情，善解人意"，"他对考察工作认真、细致、踏实和实事求是"，"他写的考察总结，全体团员异口赞成，同声称好"，"他十个指头弹琴，废寝忘食的敬业精神达到惊人地步"。"毫不利己、专门利人"8个字和"全心全意为人民服务"的话语在他身上得到深刻体现。

"奢靡与腐败同在，俭朴与高尚同行"。任玉岭牢记"得一官不荣，失一官不辱，勿说一官无用，地方全靠一官"，他知道一个领导对地方的发展和对百姓福祉的重大意义，所以他在自己的岗位上努力做到"为官一任，造福一方"。同时他也知道，奢靡与腐败紧密相连，因此，他在工作、生活中从不奢华，牢牢守住底线。1986年他到河南巩义一家制药厂考察，对方看他是学生物化学的，又是主管酶与发酵工程的处长，就聘他为厂方顾问。当他返京走到郑州时，发现包内有2000元钱；回京后，他马上把这些钱通过邮局寄回巩义那家药厂。1992年，他在北海任职时，某产业城送他一张支票，他发现后马上送还了支票。当他多年后再回北海时，还有人记得这件事情。在一次出差中，任玉岭有两张票不能报销，秘书找到一家面粉厂给报销了。任玉岭知道后，马上让秘书把钱退回，不能报销的就绝不报销。

任玉岭的书法作品曾在多个地方拍卖，拍出后所得款项他大部分都捐献给了社会。一次在广东东莞，他将书法作品拍卖所得100多万元几乎悉数捐给了慈善机构。

任玉岭及其夫人长期资助学生。现在这些学生有的大学毕业参加了工作，有的已经博士毕业，当了副教授。

党的十九大报告提出乡村振兴战略，为了支持家乡发展，任玉岭又向家乡捐出 70 万元。

正是因为他阅历丰富，乐于奉献，这几十年中他曾到教学、科研、国企、民企、上市公司、国家机关、地方政府等多个岗位履职尽责。在全国政协他做过科技专委会委员、民族宗教专委会委员、信息专委会委员、经社理事会委员，还经常受邀参加考察，承担接待工作和出席论坛活动等。他在参事室做过社会发展组组长、宏观经济组成员，后又担任国家教育咨询委员会委员。科技、经济、教育、民族、宗教、信息、外事、社会发展等工作，进一步检验并提升了任玉岭的工作能力。他出版的专著涵盖了社会的很多方面，除了《中国政府参事论丛·任玉岭文集》外，他还出版有《大国民生》《任玉岭谈经济》《任玉岭论三农》《任玉岭建言城市化》《任玉岭论教育》《任玉岭访谈录》《任玉岭智库文选》《任玉岭讲演集》《任玉岭中华三百名城颂》和《任玉岭书法集》等，累计有 25 种之多，可谓著作等身。

基于对任玉岭的认识和了解，我们深感任玉岭不仅经历了"壮丽七十年"，而且还处在"奋斗新时代"。任玉岭因对国家建言成果之丰厚，作风直率且大胆，在改革开放 40 年之际，同杜润生、于光远等一起被评为"中国改革开放 40 年智库建设 40 人""中国改革 50 人"，并获得了"产学研促进功勋奖""企业社会责任功勋奖""中国改革功勋人物奖"等。在北京昌平、河南信阳、浙江长兴、福建厦门等地还建有 4 个上千平方米的"任玉岭收藏及作品展览馆"。这些展馆主要是展出他的书法、著作和藏品，其中也包括任玉岭获得的奖牌，如"辛亥革命 100 周年书法展金奖""中国共产党成立 60 周年书法展金奖""中国百名书画艺术家成就展金奖""海峡两岸书画交流展金奖"，以及"2017 年阿斯塔纳世博会经贸文化艺术展金奖"等。北京展馆中还有一块特殊的牌匾，表彰他为"嫦娥探月工程"

立项做出的特殊贡献。

　　任玉岭"只为呼声成政声"，形成"任玉岭现象"，实际上都是他这些丰富阅历的写照。丰富的社会实践、功外之功成就了他。

上　篇

第一章 艰辛多彩成长路

任玉岭是河南驻马店遂平县人。1937年卢沟桥事变后，日本侵略者的铁蹄迅速践踏中原，他家不得不由临近京汉铁路的县城迁到该县西部的嵖岈山寨上。山寨巍峨壮观，南关门、北关门常有士兵把守。一夫当关、万夫莫开的雄风英气至今还留在任玉岭的记忆里。

任玉岭1938年出生在这个山寨内的岭上，故此得名"玉岭"。他的家坐北朝南，而大门面向北方，出门向前眺望，近有猴石栩栩如生，远有北山白色的八卦亭古建筑雄踞山顶，由南到北的山体上有"礼义廉耻"四个大字。

提起嵖岈山，很多人并不陌生。远在革命年代，就有共产党人经常活动在这里，刘少奇、李先念、范文澜、刘子厚、陈先瑞、栗在山、王定烈都曾到过嵖岈山。1958年，新中国第一个人民公社就诞生在这里。毛泽东还曾乘专列来到遂平，在火车上听取了关于人民公社的汇报。任玉岭那时在南开大学读书，政治课上所学的"人民公社章程"，就是嵖岈山人民公社章程。今天嵖岈山已经是国家5A级风景区。

任玉岭出生后最初十年的光景，他的家乡一直处于战乱之中。任玉岭虽然没有目睹日本人烧杀抢掠的场面，但是发生在离他家十几里之外的一些悲惨事件，都曾通过大人的交谈传到他的耳朵里。例如，日本人曾在他家乡的县城内放火数天，200余名群众被杀。日本侵略者的残暴兽行，使很多百姓如惊弓之鸟。任玉岭的童年就是在逃难中度过的。他在一次外逃回家后，发现家里原先上锁的门全破了，屋里仅有的粮食也被抢光了。1944年他在乡下一座寺庙改建的学校里上课时，日本的飞机曾两次从学校上空飞过，并且还伴有机枪扫射。

冯小刚导演的《一九四二》反映了1942年河南因大旱民不聊生，以及逃难中发生的悲惨景象。有人说那时河南人民太苦了，而任玉岭看完电影后说，这种描述还远远不够，以他的经历，那年的蝗虫灾害，这个电影就没有反映出来。1942年8月，他的家乡发生了蝗虫天灾。那时蝗虫一到，遮天蔽日，房子门窗上爬满蝗虫，田地里生长的大豆、高粱、谷子、红薯，瞬间叶子全无。那一年，任玉岭家乡广大地区的庄稼颗粒无收，蝗虫灾害给人民群众的生活带来了巨大灾难。

在那个日军和皇协军横行霸道的年月里，人们连盐也吃不上。一段时期内，一斤盐需要用一斛（约30斤）麦子才可兑换。日常生活用的火柴也无法买到，百姓做饭生火，要用火石、火镰撞击取火。就连他小时候上学写字用的墨锭和纸张都无处购买，写大仿也常是用山上捡来的红石头研磨成汁来代替墨汁。写大仿没有宣纸，多是祭祀用的裱纸或一些很粗糙的包装纸。每年麦收前夕，青黄不接，人们往往要靠野菜和树叶充饥。很多家庭都是好几人用一条棉被，年轻男人在冬季常常是钻进喂牛的麦草堆里过夜。这些经历，不知不觉中培养了任玉岭的忧患意识和家国情怀。

任玉岭1943年进入小学读书，至1948年年底家乡解放，在近5年的时间里，他在县城和5个乡镇的6所学校读过书。2009年在国务院参事室工作时，他"回母校、进课堂、当学生"进行教育调研，与他同行的工作人员很不理解他为何在小学时换了这么多学校。其实这是因为他的父亲和两个舅舅都是教师，再加上任玉岭小学期间就热爱演讲，并多次在县里举行的演讲比赛中名列前茅，于是他就成了几个学校竞争的对象。小学期间的多校就读，不仅使任玉岭体会到城乡学校的区别，也使他深切感受了平原与山区不同的人文环境与自然景观。在城里读书时，他每天要听着钟声起床去学校早读，而且要穿上童子军服。在乡下读书时，他可以到河里游泳、摸鱼，并挖来泥巴，制作响铃烧制陶器。在山区读书时，他认识了山涧路边的各种野草、野花，

并学会了走山路、钻山洞。

小学期间，任玉岭的学习是比较拔尖的。1946年春天，他在遂平县濯阳一小读二年级，期末考试时，他取得了全校第一名的成绩。这次考试影响了他的一生。从那时起，他为了保持第一名的成绩，学习一直十分努力，从不需要家长催促和监督，总能自觉按时起床、按时上学，并能够集中精力听讲。

1949年，任玉岭进完小读五年级，那时正逢中华人民共和国成立，他参加了秧歌队，学会了打花棍、扭秧歌，庆祝中华人民共和国的成立。他还被安排到学校剧团，参加了《兄妹开荒》的表演。一次演出中，他不小心从舞台上摔下来，造成右臂脱臼和骨折。在这种情况下，他还是在考试中取得了班上第一名的成绩。班主任张子模老师常在班上讲"任玉岭是文武双全"，表扬他数学和语文都十分优秀。1993年，任玉岭在北海市任副市长时，有人提起了他的这位班主任。任玉岭知道老师的住处后，回到家乡去看望她。当时这位班主任已年过90岁，仍记得任玉岭的姓名。小学毕业时，班上有42个人，除了任玉岭被保送外，共有6人考进了县立初中。

任玉岭读初中时，十分不容易。他家离学校15公里，要背柴、背面给学校，方能入伙。那时的学校食堂很多时候吃的是高粱面饼子，喝的是高粱面稀饭。任玉岭作为一个不到13岁的男孩，经常要冒着风雪回家拿柴、拿面，手和脚年年被冻烂。他所在的初中是该县唯一的中学，是20世纪20年代由孔庙改造而成的。一进学校大门，映入眼帘的是一座状元桥，桥两侧有状元池，全校的教师都集中在原先孔庙中央高大的明伦堂里办公。老师们来自四面八方，有着较高的教学水平。

任玉岭家乡所在的信阳专区，20个县仅有一所高中，即信阳第一高级中学。中考会淘汰大部分考生，他所在的初中班那年毕业73人，被高中录取的不到1/3。信阳离遂平120公里，人们要乘坐运货的闷罐车到达信阳。那时学校是免费入学的，但吃饭还是要交费的。由于交不起饭钱，常有很多同学不能按时吃饭，有时要空着肚子去上课。学校帮困难学生找了一些工作，让他们半工半读，如给建筑工地运三合土，到水车生产厂转运水车。一些同学利用星期日和寒暑假做工，一天收入 1.25 元，这才解决了这些同学的吃饭问题。这两种工作任玉岭都参与过，他靠打工于 1957 年完成了高中学业。

高中期间任玉岭感受最深的一件事是 1956 年春天"向科学进军"的总动员。那年中央在中南海怀仁堂召开了科技大会，吹响了"向科学进军"的号角。信阳市的动员大会在信阳高中的大操场举行，到会的除各个学校的师生外，还有在信阳的中国人民解放军第五步兵学校的几千名学员。

1957 年任玉岭高中毕业，那一年国家大学招生开始紧缩。全国有 24 万高中毕业生，大学招生仅 10.7 万人。因此，1957 年几乎成了新中国成立后考大学最难的一年。任玉岭本来是计划学习中医的，北京中医学院是他首选的大学。但是，班主任对他说，"你学习不错，还是报考一个名牌学校吧。"班主任还说，"报北大可以，但是天外有天，竞争厉害些"，建议任玉岭报考南开大学。班主任很了解南开，说南开在抗战期间与北大、清华同为西南联大的成员。南开有很好的校风，周恩来总理就是南开毕业的。正是这样，任玉岭第一志愿报了南开，并被南开大学录取。

南开大学本科为五年制。任玉岭学习的是生理生化专业。在南开大学这 5 年，他除了学习生物系的大量课程与知识外，还学习了很多物理系、数学系、化学系的课程，特别是化学系的"定量化学""定性化学""无机化学""有机化学""分析化学""胶体化学""物理化学""生物化学""核酸化学"等课程，为他在化学领域奠定了坚实的基础。那时南开大学化学系全国排名第一，一个系就有 8 个学部委员。扎实的生物、化学专业基础为他后来研究工业微生物和参与国家的科技攻关创造了良好条件。

在南开大学学习期间，他担任校刊《人民南开》的记者和记者组组长，并参加了"双革""四化"、修海河闸等活动。在校期间，任玉岭有幸赶上1958年毛泽东主席考察南开大学。那天，他激动地到毛主席身边，后又跟随毛主席的轿车到天津大学主楼前，接受毛主席的检阅。时隔两年，1960年"五一"国际劳动节，毛主席在天津海河广场接见劳动模范和先进工作者，任玉岭又作为南开大学学生代表，参加了这次接见。1959年周恩来总理考察南开大学，当周总理走进任玉岭所在的宿舍时，他正好由宿舍走出来，在宿舍门口见到周总理；后来他在图书馆阅览室看书时，周总理又来到图书馆，任玉岭在那里又见到了周总理；之后周总理给全校师生做报告，任玉岭又聆听了周总理的演讲。在这次考察中，周总理没去吃学校安排好的招待餐，而是走进教师食堂吃了两个玉米面窝窝头和一碗棒子面粥。这些都给任玉岭留下了深刻印象，对他产生了深远影响。

1960年6月，南开大学为解决师资不足问题，允许一批念满三年级的学生提前毕业留校任教，任玉岭就是其中一个。他被安排在生物系微生物学教研室任助教，任务是同毛凤腾先生一起带五年级的生化大实验和做链霉素发酵的研究，同时接受了编写《工业微生物教材》的工作。后来因为困难时期到来，学校发展停滞，任玉岭在教师岗位工作一年之后，又重新回到班上，免除毕业论文和第二外语，补齐了五年制的全部功课，取得大学本科毕业证书。

第二章　实践淬火长本领

读书是学习，参加社会实践更是学习。

任玉岭回首往事，深深感到读书的重要性，但社会实践的锤炼，更使他受益匪浅。小学与初中期间的农村劳动和高中期间的半工半读，以及大学期间的修海河闸等，都给了他很好的锤炼。这些活动不仅锻炼了他的体质和意志，更增加了他对社会各方面的认识和了解。正如人们常说的那样，要"读万卷书，行万里路"，才能更有效地贡献国家、造福社会。

高小和初中期间只要有假日，任玉岭都要回家干农活。因家中种有十几亩地，父亲在外教书和行医，哥哥仅比他大两岁，所以任玉岭不仅要打草、养蚕、放牛、放驴、磨面、做豆腐，还要锄地、翻红薯秧，庄稼成熟的时候还要收割、打场等。农民那种面朝黄土背朝天的辛苦，任玉岭在童年全都体验过，这不仅使他了解了农村，也使他得到了磨炼。

任玉岭刚进大学，就参加了反右派斗争。那时学校里反右派斗争的大标语、大字报铺天盖地。批判右派的大字报和批判右派的斗争会，使他感到惶恐。正反两方面的教育使他开始走向成熟。反右斗争之后就是"大跃进"，报纸上报出了很多农业高产"卫星"。他所在的生物系，也要试种自己的亩产万斤试验田。学校组织他们深翻土地种植小麦，土地深翻达1米之深，施肥数量之多，让常人不可想象，每亩地种下的小麦种子有300斤。任玉岭因为在农村长大，而且在家乡种过小麦，他担心这样的麦苗长出来后恐怕会像头发一样细密；那么多的肥料，也一定会把幼苗"烧"死在襁褓之中。后来的事实也是如此。但在那个时候，谁都不敢反对，因为谁有不同看法，谁就会成为"观潮派"，会被批判。虽然很多人心照不宣，但表面上却是一片赞扬。还有，"大跃进"期间，南开大学学生食堂实行了无人售饭制度，讲的是大家觉悟高了，可以在无人验收情况下自己交费、取餐。结果，连临校天津大学的学生也来南开食堂吃饭，临离开还要背上一包馒头。几个月下来，食堂赔得一塌糊涂，最后，不得不撤销无人售饭制度。如此种种现象，虽然对任玉岭并不成熟的心灵带来了冲击，但这样的经历却增强了他后来讲真话、识曲直、辨善恶的意识和勇气。

在天津修海河闸也磨炼了任玉岭的意志，增强了他的体质。天津市区有一条海河，是中国七大河流之一，它汇集了来自燕山山系和太行山系的300多条支流。当初海河没有设闸，涨潮时，带有大量泥沙的渤海海水常灌进市内。1958年，为了让海河水由咸变淡、由浊变清，政府决定修海河闸。不像现在有挖掘机、推土机，那时候所有的土方都要靠人手挖、肩扛。任玉岭作为南开大学派往海河闸修建工地的一员，开赴工地后住在工棚里，在海河闸大坝下的滩涂上，有时挖泥装车，有时推轱辘马①运泥沙。在20多天的劳动中，随着堤坝不断升高，轱辘马的爬坡角度越来越大，人们的劳动强度也越来越高，加上天热，任玉岭总是处在汗流浃背之中。好在1958年能够"敞开肚皮吃饭，鼓足干劲干活"，而且天天有红烧肉吃，虽然很累，但在那种时代浪潮中，干起活来十分愉快。后来海河闸建好后，海河水变淡了、变清了，海河两岸的树木也渐渐多了起来。很多年后，任玉岭想起当年的场景，还是会生出自豪感和成就感。"幸福都是奋斗出来的"，在那个年代任玉岭就有了深切感受。

1958年冬，任玉岭被南开大学选派到驻扎在天津东郊的中国人民

---

①　一种人力斗车，通常下面有四个铁轱辘，大多用来运砂石、矿材等重物，被形象地称为"轱辘马"。

解放军66军去学军。虽然只有一个月的时间，却使他得到了多种实地训练，如操练、打靶、高射炮发射、坦克车实战等。特别是一天深夜1点，冒着零下20多度的严寒，去海边进行实战训练的经历，使他终生难忘。那天晚上任玉岭和一批战士穿过一条冰冻的河流时，因浮冰破裂，他们集体掉进了冰水之中。上岸后，所有人的衣服、双手、耳朵都冻得十分僵硬。只听指导员讲，上岸后不要停顿，千方百计小跑不止，手指不许握，耳朵不许碰。最后军车把他们拉回军营，大家在温暖的房间里进行了数小时的慢走才算恢复过来。在这次学军过程中，那些从抗美援朝战场上回来的解放军战士和首长，对他们的关心厚爱及严格要求，使任玉岭受益颇深。

1959年暑假，任玉岭参加了中国科学院的燕山植物考察队。中国科学院为了弄清燕山植物资源，为编写《中国植物志》创造条件，暑假期间在南开大学选调20多人组成了燕山植物考察队。燕山的最高峰叫都山，海拔1500米左右，位于承德地区的青龙县。考察队的第一个目标是登上都山顶峰，然后沿着宽城以南、遵化以北的长城，经迁西、迁安、滦县、丰润直到山海关。那时由天津到承德的路是很艰难的，他们先是从天津乘快车到达辽宁锦州，然后换慢车到达叶柏寿（今辽宁建平），再换闷罐车至平泉，最后乘卡车到承德。在承德市区休整后，又坐上卡车到宽城，之后换成了马车，不知什么时候又换成了毛驴，一人一头。因他们带有很多标本夹，毛驴的身上驮得满满的。他们一路行走，一路观察和采集。考察队历经50多天，穿越绵延数百里的燕山山脉，最后到达号称"天下第一关"的山海关。这期间任玉岭既巩固了在校所学的高等植物课程的分类知识，又认识了数百种新的植物，有属于被子植物、裸子植物的各种乔木，也有属于阴生和阳生的各种灌木和攀缘植物，更多的则是分布于多种科属的草本植物。这次考察任玉岭不仅完成了任务，而且得到了一次野外作业的训练，还欣赏了大自然的风光，看到了壮丽的祖国江山，尤其是脚下雄伟险峻的长城，更使任玉岭感受到劳动

人民的伟大和智慧。

最使任玉岭受到考验的是1960年参加河北省委生活工作队的一段经历。由于受当时社会"浮夸风"和自然灾害的影响，1960年下半年全国粮食供应骤紧。全国高校在1960年12月后不得不停课，学校吃饭采取了划卡的办法，一天的粮食分解成三顿，每顿饭不得超过规定的指标。这年12月9日，根据河北省委要求，南开大学抽调7名年轻教师，编入省委生活工作队。任玉岭这年6月提前毕业留校做了教师，也被抽调为工作队的一员。省委生活工作队在河北饭店集训后，进驻沧州地区。任玉岭所在的小分队先是到了桑园（今河北吴桥），当晚县里做了丰盛的晚餐招待他们。任玉岭一行见状，把地方干部叫到一起，责备他们在广大百姓吃饭紧张的时候，还在这里大吃大喝。地方干部虚心接受。第二天，地方干部对他们讲，从今天开始，按国家规定，给他们每人每天供应4两玉米面，除了食盐，其他什么也没有。以后几个月的时间里，任玉岭一行就是在每天早1两、晚1两、中午2两玉米面的供应标准下生活。

生活工作队的首要任务是拔麦秸和玉米秸，留作代食给人吃。那段时期在河北农村推广的制作代食的技术被称为"增量法"，方法是用浓石灰水浸泡玉米秸，经过蒸煮后，在搓板上搓出其中的"五碳糖"，用这些做代食同玉米面混合，如此1两玉米面加入9两"五碳糖"，就可做成一个大饽饽。但是因为石灰含量太高，碱性太大，人们每吃下增量法做的饽饽后，就要肚子疼。由于粮食紧缺，没有蛋白质，患浮肿的人很多。

这场灾难的出现，实际上与此前出现的"浮夸风"、粮食生产放"卫星"引发的寅吃卯粮、农村粮食亏空有直接关系。在任玉岭的记忆中，在河南放出小麦亩产超过千斤的"卫星"后，各地接二连三出现了亩产水稻过万斤的新闻。彭德怀元帅在回忆录中写道，1959年回家乡调查时，村民们都恳求他给弄点粮食吃，他故意反问大家说："报纸上不是讲我们这里的水稻亩产2万多斤吗？怎么还没有粮食吃呢？"1959年夏的一天，任玉岭在南开大学宿舍的报架上看到《天津日报》头版通栏标题《小站稻亩产12万斤》。后来，湖北麻城一位同志，曾于前些年在《炎黄春秋》刊文指出，他当年因反对县里上报水稻亩产3.6万斤，结果被批判20天，劳改13年。

　　任玉岭的这些经历，是他后来在参政议政的岗位上敢于讲真话和呼吁大家都来讲真话的缘由所在。

第三章　科技创新攀高峰

如前所述，1956年中央发起了"向科学进军"号召，钱三强、钱学森、钱伟长三人获国家科技一等奖，对任玉岭思想的影响之大，可以说延续一生。当时他所在的信阳高中要求每一个同学都要写下自己的奋斗目标。他公开表示，要学习"三钱"，争做一名教授或工程师，为社会主义建设贡献力量。后来在全国政协任职时，任玉岭同钱伟长副主席接触较多，也曾多次专门拜访他。三位钱先生为国家科技发展做出了贡献，对任玉岭来说，他们永远是一种榜样。

就在"向科学进军"号召发出后的第8个年头，1964年，任玉岭已经有了在南开大学任教和在天津工业微生物研究所及第一轻工业部食品发酵工业科学研究所的工作经历，组织上让他挑头担当起国家十二年科技攻关的使命。发酵法生产味精技术的研究由天津食品发酵研究所承担，任玉岭被委任为这个项目组的负责人。

20世纪80年代联合国粮农组织曾发布文件证明味精的安全性，之后，又进一步对它的安全性进行了确认。味精的化学成分是谷氨酸钠，谷氨酸广泛分布和大量存在于各种谷物内。谷氨酸的钠盐因其鲜味被发现后，作为调味品得到广泛应用。20世纪60年代前，我国有天津、上海、沈阳、重庆、无锡5家味精厂。因生产成本高、效率低，市场上味精供应较少，味精成了一种"奢侈品"。以天津味精厂为例，原先生产味精，要用小麦制成面筋，再加入大量盐酸进行分解后，才可提取出其中的谷氨酸。这种传统的方法，生产1吨味精要用36吨小麦，而且在生产过程中，盐酸使用量很大，工人安全难以得到保障。为改变味精生产中耗粮多、产量低、效率差和生产环境腐蚀性强的状况，"十二年科技规划"提出了以淀粉糖作原料、用微生物发酵法制取味精的攻关课题。

发酵法生产味精的新技术是1957年日本协和发酵公司发明的。用该方法生产的味精无毒无害，而且生产过程安全可靠、成本低、效率高，有益于减少粮食消耗，降低产品售价，利于大众享用。但由于这一技术严格保密，中国多次赴日考察都被拒之门外。为了攻下这一新的生产技术难关，从1958年起，北京大学、中国科学院上海生物化学研究所、第一轻工业部食品发酵工业科学研究所、中国科学院微生物研究所、中国科学院林业土壤研究所、上海市工业微生物研究所、天津食品发酵研究所等都投入相当大的力量，进行较长时间的研究。"十二年科技规划"安排给天津市的这一攻关任务，就是要在这个基础上提升小试的水平，进行中试，集中力量使之突破，从而能够达到大生产要求的各项技术指标。

那段时期，只要是列入国家科技规划的课题，都会得到各方面的大力支持。为了这个项目组的人员配备和开题筹建，任玉岭先后在第一轻工业部食品发酵工业科学研究所、北京大学生物系、上海市工业微生物研究所、中国科学院上海生物化学研究所以及南开大学请教了诸多老前辈，如时任第一轻工业部食品发酵工业科学研究所所长秦含章教授、北京大学钱存柔教授、上海市工业微生物研究所陈陶声教授、中国科学院上海生物化学研究所周光宇教授、南开大学周与良教授等，这些专家都给予了很多指导。任玉岭还在北京大学、中国科学院上海生物化学研究所、上海市工业微生物研究所等进行参观学习。

当时任玉岭所在的天津食品发酵研究所十分重视他的意见。在天津市人事局的支持下，一批北京大学、南开大学、复旦大学、南京大学、吉林大学、山东大学、河北大学、天津轻工学院等毕业的年轻人分配到了他领导的攻关小组。研究所需要的设备，也通过各种渠道一一配备齐全。其中必须用的摇床因没处购买，任玉岭就凭自己曾经从抗生素生产线中看到的摇床模样，用硬纸壳剪贴、拼接成模型，交由后勤师傅加工而成。

因为这一课题是国家项目，第一轻工业部食品发酵工业科学研究所、中国科学院微生物研究所、天津味精厂也派出了多位有经验的工程师、助理研究员、技术员参与支援。在小试取得初步成功之后，又开始了中间试验，一批有经验的老工人也参与其中，任玉岭领导的攻关团队一度达到近30人。

为了抢时间、赶进度，任玉岭曾连续几个月没回过宿舍，除了吃饭就是整理与分析实验结果，制定每天的小试与中试实验方案。为了制备发酵原料，任玉岭学会了用大豆高压水解制取含全氨基酸的"黑废液"，学会了用高压水解淀粉制葡萄糖，学会了过滤、浓缩、分离结晶等生物化工的全过程。为了制取无菌空气，他亲自参加空气过滤器中棉花与活性炭的配料和装填。为了控制发酵、水解和结晶的供气、供氧和保温，他在很长时期内坚持一天24小时不离开实验现场。晚上困了，他就睡在乒乓球台上，有时也住在车间里，用砖头当枕头，用报纸当褥子，用工作服当被子。

经过一年多的集体奋斗，近万个配方与样本的实验，终于告别了36吨小麦生产1吨味精的时代，他们取得了用5吨红薯干生产1吨味精的研究成果，达到了产业化的技术指标，味精生产成本大为降低。1965年夏，专家组对该项目进行技术鉴定。来自轻工业部、中国科学院、河北省政府、江苏省政府、天津市政府及近20个研究机构和大学的专家齐聚天津科学会堂，听取了任玉岭的汇报和专家组的审查意见，专家组肯定了这一成果达到了先进水平，并认为这是对味精生产的一次革命，做出了进行推广的评定。《天津日报》头版以《年轻人敢想敢干敢攀世界高峰》为题对这一科技攻关进行了报道。

这个项目成功后，国家科委以《中华人民共和国科技成果报告》为题正式出版了由任玉岭撰写并署名的研究报告。除了国家科委印制的4000册报告外，天津食品发酵研究所又印制5000册全套资料发向各有关省市和单位。此后的10年时间里，全国各地用这一技术建起了210家味精厂。攻关成功后，项目承担单位一是要申请国家科技奖，二是要任命任玉岭为工程师。遗憾的是因"文革"开始，项目不得不停止。

"文革"期间，任玉岭所在的研究所领导成了"走资派"；任玉岭成了"'走资派'的红人"和"修正主义苗子"，被戴上大牌子进行陪斗。项目组长也被夺了权。好在工宣队派来的新组长崔玉兰是个老工人，她私下找到任玉岭说，"我斗大的字不识一麻袋，你该咋干还咋干，我在后面支持你。"这样，后来"文革"中任玉岭又牵头完成了酶法制葡萄糖的研究、发酵法制甘露醇的研究，分别在天津葡萄糖厂和天津卫东食品厂建成生产线，又创下两个国内第一。

后来天津又组织了包括南开大学在内的10家研究单位和企业共同参与的"工业细菌战"项目，并把研究放在天津印染厂，由任玉岭做总指挥。在研究发酵法制味精的过程中，因需要查阅日文资料，他边工作，边去进修学院学习日语，并且通过学习翻译了大批资料。由他牵头翻译的东京大学教授有马启著的《石油发酵》一书在科学出版社出版后，出版社又委托他牵头翻译《发酵与微生物》3册；后来，任玉岭还为化学工业出版社翻译了《用生物净化环境》一书。

第四章　管理科技流芳多

　　根据中国科学院微生物研究所的安排，1979年任玉岭走进了中国科学院研究生院学习法语。一年半不到的学习结束后，绝大多数同学去了法国。任玉岭本来是要去法国图卢兹生物技术中心做访问学者，恰巧在联系过程中，国家科委借调他去组织生物科技的"六五"国家科技攻关计划攻关。后来任玉岭虽然收到了法国的邀请，但他选择继续在国家科委工作。

　　他被借调到国家科委后，在新技术局工作。一天，地质部的一个报告被批转到国家科委征求意见，经过近两周的时间转到新技术局。时任国家科委常务副主任赵东宛向新技术局局长胡兆森交办说，越快越好，不能再耽误下去了。任玉岭接到这个紧急任务后，当天晚上先是请教专家，然后根据他掌握的情况和资料，很快写出了意见稿。第二天一上班，局长便把这个稿子拿给赵东宛副主任征求意见。没想到赵东宛副主任阅后即刻提笔在报告上批示"很好，立即付印"，并让报中央领导。任玉岭对这个报告处理之快、之好，让局长印象深刻。之后局长找到任玉岭，让他不要再去法国了。由此，任玉岭从中国科学院调进了国家科委新技术局。

　　在国家科委工作期间，任玉岭还为美国康奈尔大学吴瑞教授和马里兰大学孔宪铎教授等草拟了《关于成立国家科委中国生物工程中心的建言》，相关领导批示国家科委进行组建。任玉岭又依国家科委的部署，参与了中国生物工程中心的组建。之后他还参与组建了中国—欧洲共同体生物技术中心和中国星火总公司。

1983年，中国生物技术发展中心成立后，任玉岭兼任酶和发酵处及咨询与推广处两个处的处长。他除了推进生物工程技术的研发推广外，还肩负了国家星火计划中的酒类、菌类、饮料、饲料与饲料添加剂、保健品及中药材和新兴生物技术的促进与推广任务。他在分管酒类科技的发展中，还建言四川省在省内6.5万家酒作坊的基础上，集中力量做大做强几个基础较好的酒厂。为此四川省委和省政府聘任任玉岭做科技顾问。1987年，根据国家科委的安排，任玉岭又担任了中国星火总公司总工程师。

在国家科委工作期间，因工作需要，任玉岭曾考察了20多个国家和地区。这使他不仅开阔了眼界，解放了思想，而且结识了一大批企业集团、高等院校和研究机构的专家学者。

那时出国需要政审，人事局政审件一般是去哪个国家就批哪个国家。而任玉岭任务甚多，人事局为方便他的考察，在他的政审件上干脆写下了"世界各国"。

日本、北美、欧洲是任玉岭当时考察较多的地方，他考察的重点多是大学、研究院所和知名企业。20世纪80年代初，因我国刚刚改革开放不久，中国政府的出访代表团受到了国外有关方面的关注，特别是国外的企业。一是它们十分需要了解中国的情况；二是它们很想打开中国的市场，所以它们的接待十分周到热情。任玉岭在国外参观考察中受益匪浅。

一次任玉岭随国家科委杨浚副主任到日本考察，在日本三菱公司的安排下，他们不仅考察了日本三菱系统的众多企业，还考察了诸如协和、住友、索尼、味之素、麒麟、三得利、东胜葡萄酒厂及新日铁等大型企业。这次考察给任玉岭印象最深的是日本企业在创新方面的所作所为，他认识到中国与日本之间的差距。一是日本三得利研究院的研发投入高达销售额的15%，在研发投入上当时中国无可比拟。二是在北海道参观的东胜葡萄酒厂，本来是20世纪60年代在中国吉林通化葡萄酒厂学习后建立起来的，而进入80年代，他们却以崭新的生产线出口给了我国新疆的鄯善，这让任玉岭为之震惊。

1984年，任玉岭随广东团到欧洲考察生物技术，一次就走访了13个国家，仅在德国就考察了5个城市和十几家大型企业。其中德国一家公司为了让他们参观其在奥地利和匈牙利的子公司，带他们走了3个国家。在匈牙利布达佩斯酵母厂参观时，任玉岭想起此前中国与德国洽谈购买活性干酵母技术的事。为了发面制馒头、制面包，填补中国活性干酵母的空白，中国拟向德国引进这一技术。1983年，中方曾经与德国企业进行洽谈，但因为德方要价太高，引进没能成功。在这次到匈牙利布达佩斯酵母厂考察生产工艺时，他一眼便看见在活性干酵母包装工段前添加了一种东西，经他询问后，工人告诉他，加的是柠檬酸，添加量是0.3%。任玉岭断定这就是保鲜剂。回国后他给上海酵母厂王伯康厂长打了电话，我国的活性干酵母就此诞生。后来任玉岭作为中国星火总公司的总工程师，又支持宜昌市建起了安琪酵母厂。

在国家科委工作期间，任玉岭多次参加国际会议，如在日本东京召开的亚太经济讨论会和在美国伯克利召开的北美生物技术讨论会等。

在亚太经济讨论会期间，任玉岭了解到当年原子弹爆炸的地方，很多植物都不生长了，而唯独松茸菌长得很好，后经日本专家研究证实松茸是抗辐射的。日本人很喜欢吃松茸，想从中国进口。任玉岭是学微生物的，再加之他身边有同志是长期做食用菌研究的，对此他有大概了解。于是他告诉东京蔬菜公司总经理，中国云南、四川都出产松茸。此前，中国的松茸在云南并没有引起重视，一斤新鲜松茸也就几元钱。而后来，日本开始进口这种食用菌后，松茸的价格涨到了几百元一斤。

1985年任玉岭在美国伯克利出席北美生物技术讨论会，会址设在加利福尼亚大学伯克利分校。这次会议由美国康奈尔大学吴瑞教授和马里兰大学孔宪铎教授牵头，到会的有500多人，当时生物学方面的很多留学生都到会了，中国台湾参会的学者也很多。在会上，任玉岭被吸收为北美洲生物学会会员，并结识了一大批中国留学生和访美学者。这次会后，任玉岭去硅谷进行考察，在那里他看到了科技孵化器的运作，也了解到风险资金对年轻人创新创业的支持和做法，特别是科技园区对科技发展的推动作用。

为了推进饲料工业的发展，任玉岭还以星火计划的名义推进和参与了中国第一条饲料添加剂生产线引进的工作。1986年，广东省顺德县北滘镇建起了中国第一个饲料添加剂工厂，从此，中国饲料业开始大发展。

在国外考察参观中，任玉岭发现国外餐桌上有矿泉水、果汁，尤其是干红、干白葡萄酒，当时中国还没有干红和干白葡萄酒，都是甜葡萄酒。受此启发，回国后，任玉岭狠抓干红和干白葡萄酒的开发，并将其立项为国家星火计划。如此，在专家与企业的共同努力下，中国第一瓶干白葡萄酒、第一瓶干红葡萄酒、第一瓶矿泉水、第一瓶格瓦斯、第一瓶可乐、第一瓶椰奶等相继诞生，并逐渐走上了百姓的餐桌。

为了引入"一村一品"运动，在20世纪80年代中期，任玉岭两次走进日本大分县，并同大分县知事平松守彦深入交谈。回国后，任玉岭一方面在报刊上进行介绍，另一方面结合星火计划的实施，促进"一村一品"运动在中国的落实。为引进"公司＋农户"的农业合作组织形式，任玉岭根据国务委员兼国家科委主任宋健的指示，把在日本、奥地利和加拿大看到的农业合作组织分为三种类型，并绘图示意出它们的各自特点，一方面撰文出书，另一方面组织培训班，并演讲力推。为中国"一村一品"的产业发展和"公司＋农户"的农业合作组织的建立，起到了开先河的作用。

为在星火计划实施中推广蘑菇的种植，任玉岭还发挥自己的专业特长，撰写了2万多字《要想富种蘑菇》教程。文章除在杂志上发表外，任玉岭还先后在安徽、湖北、河南进行多次讲演宣传。

娃哈哈也是在国家星火计划支持下得以崛起的。当年，星火计划在杭州投资支持了品牌为"保灵"的花粉口服液。宗庆后的弟弟宗泽后大学毕业后在保灵口服液厂任推销员，他了解到花粉口服液的客户多是为自己的孩子购买的。为此，宗泽后同任玉岭商量，希望他作为国家星火计划的总工程师能批一个专给孩子喝的口服液。当时口服液项目较多，而且市场形势不明朗。任玉岭同宗泽后商量，认为可以先干起来，然后再择机审批。就这样，娃哈哈在浙江卫生研究院和保灵公司负责人朱成鹏的支持下，在宗庆后的校办工厂内开始投产。约8个月后，这个厂赚了38万元。任玉岭给浙江科委的同志打电话讲了这个项目的情况，建议列入国家星火计划。此后两年时间里，娃哈哈在星火计划支持下迅速发展，销售额很快超过1亿元。

1984年3月，任玉岭在办公室的文件架上看到一份文件中写道，公司制是当代企业管理的最好模式。当时国内200多家味精厂总产量不到10万吨，但产品仍出现了滞销。于是他便结合味精行业的情况，提笔写下了组建中国味精技术公司的申请报告。这个申请报告同时得到了商业部和中国食品协会的批准，相关领导在此报告上批示："像这样的公司建得越多越好。"

中国味精技术公司组建后，任玉岭被任命为董事长。上任后，他提出三条改革意见：一是进人不要档案，只需两位理事推荐；二是实行高工资制，比社会上高一倍，增加公司吸引力；三是实行小汽车办公，提高工作效率。公司还组建了推广新菌种的技术小分队，通过为企业服务获取报酬。中国味精技术公司组建当年就创下了600万元净收入，《人民日报》对此做了长篇报道并配发评论员文章。

在任玉岭兼任中国味精技术公司董事长期间，他把从日本协和发酵公司得到的技术资料交给公司推进研发，取得了29项拓展味精应用的调料与汤料研发成果。在任董事长期间，任玉岭也支持年轻人创业、创新。总部在上海的太太乐公司创始人荣耀中就是当年的被支持者之一。2013年春节，荣耀中发给任玉岭一条短信："任老师，2012年太太乐鸡精产销超过10万吨，1亿多家庭，20多万个餐馆，过4亿的消费者享受到舌尖上的鲜美。在庆祝这一成就时，不禁想到您在1984年对我的关心和支持，心存感激和美好回忆。祝您春节快乐，身体健康，希望在春暖花开时请您到上海指导。学生荣耀中敬上。"

第五章　汗洒珠城铸辉煌

任玉岭1989年秋天到北海市任副市长。第一次找任玉岭谈话到北海任职的是中共中央委员、国家科委常务副主任蒋民宽。任玉岭曾经在1981年、1983年、1984年先后拒绝去深圳、广州、珠海工作的机会，这次让他去北海，他起初也有些犹豫。更何况在广西工作的老同学还告诉他，北海一是远、二是热、三是穷、四是帮派严重，这就使他更加踌躇不前了。但是当蒋民宽副主任讲到党组已经做出决定时，他便二话没说，同意去北海市。

国务委员兼国家科委主任宋健同志对任玉岭讲："你是长期分管项目的，到北海后不能就项目论项目了，一定要从宏观上、总体上、战略上推进北海的发展，在北海工作的时间可长可短，干不下去时可以早回，如觉必要，可多干几年。"

任玉岭于1989年9月11日由北京启程赴广西北海上任。当时广西省会南宁的机场停航改建，任玉岭乘火车由北京出发，第三天中午到达南宁。到南宁车站接他的是广西壮族自治区组织部一位处长和北海市政府办公室主任，他们乘坐一辆白色面包车，翻山越岭走了8个小时才到北海。

1989年的北海，全市只有一处红绿灯，市区财政收入只有6000万元，GDP 9亿元，工业产值12亿元。到北海后，任玉岭很想把北海的珍珠和贝雕产品拿到北京进行展览和宣传，结果在北京找好了免费展厅后，却因为拿不出运费和工作人员的差旅费而搁浅。

任玉岭初到北海，城市里极为冷清。当时，时任北海市市长的张发强，一方面让秘书长刘玉灏同志给任玉岭找来中央给北海的开放文件和北海地方志让他了解市情，另一方面陪着任玉岭在合浦县各乡镇进行全面考察，使任玉岭了解北海的历史、文化和资源。

改革开放后，北海虽然很快建了一个机场，但直至1989年，机场每周只有两架次飞往广州的航班。民航局看没有生意做，在任玉岭去北海前就已经停飞了。1989年除夕，市里让任玉岭到北京商谈一个由奥地利引进的蓄电池项目。时间紧急，任玉岭只好坐12个小时汽车到广州乘飞机。等飞机到达北京时，已是次日凌晨2点。

当时离北海最近的国家是越南。为了解越南的市场，1990年年初，任玉岭以北海边贸总公司董事长的身份带几位同志去越南进行考察，从东兴到下龙湾的300多公里路程，12个人挤在一辆破旧的北京军用吉普上。那次他们经海防、河内到西贡，深入考察了越南经济发展情况。越南那时的经济仍十分落后，人均收入也很低。尽管这样的环境很难为北海的发展提供市场和机遇，但是，任玉岭却看到越南旅游在未来的商机。

任玉岭刚到北海时，有人说这里是盲肠地角，不可能有大的发展。为了克服观念带给发展的阻力，他在全面调查了北海的情况后，根据市里的安排，在1990年元月召开的北海两会上做了报告。报告中，任玉岭分析了北海原先发展困难与"三进、三出、三上、三下"直接相关，但进入20世纪90年代，北海前进路上的坚冰已经打破，航道已经开通。他指出，北海不是盲肠地角，而是"一城系五南，一口通六西""一个面向、两个背靠、三个临近"。北海作为大西南和中南最近的出海口，而且面向东南亚，临近大特区海南、经济发达的广东和"亚洲四小龙"之一的香港，发展大有希望。在谈到怎样发展北海时，任玉岭提出了"五个三"，即确立"三种观念"（开放观念、商品经济观念、科技兴市观念），树立"三个观点"（发展工业为重的观点、发展外向型经济的观点、从北海实际出发的观点），搞好"三引进"（引进资金、引进技术、引进人才），引进"三种人"（戴眼镜的、说普通话的、讲外国语的），开发"三S"（海水、阳光、沙子，即Sea、Sunshine、Sand，以S开头的当代旅游三要素）。任玉岭做完这个报告后，北海市人大第三天就通知任玉岭向常委会汇报工作。此后北海市人大做了会议纪要并报给了北海市委，接着市委书记找到任玉岭，要为他配两位秘书，还推荐了一位由加拿大留学回来的同志做任玉岭的外语秘书。过了几天，北海市委常委会决定并下发文件为任玉岭配10位秘书，组成任玉岭副市长办公室。

因为工作需要，任玉岭曾两次到日本大分县了解和学习"一村一品"运动。大分县的知事平松守彦，谈到大分县的发展是靠一个重要的理念，那就是一定要使当地人热爱大分、建设大分。任玉岭到北海后，为了动员北海人更好建设北海，第一个提出了"热爱北海"的口号。任玉岭到北海还不足两个月时，就有记者采访他说："您能否用一句话讲一讲对北海的印象？"他用四个字回答这位记者，"我爱北海。"在座的军分区政委听到后，很快找到任玉岭，请他为军分区指战员做一场"我爱北海"的报告。接着海军师政委也请他向海军指战员做"我爱北海"的报告。之后银海区书记、北海师范学校校长，以及设在合浦的钦州师范校长等都来请他向干部和师生做报告。"我爱北海"的报告让更多人开阔了眼界，了解到外边的世界，进一步认识了北海的发展优势，对北海的发展充满了信心。

任玉岭办公室成立后，为了不辜负中央和北海市委的重托，任玉岭立即开始着手策划怎样把这个城市建设起来。当时北海市城区260平方公里土地全部享受开发区政策，外来投资可免二减三，但此政策已有五年了，北海还没有一个开发区。后来任玉岭在北海巧遇国家经济体制改革委员会的同志，双方共同探讨了建设乡镇企业城和保税区的设想。为了抓住这一机会，任玉岭连夜赶出了两个开发区建设的方案与协议。因为国家经济体制改革委员会的同志第二天上午要离开北海，任玉岭就借吃早饭的时间，与他们签了协议书。这个协议书报到政府后，有工作人员说，没请示就签约，怕有不妥。但市委书记却给出了"此事事关重大，一定要抓住不放，争取能够办成"的回应。这件事在北海引起的反响极大，可以说这是北海大开发的信号弹，也是北海各类开发区建设的信号弹。此后不久，邓小平南方谈话更加激发了人们的改革开放热情，北海也开始了经济开发大潮。

任玉岭把宣传、介绍北海和提高北海的知名度当作头等大事来抓。到北海后，他查阅相关资料，写下并发表了《古老而新兴的北海市》一文。后来，他又把这篇文章以签名信的方式，用中、英两种文字发给国内外相关单位和企业。当得知南宁车辆段的谢段长是河南老乡后，任玉岭便请求他提供火车上的播音方便，让他在广西往返北京的列车上宣传北海。在车辆段的大力支持下，任玉岭只要乘火车往返广西，都会用广播介绍北海。

进入1990年，到北海考察的人迅速增多，一些国家会议也走进了北海。任玉岭让秘书长与各个会议组联系，找机会向代表们介绍北海。1991年春的一天，一上午有4个会分别在4个宾馆举行，秘书长在与会议组联系后，任玉岭4个小时走访了这4个会场，每个会场讲40分钟。讲话结束后他就回了北京，没想到回北京后，他一句话都讲不出来了——喉咙因为用力过度发炎了。

1991年元旦，人民日报社29位记者到北海休假。为了宣传北海，任玉岭马上把北海的区位优势及其加速发展的必要性写成了建议，请人民日报关注和报道。后来，他又把这个建议送给去北京开两会的北海市人大代表和广西壮族自治区政协副主席，请他们在会上做提案。他们被任玉岭的行为所感动，都很努力地做了提案和发言。

1990年，在贵阳召开西南五省七方会，在成都召开了西南56市市长会，任玉岭利用各种机会在分组会和大会上介绍北海，并把来年的年会争取到在北海召开，为人们了解北海和提高北海的知名度发挥重要作用。

来年在北海召开的西南56市的市长联席会议上，时任副总理邹家华莅临指导。任玉岭看到了重庆、成都对北海开发的重要作用，便借机同成都市市长黄寅逵商量签订两市的合作协议，协议条款除了安排由成都市政府组织各委局办和企业家到北海考察投资兴业外，两市还结成了友好城市。后来该协议向中央政治局委员、四川省委书记杨汝岱汇报后，杨书记在四川提出"借北海之边出境和借北海之船出海"，对北海的发展起到了一定的推动作用。

1992年4月，任玉岭参加中国市长考察团，到美国培训和考察。这个团由28位市长组成，从北京出发。在出发前，北京广播电视台请任玉岭去介绍北海。这次访谈时间长达一个小时，最后他还回答了听众的问题。

中国市长代表团在美国走访了很多地方。有一天美国之音记者出现在中国市长代表团面前，鉴于美国之音一贯的"不友好"立场，面对记者，多数人都在退避。这时候任玉岭第一个站出来接过话筒，全面地向美国听众介绍了中国北海。随后，烟台市市长、洛阳市市长也都接受了采访。那次考察回国后，好多人见到任玉岭都提起他积极介绍北海的这一事情，这让他十分欣慰，感到宣传北海的目的达到了。

任玉岭由美国返京时，刚下飞机回到家中，中国国际广播电台就来采访他了，然后中央人民广播电台又做了40分钟录音。由此可见，各大媒体是多么重视北海的发展和对北海的宣传。任全国政协委员那些年，任玉岭每年都是两会上记者的重点采访对象，他利用一切机会向大会介绍北海情况。

一次，任玉岭向中国科学院院长周光召汇报北海的开发情况。本来约定汇报20分钟，结果周院长同他谈了一个小时。最后周光召院长告诉秘书长，要任玉岭到正在友谊宾馆召开的产学研合作大会上介绍北海。第二天，《中国科学报》的头版头条刊出任玉岭在科学院做报告的相关报道。

当时中央电视台有一档节目《九州方圆》，专门介绍各地情况。任玉岭看到之后，找到了央视节目主持人康平同志，请他到北海进行采访。节目组原来是准备做一集节目的，经过任玉岭的介绍和提议，共做了四个专题，对北海进行了全方位报道。央视著名主持人李瑞英、王小丫都分别在北海和北京对任玉岭进行过采访。

1991年任玉岭在大连参加槐花节。受大连槐花节启发，回北海后他通过秘书提出了举办珍珠节的建议，并得到多方面的支持。1994年北海举行第二届珍珠节时，任玉岭负责展览及展馆建设，从找地方、找资金到找承建单位和承办部门，都由他指挥。由于当时北海投资企业多、开发区多，大的工程公司多，所以仅用了88天，就建成了连配套设施在内的4万平方米展馆建筑。中建八局、中铁十二局、中冶十六局都参与了展馆施工，并立下汗马功劳。在时间紧、招展困难的情况下，任玉岭召开了各地驻北海的办事处主任会议，很快来自26个省的760家展出单位参展，布置摊位888个。光明日报社总编辑徐光春听了他的介绍，看了展馆的规模后说了句"比深圳速度还速度"。徐光春回北京后，在《光明日报》头版头条介绍了北海的快速发展。

为了提高北海的知名度，任玉岭不仅用了列车上的广播站、首航飞机上的扩音器，而且很多城市、大学、开发区、企业的讲坛都成了他宣传北海的重要阵地。任玉岭出席最多的还有一些年会和媒体的宣传会，如海岛开发会、全国政协会、城郊经济会、少数民族首府市长会、沿海开放城市科技会、西南56市市长会等。其秘书统计过，几年中任玉岭在国内国外的会议、媒体所做的访谈和讲话达500场/次以上，几乎每场/次都会宣传介绍北海。

时任中央外宣办主任金晖到北海考察，听了任玉岭的介绍后决定在北海建起宣传制作中心；中新社社长张帆到北海考察后，在北海设立了广西分社，并且按照广西壮族自治区政协副主席姚克鲁给任玉岭的《北海冲击波》的评价，写出了《北海的冲击波——任玉岭》长篇报道，发表在海外几家报纸上；光明日报社社长在北海考察后调走了任玉岭一个学新闻的秘书，在北海设立了光明日报社记者站；任玉岭还请相关部门批准在北海出版《沿海科技与经济》杂志等。所有这些，都成了宣传北海、让人们了解北海的阵地，为北海的大发展做出了贡献。

任玉岭到北海后得知，胡耀邦任总书记时，曾经两次到达北海，为北海的对外开放和进入首批沿海开放城市行列做了大量调研。为此，他借到北京出差的机会，代表北海市委、市政府专程看望了胡耀邦同志的夫人李昭同志，聆听了李昭同志关于北海用好区位优势加快发展的意见。

任玉岭那次回京，走访了67个单位，拜访了国家科委、国家计委、国家经委、农业部、轻工业部、商业部、纺织部、化工部、中国科学院以及中国信托、中农信托、中科信托、中国高科技等。在他的热心邀请下，许多部委和企业的领导与工作人员走进北海，仅1990年走进北海的部级领导就超过98人。同年年底，时任总书记江泽民同志视察北海时指出，北海是后起之秀，前途无量。

任玉岭去北海前曾看到中国沿海的很多知名海滩，包括海南岛的天涯海角、鹿回头等，都是旅游的热门景点。当他见到北海沙细白、滩长平、浪柔软、水温净的海滩时，他意识到这里具有重要开发前景。他在第二次回北京的时候，就到国家旅游局进行汇报。当时的国家旅游局局长刘毅委托程国栋副局长带三个司的负责人接见了任玉岭。当任玉岭讲北海的海滩值得重视、值得开发时，有同志半信半疑地说："那为什么广西没来北京汇报过？"任玉岭说："这是司空见惯的天然资源，人们尚未生成开发观念。"程国栋副局长带团对北海考察后，在原定的10个国家旅游度假区基础上，又加上了北海，使北海成了最早发布的国家11个旅游度假区之一。

任玉岭到北海工作之前，曾有中国台湾企业想在合浦投资技术建制革厂，但在大陆找不到合股投资单位，已经搁置很久了。任玉岭听说后，便想办法找投资单位重启此项目。经过任玉岭的努力，中国高科技公司控股投资建成的合浦科红制革厂，成了当时北海最大的出口企业。

为了发展北海的空运，增加班机和航线，任玉岭多次代表北海市政府拜访中国国际航空、南方航空和西南航空等公司。时任中国国际航空公司总经理的徐柏龄，听了任玉岭的汇报，十分感动，很快组织力量，于1993年年初开通了北京到北海的直航班机。为开通西南航空由成都到北海的飞机，任玉岭找到时任成都市委书记的黄寅逵，通过他牵线邀请西南航空公司总经理到北海考察，开通了成都到北海的航班，1993年这条航线每周有5次往返班机。

　　为使北海的发展得到更多支持，任玉岭多次拜访相关领导、专家，登门求教。他们的支持对任玉岭干好工作起到了重要的激励作用。

　　1993年任玉岭在北京参加全国经济技术开发区工作会议时，时任中央政治局常委、国务院副总理李岚清在会上问："北海的同志来了没有？"任玉岭站起来后，李岚清同志说，国外的朋友告诉他北海银滩仅次于古巴哈瓦那附近的一个海滩，北海要把旅游搞得更好。中央领导人对北海的信任、对北海的关心，给任玉岭增添了更大动力。

　　为了充分利用北海的地理优势，扩大北海的开放，任玉岭建议政府率先开通北海到越南下龙湾的旅游航线。任玉岭离开北海后，此事经过市委市政府多方努力，终于获得批准，这为北海的旅游发展起到了重要推动作用。

　　北海20世纪90年代初的发展，成效显著。北海的发展如火如荼，风起云涌，成了中国当时投资发展的热点。

　　在推进北海的发展中，任玉岭十分关注不同地域资金和人才的融合。任玉岭作为内联外引的总负责人，在大发展中十分关注北海发展的企业所隶属的省份。当有28个省市的投资者都聚集到北海时，他发现缺少河南和新疆。于是任玉岭很快联系了时任河南省副省长胡梯云。后来河南很多地市的企业都走进了北海，洛阳中国人民解放军外国语学院也在北海建起了培训中心。新疆方面，任玉岭是同时任新疆生产建设兵团的政委联系的，没几天他们就带了500万元支票进入北海注册了发展公司。这样做的结果，为北海后来"1+1"的招商（即一家外地企业给北海引进一家企业）行动奠定了辐射全国的基础。

当时北海的对外开放度，不仅涉及国内各省市及港澳台，也涉及海外。我国台湾世界论坛报总编辑段宏俊到北海考察后不久，便在《世界论坛报》上用两个整版报道了北海副市长任玉岭以及北海市的发展状况。北海大发展的前夕，任玉岭还带队去美国召开了北海新闻发布会。这次发布会感动了洛杉矶富商熊德龙。之后熊德龙走进北海，根据任玉岭的要求，答应出资培训100人。

为了推进北海与国际的交流，任玉岭到北海任职后，便向联合国开发计划署申请经费，从加拿大请来了温哥华市的城建顾问，对北海所有与城建、规划有关的工作人员进行了长达15天的培训。为把北海建设得更美丽，任玉岭还找来青岛市"万国建筑"的录像带，拿回北海让电视台进行播放，达5次之多。后来北海又同澳大利亚、美国、日本等国的一些城市结成友好城市，并同国内一大批城市确立了友好城市关系。这些举措成了把北海推向发展大潮的重要力量。

根据资料记载，从1992年下半年开始，北海每天都有多家企业在工商局登记注册，到北海投资的企业几乎涵盖港、澳、台在内的所有省份、地区。北海不仅建起了乡镇企业城、港澳开发区、华侨投资区、高科技开发区、四川开发区，还建起了航天产业城及农业扶贫开发区等。北海新建的马路宽度有120米的，有100米的；北海大道、大西南路、新世纪大道的长度都在20千米以上，北海至铁山港的大道长达40千米。与此同时，北海的铁路建成了，公路通达了，北海机场的跑道扩建为2800米，当时可全天候接待航班。

当时全国各地在北海设立的办事处有300多家。一时间各方人才同聚北海，经常是一张饭桌上坐着八九个省的人，而且常常是大学毕业生、硕士生、博士生、留学生同聚一堂。

北海不但人才、技术、信息迅速扩张，而且资金也快速增加。北海银河科技公司上市时，几天时间就获得了超过百亿元的融资。任

玉岭是河南人，喜欢吃面条，而刚到北海时几乎所有饭店都没有面条。后来，四川担担面、山西刀削面、兰州拉面、北京炸酱面、河南打卤面，甚至上海的阳春面、吉林的朝鲜冷面都在北海出现了。

北海发展之快，在当时影响很大。报纸杂志对北海有很多报道。中新社驻北海分社社长谢小麟采访任玉岭后，连续写了6篇报道。1993年3月初的一天，任玉岭在北京出席全国政协会议，在人民大会堂北门，有好几位记者在门口喊："北海的任副市长来了没有？"后来他便被记者围了起来。那次政协会议仅任玉岭收集到的对他的访谈报道和照片就有17份。

宋健同志因为关心任玉岭的工作，曾经三次走进北海。1993年宋健同志到北海后曾这样评价："今年我去广西，听到从自治区到北海市的人都赞扬任玉岭的工作热情和所取得的成就，他在北海仅工作三年，北海就迎来了巨大变化，这里有小任的重要贡献。"

下　篇

第六章 话说"任玉岭现象"

任玉岭的很多建言，都在社会上产生了较大的影响，媒体称之为"任玉岭现象"。

任玉岭当选全国政协常委和国务院参事16年来，始终以犀利的目光、深刻的观点，捕捉社会亟待解决的问题，又以直率大胆的发言，进行呼吁。他的建言，数量多、质量高，以事实说话，而且经常是重要提案，引起相关部门和媒体的重视。其中许多建议得到了中央领导的批示，"呼声成政声"得以贯彻执行。"任玉岭现象"由此传开。

一、任玉岭现象特征之一：使命

使命意识强，勇于担当，这是任玉岭现象的特征之一。

河南南阳内乡县一座古衙有这样一副对联，上联是"穿百姓之衣，吃百姓之饭，莫以百姓可欺，自己也是百姓"，下联是"得一官不荣，失一官不辱，勿说一官无用，地方全靠一官"。这副对联讲的就是担当，为官不要总是去追求官位的高低、大小，但又不要小看官员的责任和作用，要求大家为官一任，造福一方。

任玉岭在北海任副市长时，就把这副对联当成了自己的座右铭。他认为担当就是责任和使命。任玉岭反对多栽花、少栽刺的庸俗哲学，更反对各扫门前雪、不管他人瓦上霜，推诿扯皮、敷衍塞责、明哲保身的"圆滑腔"和"墙头草"。

"心底无私天地宽"，无私才能无畏，无私才敢担当。任玉岭担任国务院参事后，在国务院参事室悬挂有一句名言"知屋漏者在宇下，知政失者在草野"。任玉岭认为，要做好国务院参事和全国政协常委，就要在宇下和草野多走、多看、多了解情况。任玉岭还记得古罗马哲学家西塞罗的一句话，"让我们记着，公正的权利，必须贯彻到社会的最底层"。因此，他把去基层当成做好工作的重要一环。

任玉岭给自己定了条规定叫"三必看"，即不管到什么地方都要一看学校、二看医院、三看农户。他把这三个方面当作观察和了解社会的窗口及联系百姓的纽带。

在外出调研中，任玉岭为得到更多真实情况，常常是在主调研之外搞些副调研，在大调研之外做些小调研。这是因为他的担当意识强，到一个地方，就会利用各种机会尽可能多得到一些信息，这样既有利于扩大认知范围，又利于节约时间和经费。

2004年全国政协会议召开时，任玉岭在人民大会堂举行的全体会议上就"看病贵看病难问题"做专题发言。任玉岭指出，医药卫生工作中存在的一些问题，包括"医药不分""欲望无穷"和"财帛有限"导致了回扣严重、处方过大、检查过度、红包普遍等。任玉岭认为，解决这些问题，必须要惩治腐败，而且需标本兼治，惩防并举。这个发言引发了多次热烈的掌声。会后《求是内参》的同志找到任玉岭，请他写篇文章。为此，任玉岭写了《遏制医疗腐败必须标本兼治、惩防并举的建议》。这个建议被《求是内参》专送中央。中央后来提出"一定要解决看病贵和看病难的问题"。应该说，这其中或多或少有任玉岭的一份贡献。

2005年任玉岭带队由近10名中国京剧名家组成的"京剧发展考察团"在湖北、云南、陕西、甘肃、宁夏考察，因担心自己对这个领域不熟悉影响考察效果，他便把时间抓得很紧，并加强向京剧名家的学习和交流。到兰州时，前一天由北京到达甘肃的所有团组都去了敦煌，而唯独"京剧发展考察团"留在兰州开展调研。地方负责接待的同志说，"只有这个团组是真正来考察的。"在京剧团调研时间紧张的情况下，任玉岭还抽出时间在各地开展了医疗问题的调研。由他撰写的京剧调研报告得到了有关领导的重要批示。就医疗问题的调研情况，他又向有关领导做了报告。

2005年，在云南丽江视察义务教育工作时，任玉岭作为视察团副团长带领委员参观长江第一湾的一所小学，当看到那里很穷、教学条件很差，有的委员掉下了眼泪。任玉岭主动掏出身上仅有的2000元钱捐给学校，他身边的原北京军区政委也捐出了2000元，很快大家捐出1万多元给这个学校。有一位委员还捐了80本《新华字典》。

同样是这一年，任玉岭在丽江带领一个科技考察团考察时，安排有登玉龙雪山的行程。任玉岭却请地方教育局安排车辆，依他手指方向开了50公里停下来，就地进行调研。那里是九台乡河源村，进村后，村里的书记和主任很热情地介绍了村里的基本情况。当任玉岭问到农民收入情况时，村主任讲年收入只有200多元。这次调研使任玉岭不仅看到农民的"家徒四壁"，也看到那个地方的学校、村政府连电话都没有，还看到九台乡完小的学生宿舍是歪斜的，后墙上顶着7根大树杠。这一天的调查研究，使任玉岭增进了对基层的了解。

2007年国务院参事室全体参事一年一度的大考察在浙江进行。任玉岭看到国际金融危机已经波及中国，听朋友讲企业出现了一些困难，于是他在集体调研之外，又利用晚上的时间，在地方的支持下，在宁波、台州、温州、义乌召开了民营企业发展座谈会。他把业余时间调查的情况写成报告，供有关方面参考。

任玉岭对很多事情的担当都出于自觉和强烈的使命感。他常想作为全国政协常委和国务院参事，不能辜负党和国家及人民的重托，要珍惜一切机会和时间，尽心尽力，善作善成，做时代的劲草和真金。

由于任玉岭建言影响力大，他经常会收到很多人来信。这些数以千计的信件有些是反映问题的，也有不少是赞扬任玉岭的。现在他的手头上还有一些地方寄给他的"人民委员爱人民，人民委员人民爱""人民参事人民爱，人民参事爱人民"的条幅和锦旗，以及

"×××街道（村镇）全体居民感谢你，支持你"的明信片和信件等。

二、任玉岭现象特征之二：民生

任玉岭现象的形成，与其重视民生、关注民生有很大关系。他的建言代表的是群众利益，因而引起群众对他的关注。

"人民对美好生活的向往就是我们的奋斗目标"。一切群众的实际生活问题，都是我们应当关注的问题。这是共产党人的初心和使命。

今天，人民的生活水平大幅度提高了，但是由于发展的不平衡、不充分，民生问题仍然是群众最关心的问题。任玉岭在多年的参政议政中，始终把民生问题摆在提案建言的第一位。笔者在多年前曾看到任玉岭的著作《大国民生》，由吴敬琏等一批知名经济学家联袂力荐，誉为"国是高参良心之作"。编委会在该书的前言中指出："任玉岭是活跃在媒体焦点圈内的人物，在网上搜索任玉岭的名字，便可弹出相关信息25万条之多"，说他"厚积薄发，为民生呼吁刚直不阿"。2016年，熊小平主编的《任玉岭论民生》一书，上下两册共收录任玉岭为民生建设所提建言76篇。

任玉岭对民生的建言多来自生活实践。例如，2002年，任玉岭的爱人在医院做手术，他走进医院恰好看到两个农民工在那里捡医疗垃圾，而且任何防护措施都没有。任玉岭告诉他们要重视防护，说弄不好会得病的。其中一位马上说，"知道，前面已经有人得病死去了。"

任玉岭从医院出来后，又经过一番调查，便写下了《搞好医疗垃圾处理，改善防疫保健环境》的建议。此建议既讲到了医疗垃圾的危害，又讲到了医疗垃圾重返医院会付出的沉重代价，提出了4条建言。相关领导很快批给了国务院法制办。法制办在讨论起草医疗垃圾管理法规时，还特别请国务院参事室主任列席了国务会议。

2003年年底，任玉岭住在中关村，邻居家来了两位客人。第二天他们乘公共汽车去天安门，因为没有所谓的"三证"而被收容，第三天虽然放回了，但身上的钱也被索要一空了。与此事相隔不久，任玉岭身边一位打字的小姑娘，她在北京打工的哥哥，本来是有暂住证的，但在被收容时暂住证被人撕毁了，而且不容讲任何理由就被遣送回陕西。她哥哥到西安后，当地通知家人拿500元去领人。任玉岭听闻这种执法乱象很是气愤，于是便奋笔写下了《修改收容法规和规范收容行为的建议》。

在任玉岭的建议发出之际，媒体又报道了广州一名大学生在收容遣送过程中被殴打致死的事件。任玉岭便马上做了案例补充，写下了履行国际公约、维护国家声誉、搞好收容遣送、维护社会正义、保障社会安全的5条建议。这5条建议报出后，相关领导很快做了批示，要求国务院法制办受理。任玉岭建议中提出"7个不准"，即不准扩大收容范围，不准对收容者进行体罚，不准搜身、罚款和买卖，不准逼供，不准制造假口供，不准收取任何费用，不准撕毁被收容人员的各种证件。

2007年春节，任玉岭到天津过年，其夫人的老同学激动地向他反映，有70多个家庭遭到了同一家房产中介公司诈骗。这家房产中介公司在个别官员的支持下，收房时"先过户，后付款"，而中介公司向用户出房时"先付款，后过户"，给中介公司进行诈骗提供了可乘之机。70多个家庭为把旧房换新房，当全部把旧房过户给中介公司，而新房还没到手之时，中介公司却跑掉了。这就是2006年12月发生在天津的某房产中介公司诈骗1.2亿元的重大案件。

了解到这一情况后，任玉岭回到北京，便起草了《关于严惩房产中介诈骗行为的建议》的提案。时逢两会召开，提案送上去后马上引起了多家媒体的关注。提案经全国政协转交天津市政府处理，最终这些被骗家庭的困难得到解决。为此，70多户人家感激不尽，向全国政协、国务院参事室写来了感谢信，还有人送来了"百姓救星"的锦旗。

三、任玉岭现象特征之三：人民

任玉岭现象之所以成为现象，归根结底是他把自己关注和服务的对象锁定在"人民"上。

通观任玉岭20多年的建言内容，就可以看出他对人民的热爱和关心。他的建言包括"三农"问题、教育问题、收入问题、医疗问题、住房问题、养老问题、食品安全问题、城市化问题、民营经济问题、环境保护问题等。

任玉岭曾通读《毛泽东选集》。毛泽东早在20世纪30年代针对国民党把实行堡垒政策作为铜墙铁壁的事实，曾指出，"这果然是他们的铜墙铁壁吗？一点都不是！""真正的铜墙铁壁是什么？是群众，是千百万真心实意地拥护革命的群众，这是真正的铜墙铁壁，什么力量也打不破的，完全打不破的"。任玉岭一路走来，无论做什么，都不会忘记人民，都要与人民同甘共苦，甘做人民的孺子牛。

任玉岭参政议政，始终按照符合人民利益的就要坚持，不符合人民利益的就要建言的原则。他还认为，我们一度奉行的经济学的原理，出自西方农业人口极少的发达国家，所以基本是"城市经济学"。中国是农业人口大国，中国的经济学必须要从中国国情出发。他认为中国广大农村今天没有在发展中跟上来，给人留下了"城市像欧美，农村像非洲"的印象，这本身就是照搬西方经济学即"城市经济学"的导向造成的。任玉岭建言的重点有不少是放在农业、农村和农民的"三农"问题上。

1993年，正逢农民工潮，大量农民工的流动，使许多城里人产生了惧怕之情，多地出现了在火车站、公路口拦截农民工外出的关卡。任玉岭在世界很多发达国家了解到，农民的比例一般为总人口的2%—5%，他认为，中国的发展必须要分流农民，应当放开农民的流动。对此，他在全国政协会议上同其他委员一起，做了这方面的发言

和提案。此后，农村劳动力得以大量流动，数以亿计的农民工为国家发展做出了重要贡献。

任玉岭不管到哪里出差考察，都十分关注农业和农村问题，比如农民工子女的教育问题。

他任国务院参事后，第一次出差考察，做的第一个调研课题就针对农村义务教育。他选择了大别山区和秦巴山区的交会处，把河南的信阳和驻马店、湖北的武汉和襄樊、陕西的商洛和安康作为调研的目的地。他为了给地方政府节约开支，也为了更好得到实情，特要求各地仅派一辆车行动，除他之外，国务院参事室另选一名处长参加，所到各省参事室也选一名处长陪同，轻车简从，深入实际，以利行动方便。

那次调研，先后两次被中断：一次是任玉岭要列席党的十六大开幕式和闭幕式；一次是任玉岭途中脚部骨折，不得不坐轮椅回北京治疗。但他坚持要把这些最有代表性的三省交界地区的情况吃透、摸清。后来他先后用了3个多月时间，对以上6个地方、分3个阶段进行了深入考察。调研中他发现，这些地区义务教育阶段学生的入学率，远远达不到有关方面报告的98%，学生辍学率也远远高于有关方面所讲的不超过3%。他还发现这些地区的财政严重困难，学校教学条件极差，学生人均经费严重不足，教师工资难以发放。在陕西商洛的一个学校里，23个孩子睡在一个不到30平方米的房间里。许多孩子上学要走十几里路，一星期要两次回家拿干粮，孩子们吃的饭既无菜又无汤。

2003年，任玉岭在《降低医药售价，改善保健环境》一文中指出，身体健康是关系亿万民众和家庭的大事情，关注百姓健康，不仅是建设小康社会的需要，也是加快经济发展、防止因病致贫的必要条件。他的这一建议得到了社会的广泛关注，他先后两次接受了中央电视台的采访。

2003年，任玉岭又提出《惩治医疗腐败的建议》。在医疗腐败方面，他不仅指出了"吃回扣""大处方""收红包""重复检查"和

"过度走穴"五大症结，而且开出了"改革管理""医药分家""招标采购""加强医德教育"等处方。他强调，"我们的医疗改革一定要从最广大人民的利益出发，确保广大低收入者能在公立医院就医"。这个提案被新华社报道后，被转发200多次。

他的建言，都是从国家的宏观发展着眼，从民生、社会问题入手。

中华儿女杂志社有位记者在博客中写道："任玉岭现象"之所以成为一种现象，在于他身上浓缩了以下特点：第一，对国家和民族的高度负责；第二，言论大胆、开放，又深具建设性。

有学者对"任玉岭现象"评论道，政协委员受民众委托参加政协会，不是在完成一个仪式，而是关乎民主机制的落实。只有委员敢于在会场里围绕民生难题进行大胆直言，会场外的老百姓才能享受到权力监督所带来的利益。

《中国检察报》曾这样报道：位于前门大街这个小院里的国务院参事室，为国为民做了许多好事，任玉岭是小院里的耀眼人物，是他把很多"呼声"变成"政声"。

任玉岭经过较长时间摸索，总结出了参政议政的"技巧和艺术"。他认为，有些建议可以形成提案，而有些建议适合"发言"形式。有一些涉及具体事情的建议，可以形成政协提案；而一些宏观的、长远的或者是不太成熟的想法，最好是书面发言，这样可以首先获得社会的认知，再逐渐影响有关政策和决策。

由于任玉岭为民办实事的提案多、发言多、媒体报道频率高，因而深得民众的认可。2006年，搜狐网举办了"鲜花送提案模范"的活动，任玉岭遥遥领先。

任玉岭是全国两会媒体采访的焦点人物。《人民日报》对他有多次报道，其中两次都以《敢把呼声变政声》为题。

在改革开放30周年时，《农民日报》以《为"三农"建言敢为天下先》为题，对任玉岭进行了报道。

《中华儿女》也曾以《"国事高参"任玉岭》为题，对任玉岭进行长篇报道。

中央电视台、凤凰卫视、新华社、第一财经以及中国国际广播电台也都多次邀请他做客访谈。

加拿大《环球新闻》也对任玉岭的相关报道进行了转载。沙特阿拉伯《阿拉伯新闻报》、新加坡《联合早报》、日本《朝日新闻》等，也都专访和介绍过任玉岭。

这些年来，人民网、中国网、新浪网、网易网、财经网、凤凰网等，多次请任玉岭到现场就社会关注的热点问题与网友交流。

四、任玉岭现象特征之四：胆魄

前瞻的眼光，大胆率直的建言，是他的魄力所在。

从1993年起，任玉岭担任全国政协委员；1998年，年逾花甲的任玉岭又当选为全国政协常委。

他历来做事都很认真，不管在什么岗位上，都十分投入，有一分热就要发一分光。他当选为全国政协常委后，更加坚定决心，要履行好常委的责任，绝不辜负党和人民的重托和希望。

无论是作为国务院参事，还是作为全国政协常委，任玉岭"敢于直言"都是很出名的，他提案的质量之高也是有目共睹的。

任玉岭认为，要想搞好建言议政，就必须为国为民办实事，善于发现"屋漏""政失"的关键点，要"一头深刻领悟中央精神，一头吃透基层情况"。"吃透两头"是任玉岭在参政议政中悟出的经验，也是他工作出色的根源所在。

他重视学习中央精神，国家重大政策出台，他往往第一时间进行研读。

《中国智库》记者采访任玉岭，请他谈谈怎样做好智库工作，任玉岭一口气讲了"六个三"。

第一个"三"是：学习党的政策理论，学习中国的优秀思想文

化，学习外国的好经验；

第二个"三"是：正确对待自己，正确对待人民群众，正确对待政府官员；

第三个"三"是：不人云亦云，不老生常谈，不说套话空话；

第四个"三"是：真心实意，真实可靠，真知灼见；

第五个"三"是：前瞻性，战略性，全局性；

第六个"三"是：关注实际，关注群众，关注民生。

无论是工作还是个人的品性修养，他始终能摆正自己的位置，时时提醒自己：我是谁，依靠谁，为了谁。有了这些观念，才有了他无私无畏的工作作风。这种品格与胸怀，给人以启迪，令人钦佩。

任玉岭以敢于直言闻名遐迩。他之所以敢于大胆直言，这与他的丰富阅历有关。正如他说，"我们这一代人历经了那么多风风雨雨，亲眼看到了不讲真话、说假话，给我们国家和人民造成的巨大危害和损失。"任玉岭所经历的1958年，因为浮夸风、说假话，在社会上曾经报出过一系列的粮食高产"卫星"，从每亩产小麦1750斤，到每亩产水稻1万斤、2万斤、2.2万斤、3.6万斤、6万斤。作为农村长大并种过田的人，这些数字他从来没有相信过。特别是他在《天津日报》上看到小站稻亩产12万斤的时候，深感"浮夸风"问题之严重。

也正是那样的年代，造成了一边敞开肚皮吃饭，鼓足干劲干活，一边粮食被掏空，还在强撑着高产丰收的假象。最后撑不下去的时候，又赶上形势极为严峻的困难时期，不少地方的人口数量在多少年后还没有回到当年的水平。

这样的经历，使任玉岭觉得建言议政必须要讲真话，说实情，要坚持实事求是的精神。

任玉岭要讲真话，敢讲真话，还有另一方面的原因，那就是他所说的，"今天虽然讲真话的环境宽松了，但由于种种历史遗风的影响以及害怕得罪既得利益者等原因，仍有不敢讲真话的情况存在着。特别是那些为了升官利用手中权力搞假政绩、树立假形象的做法，也会使真话被压制，实情被扭曲。"在这种情况下，更需要大力提倡敢讲真话的精神。

也有人担心，说错了话怎么办？任玉岭坦率地说："要有自信，为国家、为人民办实事，只要坚持一个良好的动机，深入基层调研扎实，就不会犯错误。动机正确了，即使说话中有点小毛病，客观上也是能够允许的。"

他的很多议政建言，都涉及群众最关心、最直接、最现实的利益问题。他所关注的"义务教育问题""免农业税问题""全社会实施道德建设工程问题""农民工死亡补偿问题""精官简政问题""降低行政成本问题""男女出生比例问题""严惩医疗腐败问题""药价虚高问题"等，在社会上掀起了热议；他提出"实施阶梯水价节约用水的建议""妥善处理医疗垃圾的建议""修改收容法规的建议""规范超市管理的建议""拯救和发展京剧艺术的建议""嫦娥工程立项的建议""大飞机制造的建议"等，都引起了各方面重视。其中，大多数提案都在领导和社会的关注下，变成了现实政策。

五、任玉岭现象特征之五：眼光

任玉岭的建言与提案总能够立高看远，抓住要害。他眼光深邃而长远，这是他的建言受到关注与重视的重要原因。

早在1997年他就提出了推进中西部发展和搞好扶贫工作的建议。一篇《21世纪将是中西部的世纪》刊登在《中国市长论坛》杂志上，一篇《扶贫工作当总体推进》刊登在《中国农民》杂志上，他的这两篇文章都论述了开发中西部和加大扶贫力度的重要性，并提出了做好中西部开发和加大扶贫力度的建议。1999年，他又在中国民主建国会召开的西部片区会议和在南宁召开的西南片区会议上两次提出推进西部大开发的建议，后来被《经济界》发表。

1998年他任全国政协常委后，在第一次常委会上他做了《实施道德建设工程，保证社会长治久安》的大会发言。当时有些委员还很不理解。任玉岭的大会发言在引起社会广泛关注后，这些委员对任玉岭说，"还是你看得远"。任玉岭在发言中指出，文化道德是支撑社会进步的脊梁，道德下滑是各种丑恶现象滋生的原因之一。他认为实施道德建设工程是治国之本，是搞好社会综合治理的保障，并提出严惩腐败、端正用人导向及加强青少年教育等建议。

任玉岭在2001年6月召开的政协常委会上所做发言《农民问题是中国一切问题中的大问题》中指出，城乡差距越拉越大的根本原因是对农村困难和问题知情不够，对改变农村面貌的重要性认识不够，政策制定对农村倾斜不够，基础设施建设对农村关心不够，对农村、农业的财政支持和投资力度不够。他的这一发言通过《政协信息》引起了高度关注。

由以上几个建言可以看出，任玉岭建言议政的眼光是十分高远的。

《改革高级干部待遇终身制宜早不宜迟》应该说是任玉岭所做的政协建言中较为重要的一个。有一位老部长对任玉岭说：这个发言"真是拳拳之心，令人折服啊！"任玉岭的这个建言，既考虑了干部退休制度的改革目的和党执政为民的宗旨所在，也考虑了中国社会发展的公平正义及中国家庭将遇到的"四、二、一"人口结构，及由此引起的年轻人的沉重负担。也正因为这件事牵涉亿万人民的切身利益，所以任玉岭离开岗位多年后，仍然有人不断讨论这条建言。

除此之外，任玉岭的眼光还体现在他对一些具体问题的深谋远虑上。例如，2005年他提出《精官方能简政，简政需要精官》的建言。他发现人浮于事的根本原因在于官位太多，要简政就必须精官。这则建言在上海《解放日报》头版全文刊出后，社会影响很大。后来省、地、市、县的副书记人数由6—8人减为2人，应该和任玉岭的建言有一定关系。

2004年，《政府工作报告》在两会召开前最后一次征求意见，报告中有一句,"我们要坚决制止建设宽马路"。任玉岭认为,中国作为一个大国,汽车进入家庭后,马路上的车辆可能会暴增。他在参事室提出了把这句话撤下的建议,认为中国的城市需要宽马路。他又到全国政协征求意见的会议上,进一步提出这一建议。最后这句话被撤下了。

任玉岭还根据他的调研和当时中国的经济交通发展趋势,于2005年提出了制造大飞机的建议。后有关方面在2006年立项,2007年获国务院批准。经过10年的努力,2017年中国的大飞机开始试航。在北京"任玉岭收藏及作品展览馆"中,还有一块表彰任玉岭为"嫦娥奔月工程"立项做出贡献的牌匾。我国今天在探月方面所取得的巨大成功,可以说也是有任玉岭一份贡献的。

六、任玉岭现象特征之六:全局

遇事从大局出发,力求解决深层次问题,这是任玉岭建言的又一关键。

他是一位为国为民高度负责的政协常委和参事,把人民的利益看得高于一切,始终坚定全心全意为人民服务的宗旨。他遇到问题总能从大局出发,丰富的阅历使他拥有强大的自信,对党也充满信心。

任玉岭曾参与过国家预算的拨款工作。他发现有些预算把关不严、经费使用混乱,加上编制管控不严,造成行政运行费用过快增长。任玉岭秉持"成由勤俭败由奢""非淡泊无以明志"的传统观念,以此同相关部门开支无度、豪华奢侈之风蔓延相对照,认为这不仅不利于让广大百姓共享改革发展成果,而且会产生腐败风险。

他立足于全局,于2005年提出了遏制行政成本过快增长的提案。他查阅了中国古代的官民比例,以及新中国成立后各个时期的行政开支规模,发现和历史相比,中国当时的行政管理经费增长速度高出财政增长速度及GDP增长速度数十倍。他还就我国行政经费占财政总支出比重的情况与日本、韩国、英国、法国、加拿大、美国进行了比较。他建议我国政府在行政经费使用方面改变大手大脚、铺张浪费的习惯，改变"招待费是个筐，什么开支都往里装"的局面，制止机构随意升格，把好编制的闸门等。

推动行政成本降低的难度比较大，但任玉岭并没有放弃。2006年两会上，任玉岭的提案《党政机关要大力提倡节约，反对铺张浪费的建议》得到了纪检委的重视和批示。在中央出台相关文件时，任玉岭还曾两次参加讨论。

这年在全国政协优秀提案表彰大会上，任玉岭这个提案获得了优秀提案奖，他作为优秀提案代表发了言。

2010年，福建、广西等地连续发生校园血案，学生伤亡超过百人。社会上有人提出要严打"国内外敌对势力"，加强学校的警卫力度。任玉岭看到这些信息后，认为这不是解决问题的办法。他根据对社会情况的了解，很快写出了《应由校园之外构筑校园平安的建议》。

任玉岭在这个建言中认为，这件事不是单纯通过严打"国内外敌对势力"就能够解决，单纯加强对学校的警卫力度也不能够从根本上制止。他站在全局的高度，根据每年走访看到的社会问题和在调研时获得的群众反映，用大量的案例说明，这些校园事件的发生同经济社会发展的不平衡、贫富差距拉大、矛盾不能及时化解导致社会矛盾加深有关系，也和富欺贫、强凌弱，阶层的严重分化和社会震荡分不开。

任玉岭《应由校园之外构筑校园平安的建议》有三条。一是推进科学发展，遏制"贪官压民""奸商欺贫"和对土地的"逼征"及对住房"逼迁"等。二是严格执法，做到公平公正。任玉岭认为很多上访原因是有关方面不作为，日复一日累积而生和执法不公造成的。三是畅通上访渠道，及时化解矛盾，解决好少数人因利益受损出现的过激行为，给他们更多争取公平正义和维护权利的机会。

正如任玉岭常说的，只要出发点是为国为民的，所提建议即使是尖锐的，也是会受到欢迎的。任玉岭这个建议因为是从全局出发，为了全局更好发展，所以受到了重视。公安部还派专人到国务院参事室对任玉岭表示感谢。

七、任玉岭现象特征之七：精气神

任玉岭现象，实际上是一种精气神的体现。

任玉岭担任全国政协常委是从1998年3月5日开始，走向国务院参事岗位始于2002年2月2日。他只为呼声成政声的诸多贡献，恰恰是在这之后的数年中实现的。

用"老骥伏枥，壮心不已"来形容他显然暮气太重了，因为在这个时间段里，大家根本看不出他是个老年人。多年来，他夜以继日、不辞辛劳，月行2万公里是常态。他思维敏捷，办事高效，讲起话来激昂慷慨、声音洪亮，给人以朝气蓬勃的印象。这些都充分展示了他的精气神。

2005年，任玉岭在新疆做邮政服务"三农"的调研。他写下了短文《新疆一日》，在《人民政协报》登出后，时任国家邮政局局长刘安东十分感动。任玉岭在当天的调查中从伊犁的那拉提翻越天山两道海拔3000米的高峰，经过防雪崩隧道和独山子、奎屯、石河子三座城市，来到昌吉机场，晚上又乘飞机到了和田。这次调研他考察了邮政服务"三农"的工作场地、服务项目，以及取得的成果和存在的困难，最后提出了8条建议。这些建议推动了邮政服务"三农"向新台阶的迈步。这件事不只是感动了邮政局局长刘安东，只要是读到《新疆一日》的人都会为任玉岭翻越天山的经历所感动，都会为他那种坚忍不拔、不畏风险、不怕吃苦、努力工作的精神所折服。任玉岭的精气神永远值得称赞。

2008年，云南怒江水电站开发的争议不断。任玉岭和朋友一起，自费赶到云南，由保山沿怒江北上，历时3天赶到云南与西藏的接壤处。他们一路上历经悬崖和峡谷，走过了茶马古道和民族村镇，走访了支流的水电站，见到了许多干部群众，听取了大家的意见。他在《关于怒江水电开发情况的反映和建议》中一开头就指出，"反对怒江水电开发是一种真情和责任，专家学者正在同利益集团进行比拼"。他还指出，地方政府怀着创造政绩的冲动，开始被那些有背景的利益集团的说服，水电开发已如火如荼，怒江环境已是千疮百孔，受到严重破坏。就在这个报告即将打印之际，云南省相关领导又以省委和省政府的名义请国务院参事室派参事前往调研，支持他们的工作。如此，刚由云南回到北京的任玉岭又被派遣加入怒江水电开发的参事调查团，对怒江水电开发再一次进行调研。这一次是由云南省委省政府和电力开发公司支持的参事室公务，一路上云南地方政府和水电开发方招待热情。但是，最后的调研报告任玉岭认为是站在支持开发的角度写出的，所以坚决不签字。同去的另外一位国务院参事也拒绝签字，这次调研流产。后来，云南怒江的水电开发暂停。

在这两次的怒江水电调研中，任玉岭还在怒江沿线走访了几个学校。当他在怒江边上的一所学校得知学生要溜索过江上学时，他便到怒江边上去实地考察，并亲试溜索怒江。这位70多岁的国务院参事兼国家教育咨询委员会委员溜索过江的消息传开后，地方政府在各方支持下，在这里建起了怒江大桥，方便了学生的求学。

任玉岭担任国务院参事和全国政协常委期间，利用各种机会每年都要走访多个省市。忙碌的他，通常都是把春节假期作为每年写两会提案的最好时机。

2007年，任玉岭得了肩周炎，医生让他多休息。他无奈地给自己办公桌上写下了"天下事了犹未了，何不以不了了之"，想以此停下工作，以利肩周炎的好转。但是，在他看到很多需要解决的问题时，他还是忍着疼痛利用春节写下了10个政协提案和7个政协发言。

以上感人故事及任玉岭带病忍痛为两会建言的事迹，给我们留下了深刻印象。任玉岭的精气神永远是蓬勃向上、自强不息的。

第七章 建言"三农"，重中之重

2008年，中国改革开放30年之际，《农民日报》曾以《为"三农"建言敢为天下先》为题，对任玉岭做了报道。

这篇报道全面介绍了任玉岭对中国第一条饲料添加剂生产线、第一个组织培养种苗工厂、引进"一村一品"运动、引进"公司+农户"的合作组织、推进免费义务教育、促进乡镇企业发展及武陵山区开发所做的贡献，还介绍了任玉岭对在农村实行"多予少取"方针、促进中西部大开发、促进中部崛起及农业免税的出台所做的工作。报道称任玉岭是农村改革30年中助推中国农村、农业改革的先行者，是敢讲真话的经济学家。

在推进免农业税的工作方面，实际上是有很大阻力的。任玉岭在北海任副市长期间，发现1994年税制改革后，县级财政明显下降，1996年比1994年全国县财政赤字增长20倍，由此引发的乱收费增加了农民负担。任玉岭了解到2001年全国农业税总额为481亿元，仅占国家财政的3.14%，而那时中央财政每年增长20%，仅递增额就超过2000亿元。他认为国家已具备了免征农业税的能力，他在全国政协常委大会上做了《发展农业要实施的三大战略和十大突破》的报告，提出了免征农业税的建议。两个月后，《中国政协》杂志发表了这一报告。

2003年两会的《政府工作报告》征求意见时，任玉岭看到报告上写着东部发展出口农业、中部发展优质农业、西部发展特色农业。任玉岭想到，出口农业是效益最高的，对提升中西部的农业发展是十分必要的。于是他建议改为东部发展高质农业、中部发展优质农业、西部发展特色农业，东中西部都要发展出口农业。任玉岭担心在参事室一处提意见力度不够，又到全国政协常委会征求报告意见的现场再次发表意见。后来《政府工作报告》接受了他的意见。

任玉岭就是这样在全国政协常委与国务院参事岗位上不辱使命，敢讲真话，对"三农"建言做出贡献。2019年中国经济出版社出版的《任玉岭论"三农"》一书，收录了任玉岭关于"三农"问题的建言和提案，共58篇。这里作者根据对任玉岭建言"三农"的认识，选列出他的部分观点。

一、解决三农问题需要实施"三大战略和十大突破"①

（一）三大战略

第一战略：分流农业人口与推进城市化。中国"三农"问题的核心是农村人口问题。农村人口过多，农民比例过大，是造成"三农"发展困难的重要原因。因此，"三农"问题的解决，不能就"三农"议"三农"，需要跳出"三农"看"三农"。解决农村问题，必须要分流和减少农民，必须要向城市转移农民。因此，推进城市化进程，既是解决中国"三农"问题的第一位战略问题，也是中国实现全局现代化的根本问题。

我国城市化水平已经严重滞后，按世界银行的推算，我国在1998年城市化率就应该达到50%，而实际落后了将近20%。

从我国城市化速度看，仍然是比较缓慢的。根据2002年《中国城市发展报告》，全国560个城市的市区非农人口总共只有1.74亿，非农人口超50万的城市仅有98个，大城市的数量远不能适应中国的发展，城市的规模效益远跟不上劳动力转移的需求。

我国服务业在国民经济中的占比严重偏低，不是因为工业化水平

---

① 本部分发表于2003年6月《中国政协》，收入本书时有修改。

不到位，而主要是城市化水平过低和大城市比例太小。创造就业岗位对中国来说是最重要的，但是如果不重视城市化的快速推进和更多大城市的建设，就业问题将成为"老大难"问题。

因此，实施分流农村人口的城市化战略，首先要转变与城市化相关的两个观念：一要认识到限制城市化进程就是限制经济增长进程；二要认识到限制大城市发展，就是限制就业岗位的产生。为了解决中国"三农"问题，应认真解决户籍问题造成的对城市化进程的抑制，使中国公民能在全国范围内自由流动和迁徙；认真制定中国城市化的顶层规划，在农业人口集中的地区，要发展大城市、建设都市圈；国家要设立城市化推进基金，对拟发展的大城市要加大基础设施投资力度；认真调整产业布局，要按照解决"三农"问题、发展城市的需要，使产业安排向新兴城市倾斜，要制定政策鼓励外商和民营企业向新兴城市投入。

第二战略：努力提高人口素质。我国大部分农村，长期以来处在资本缺乏—过度贫困—素质低下的恶性循环中。根据第五次人口普查，我国文盲半文盲有1.8亿人，绝大多数在农村。人口素质的低下，已成为"三农"发展的严重障碍和沉重负担。

政府关于普及九年义务教育的决策不仅是深得民心的，而且对解决"三农"问题是具有战略意义的。但当前面临的问题：一是对"普九"的效果不能过高估计。最近有人抽样调查6个县，初中辍学率最低3.66%，最高达54.05%。因此，仅辍学率一项，就无法保证"普九"教育成果的延续和巩固。二是九年义务教育的投入问题。根据我们的调查，义务教育公用经费紧缺、"普九"欠债严重、学校危房无钱修缮、教师工资不能保证发放等，正在严重影响和制约着义务教育的顺利进行和发展。三是教师质量问题。由于缺乏经费，一些地方为了少花钱，愿用民办教师（工资不足200元），而不愿招收大专师范人才。四是砍校问题。为减少经费开支，一些地方大幅度地减校、并校，很多学生要跑十几里、几十里去上学，十来岁的小学生虽然可以住校，但由于穷，还得一星期跑两三次，回家取干粮。五是学杂费问题。虽然中小学学杂费已降得很低，但陕西、河南、湖北的费用并不比北京低，农民虽然愿倾尽所有让孩子读书，但仍嫌负担过重。六是学校因为房屋紧张，很多学校一间房内要住二十几个学生，有的学校七八名教师挤在一间房内办公，无法保证师生身体健康。七是城市的学校高收费问题过于严重。这不仅使农民工子女入学特别是入好学校成为不可能，而且也造成市民的极大不满。

为了解决好"三农"问题，更好推进义务教育的发展，有必要提高中央财政对义务教育的支持力度，最低限度要改变国家财政预算内教育经费只投高校、高中，不投或极少投义务教育的现状。根据我们的调查，上述几个问题基本上都是经费问题，问题突出的是人均GDP低于全国平均水平的省份。这些省份的广大农业地区，县财政赤字较大，吃饭财政，捉襟见肘，无法担负起以县为主体的义务教育使命。全国有18个省的人均GDP低于全国平均水平，这18个省的人口占全国58%，GDP总量仅占全国29%。建议国家财政重点支持这18个省的义务教育开支，通过经费的解决，改善义务教育的条件和环境。

另外，为了解决"三农"问题，还需要在农村增设高中，使农民的孩子能在成长中享受国民待遇，进行公平竞争。对考不上高中的初中生，要千方百计对他们进行技术培训，使他们掌握一技之长。

第三战略：加大财政金融投入力度。在所有生产要素中，资本是最重要的推动力，中国多数地区"三农"发展步履维艰，其主要原因是缺乏资本。要改变中国"三农"的面貌，使中国农村走向富裕，必须要加大对农村的投入。要把财政、金融的推动力上升到战略高度，作为战略性举措，提上议事日程，给予其重视和保证。

"三农"发展的资金来源，固然可以考虑以下四个方面：个人投入、金融机构贷款、政府财政援助、国际和国内的资本流动，但一方面，由于资本缺乏已经在农村形成了恶性循环，农民的个人投入十分有限；另一方面，由于多数农产品生产效率很低，加上农村条件较差，所以对第四种资本流动，现阶段不能抱大的希望。因此，农村要克服资本短缺，就必须依靠金融机构的信贷和政府财政的援助。

作为政府和金融对农村投入的状况是：政府财政投入已经由"五五"计划占财政投入的13.1%，下降到"九五"计划时的8.6%；就"九五"计划的五年而言，政府财政对农业的投入已从1996年的8.82%，下降到2000年的7.75%。相反，政府对农业的征税已由1978年的28.4亿元，上升到1999年的423.5亿元，增长13.9倍。金融投入情况是，改革开放初期，为推动农业发展，专门建立了农业银行，其分支机构遍布城乡。时隔20年后，农业银行申请撤离出农村，很多商业银行也撤离了一些县城。国家金融机构不仅不向农民贷款，而且是只存不贷，连同邮政储蓄，将大批农村存款转入了城市，资金的"农转非"更使"三农"问题雪上加霜。

为了解决"三农"问题，除了要实实在在地加大政府对农村的投入外，还要下大决心放开金融对农村的限制，扩大对农村的贷款。金融部门要坚决改变贷城不贷乡、贷工不贷农、贷大不贷小、贷富不贷穷的习惯做法，只有这样"三农"才能找到新的出路，求得更大发展。

（二）十大突破

认识的突破。应该看到，"三农"问题难度不断加大的根本原因，还在于各级政府和各个部门对"三农"问题认识不足，重视不够。要解决"三农"问题必须首先突破认识问题，要以"三个代表"重要思想为指导，确立解决"三农"问题的使命感和责任感。在制定政策、落实项目、吸引投资、划拨资金的时候，要坚决转变重城市轻农村、重工业轻农业、重富轻穷、重"锦上添花"轻"雪中送炭"的思想。将"三农"问题摆到"重中之重"的首要位置，为"三农"问题的解决贡献更大力量。

地域的突破。我国"三农"问题涉及人口之多，地域之广，在世

界上找不到先例。为了使"三农"问题能重点突破，有必要选择中部的豫、皖、鄂、湘、赣五个农业大省作为突破口。这五个省总人口占全国人口的26%，农民数量占全国农民总量33%，粮食产量占全国28%，棉花产量占33.4%，油料产量占40%，而工业产值仅占全国12.1%，进出口产值仅占全国2.5%，是典型的农业省区。解决了这五个省的问题，就解决了全国1/3的"三农"问题。这五个省基本上位于长江和淮河两岸，自然条件较好，雨水比较充足，尤其因为这五个省被沿海省份所包围，从经济学的梯度扩散理论考虑，这五个省是东部发达省市经济势能的首选扩散地。选择中部五省进行突破，相比较而言成本要低，并利于东部省市释放能量，比较容易尽快取得成果。

基础设施建设的突破。由于财政对农业基础设施投入逐年减少，不少地方农业基础设施还不如20世纪70年代，水利工程老化、年久失修，效率大减。全国有8.2万座水库，其中40%带"病"作业。农业灌溉面积仅"九五"期间就减少了5100万亩。自然成灾面积也有增无减。农村道路和电力供应虽有改善，但仍存在不少问题，对"三农"发展的抑制仍然不可低估。为解决"三农"问题，必须要加大财政和国债对基础设施的支持力度，力争农村基础设施建设有一个大的突破。

农业科技的突破。经过几十年努力建设起来的农村科技网，在断了"皇粮"（按：指政府财政拨款）之后，出现了"人走、线断、网烂"的新情况，不少农业主产区，严重缺乏科技的推广和普及。中国2400多所大学，农业院校仅有57所，占2.4%，在校生占大学在校生总数6.3%。农业科技人员本就不多，但还有不少毕业生转向了其他行业。农业科技人员工资过低和工资缺乏保障，已成为农业科技人才下乡的严重障碍。为了实施科技兴农战略，有必要加强农业科技领导，农业科技投入要专立财政户头，加大对农业科技的补贴和投入。有条件的地方，可选派一些科技特派员，到农村承包技术服务以及开拓市场等经营和管理工作。

土地所有权的突破。土地是农业最基本的生产资料，也是农民安身立命的生存资料。土地的承包曾经改变了"一大二公"，调动了农民的积极性。时至今日，承包土地的办法已远不能适应市场经济的发展形势。农民没有土地所有权，就不能用土地抵押贷款。农民用多年积蓄建造的房屋是他们最大的资产，但因为建在没有产权的土地上，所以也不能转让和抵押，无法将其资产化作资本，用于扩大再生产。

农民因为没有土地所有权，所以农民对土地的投入是吝惜的，农民对土地的抛荒是不那么在意的。也因为农民没有土地所有权，所以土地被随意低价征用的事经常发生。如果我们能突破土地承包权的长期使用，增加农民对土地的支配权限，就可能改变农村资本缺乏的局面，使"三农"走向良性循环。

龙头企业建设的突破。龙头企业是联系农业生产与消费的中间环节。龙头企业的建设对农业产业的发展和支柱产业的建设，起着明显的带动和支撑作用。

为了带动"三农"更好发展，必须要突破龙头产业建设。突破龙头产业建设，要突破龙头企业的数量，要扩大农业龙头企业基金和金融扶植范围，大力扶植农民集体创业，更多支持中小龙头企业的建设和发展。

农业合作组织的突破。新中国成立后，我国推行了互助组、初级合作社，曾经对发展农业生产起了很好的作用。根据国外发展农业的经验，农业合作组织对于组织农业生产，发展农村经济是十分有益的，也是十分必要的。事实上我国有一些地方一直保留着合作经营的模式，并为共同致富闯出了一条新路。

根据对国外的考察，我们认为应该大力推进农村合作组织，为防止"一大二公"，可以实行双层经营，即农民土地仍包产到户。但是，可以根据共同经营的主体产业，建立合作服务组织，让农民成为股东，由董事会、监事会进行运作和经营。合作组织除了对农民进行产前、产中、产后服务之外，重点是对外开拓市场，并大力发展农产品加工业和服务业，从而不断增加农民的收入。在建立农业合作组织方面，我们不能"一朝被蛇咬，十年怕井绳"，需要从过去的合作化中吸取经验和教训，解放思想，打破禁区，与时俱进，推进农村合作化进程。

税收的突破。从1994年税制改革后，县财政普遍转难。一年多的时间，全国县财政赤字猛增20倍，由此引起的农村乱收费明显增加了农民负担。同时，农村借债也因此大量产生。

为了解决"三农"问题，就要跨出免农业税这一步，在农业税收上有大的突破。农业税收在财政总收入中的比重很低，以2001年计，仅占国家财政总收入的3.14%，总额为481亿元。国家财政近几年每年都以20%以上的速度递增，仅递增部分就超过2000亿元，国家已具有免农业税的承受力。农业税免除后，人均GDP超过全国平均水平的13个省，其县财政缺额经费可以由省财政转移支付，低于全国GDP水平的18个省（占全国GDP总量29%），可由中央财政转移支付。

粮食流通体制与种粮补贴的突破。现在我国总体上进入了社会主义市场经济，可是对农民特别是对粮食产区的农民来讲，和社会主义计划经济似乎没有两样。现在国家政府对粮价进行管制，粮食由政府部门专营，体现不出农民在社会主义市场经济中的主体地位。

对粮食产区来讲，种什么，种多少，政府控制；粮食产出后，卖给谁，卖什么价也由政府部门决定。这些年农业生产资料包括电力、化肥、农药和各种机械，普遍涨价，造成投入增加。农民在种粮效益微利的情况下，还要大面积种粮食，这既不能调动农民积极性，也不能使农民走向富裕。

为了使农民致富增收，必须突破对粮食流通体制与对粮食价格的管制，要朝着使农民有利可图的方面进行改革，并可以通过各种途径的种粮补贴，保护农民种粮的积极性。

农民进城务工环境的突破。近几年农民收入的增长，很大程度上取决于农民进城务工的收入，全国统计农民务工收入占到农民增收部

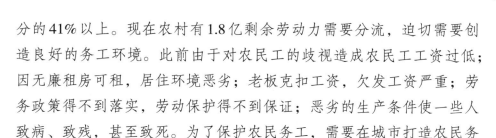

分的41%以上。现在农村有1.8亿剩余劳动力需要分流，迫切需要创造良好的务工环境。此前由于对农民工的歧视造成农民工工资过低；因无廉租房可租，居住环境恶劣；老板克扣工资，欠发工资严重；劳务政策得不到落实，劳动保护得不到保证；恶劣的生产条件使一些人致病、致残，甚至致死。为了保护农民务工，需要在城市打造农民务工的保障机制，创造农民进城务工的良好环境。

二、大力推进农民入股的公司制合作实体建设以确保农业安全①

（一）一家一户的小农经济模式是我国"三农"严重滞后和城乡差距继续拉大的总根源

经验证明，不管什么行业的发展，都必须靠投入和市场的双轮驱动。在投入方面，我国农村由于以一家一户为单元，他们既不能用土地、房屋作抵押向银行借贷，又不能直接承纳国家扶植农业的财政拨款。此前，扶植农业产业的资金和扶植农业科技的资金，全部放给了龙头企业，而农民均不能受益。在市场方面，一家一户的体制，既难以获取市场信息，又无力与市场对接。农民的生活资料、生产资料的供给和农产品的加工、运输、销售等全靠中间商维系。日本前首相田中角荣总结的经济发展需要有"三快"（收集信息快、加工生产快、占有市场快）的做法，在中国农村很难实现。因此中国农村在投入与市场两个轮子都缺失的情况下，必然造成"三农"发展的滞后和城乡差距的不断拉大。

（二）农业合作组织是好东西，不能永远避忌和抛弃

走合作化道路，以改变中国小农经济和促进中国农村发展，这是在新中国成立前，就受到梁漱溟、冯玉祥等有识之士的重视和进行过

---

① 本部分载于2008年3月《国务院参事建议》，收入本书时有修改。

探索的。新中国成立后，我国立即在农村推行了互助组。1955年起，全国组织了农业合作社，应该说农业合作社对中国农村经济特别是集体经济的发展起到了很大的推动作用。

改革开放后，安徽凤阳小岗村18位农民提出的包产到户或叫"大包干"，拉开了农村改革的序幕，并得到了邓小平同志的肯定。这件事对改革开放初期农村的发展所起到的作用是毋庸置疑的。但是，当这种过度肯定单干包干的倾向形成时，也出现了另一种倾向，这就是对合作化的彻底否定。1987年我们到国外调查时，在不少国家都发现，公司制农业合作组织对农业经济发展、农民致富起到了十分重要的作用。特别是日本北海道农村的变化，农民的致富，无一不是靠合作起来发展集体经济实现的。我国改革开放后较早富起来的河南新乡的刘庄、河南临颍的南街村、江苏江阴的华西村等，也都是原先的合作组织没有拆散与改革开放后对接了市场发展起来的。因此，在改革开放30年后的今天，我们需要以新的改革思维，审视和重视合作化道路对农村发展的重要意义和作用，不能对其永远避忌和抛弃。

（三）龙头企业进农村虽然受到地方政府的青睐，却难使农民致富

根据国内国外的共同经验，农产品加工、销售、运输所创造的价值是农产品本身的3—10倍。前天我在安徽凤台考察时，一位企业老板告诉我，当地农民卖粳米1.7元/斤，而公司将其运到南京后可卖到17元/斤，刚好是10倍。

因此，农民一旦有了自己的公司，走上市场化道路，与市场对接，1亩地的收入就会变成3亩地甚至10亩地的收入。在有些国家，多把农产品的加工、销售和运输权益留给农民，如有非农企业进农村加工、销售、运输农产品，那么这个企业是要给农民股份的。

龙头企业进农村，虽然为农产品销售找到了市场，但是这些龙头企业大多没有与农民建立起利益联结机制，不能做到发展的互动。几年前，我在山东、吉林等地调查时，发现很多龙头企业在进农村后，

很快发展起来，但农民的收入仍十分有限。如山东一个草莓冷冻加工厂，收农民的草莓为6角/斤，冷冻卖出时为10元/斤，这近15倍的增值，是公司拿去了，而农民并未能从中受益。又如，吉林一个由国外来的肉鸡屠宰场，让农民为其养鸡，生意做得很大，经营十分红火，但农民为其养一只鸡才给农民1元钱。我让相关同志为我算了一笔账，当时一般鸡场养一只鸡的人工费绝不少于2元钱。可见龙头企业自称的"公司＋农户"，是过分占有了农民的劳动果实。在如此情况下，农民致富的希望也是十分渺茫的。

（四）外国公司大量走进中国农村参与土地流转，将给中国农民致富和食品安全保障带来重大风险

土地流转，从总体上看是十分必要的。随着农民工大量走进城市，土地向少数人手里集中是必然趋势，但如何集中，要从中国实际出发。中国毕竟还有8亿人口在农村，再过20年，中国农村人口可能也不会少于5亿人。为了使这部分人生活好和逐步跟上现代化的进程，是绝不能让唯利是图或追求利润最大化的企业完全占领广大农村和对农民进行盘剥的。

现在农村的土地流转：一是少数流给了土生土长的已经致富了的农民企业家或村干部；二是流转给了城里来的龙头企业；三是流转给了外资企业。前天我到小岗村去，得知该村已进驻5个大企业，企业已参与土地流转。企业把土地收走后，一般给农民的回报是有限的。我在凤台县看到一个农业企业，老板是本村人，对农民感情较深。该企业已共流转600多亩土地，发展立体农业，亩产值达8000元以上，每亩地一年给农民1000元。农民除少数身强力壮者被长期雇用外，绝大多数只能做临时工。临时工，每年工作时间一般不超过100个工作日，报酬为每工作日男40元、女30元，全年收入男不超过4000元，女不超过3000元，离农民致富还相去甚远。

引入外资发展农业，有利于汲取外国的先进管理经验。但是，外资的大量进入，必定会控制我国农业局面，操控我国农产品市场。例如由美国控股的新加坡丰益国际集团，在全球共有90家公司，其中71家设在中国，涉及榨油、浓缩蛋白、粮油加工等领域。丰益国际集团在黑龙江、河北、吉林设立了4家水稻加工厂，在四川、河南设立了4家面粉加工厂。国际粮商嘉吉公司在华控股13家饲料厂、4家化肥厂、2家玉米加工厂等，在华企业已达27家。此外，外国公司邦吉、路易达孚、摩根等也都在准备进入中国农产品加工市场。益海嘉里公司已经介入粮食收购，其60多家粮油加工厂已经占据了我国食用油市场的50%。

为了防止土地流转和未来食品安全的风险，我们需高度警惕外国公司大举进军中国农村，并且需要早日采取措施。对国内农业公司上市集资要有限制政策，以防"大鱼吃小鱼"，被外国公司侵吞。

（五）大力发展农民入股的公司制合作组织宜早不宜迟

公司制度，是当代最先进的经济组织。应在政府指导、支持下，让农民根据自愿原则在农村建立专业性或综合性公司制合作组织，直接与市场对接。允许农民以土地、农业机械及投入资金占取股份，并成为股东。原则上500—5000户成立一个公司，50—500个股东推选一名董事，公司实行董事会管理，聘总经理进行经营，除董事长监督外，还应设监事长监管运营。公司除负责加工、运输、销售农产品外，还要负责对农民所需良种、化肥、农药、兽药及科技传播进行服务，并着力进行公司业务发展，创造更大效益。为达到此目的，还要做好以下几件事情。

（1）要把发展农民入股的公司制合作组织作为一项国家战略给予高度重视和推进。在农村兴办农民入股的公司制合作组织，是解决投入与市场对接的根本途径，应将其作为解决中国农村问题的战略举措，提上各级政府改革议事日程。在中国共产党领导下，集中力量办大事，是我们的优势，只要全党全国去努力，这件事一定能办好。

（2）财政金融要大力支持农民入股的公司制合作组织建设。解决好财政金融支持和投入"三农"问题，是农村发展的关键，财政金融要把过去支持农村外来龙头企业的积极性向支持农民入股的公司制合作组织转移。要采取国家贴息办法，并允许公司制合作实体以土地作抵押，让银行向农民合作组织大量发放贷款，彻底改变农村基本没有投入的窘迫局面。投入到位了，农村一定会发展起来，"三农"问题一定能改善。

（3）狠抓公司制合作组织的带头人的配备与培训。为了建立农民入股的公司制合作组织，需要人事、组织部门在全国范围内选拔和培养一大批有组织能力并乐意献身农村的经营人才。为了使这些人才本土化，国家可设立若干经理人才培训学院，由国家免费为各地进行经理人的培养。有些经理人才，可由大学生村官出任。

（4）需要对农民入股的公司制合作组织实行特事特办，给予更优惠的政策扶植。对建立以农民为股东的合作组织，从政策上，可以免于登记注册，只要求进行备案。从土地上应提供方便，并允许在农村建设无污染的农产品加工业、物流业。从税收上，可以对所得税、营业税"免二减三"，欠发达地区可考虑5年免税。从经费上，国家要对其进行补贴和进行科技发展的扶植。从基础设施上，国家要加大对农村基础设施投入，农村道路和水利设施要认真搞好。

三、需认真解决好农民工问题[①]

（一）农民工的作用和地位极不相称

我们不会忘记，20世纪90年代初，当农民工开始向沿海流动时，也曾被某些人视为洪水猛兽，出现了在火车站堵截和拦阻农民工的现

---

① 本部分为任玉岭2009年9月在"三生共赢论坛·2009北京会议"上的讲话，收入本书时有修改。

象。但是随着改革开放的推进，社会最终认可了农民工的作用，放开了农民工的流动。现在回头看一下，在90年代初跨出的这一步，对后来我国经济大发展所产生的作用，绝对不能被低估。一些国外的学者在研究中国经济增长时认为，大量廉价劳动力的供应和人口红利是中国经济增长的重要动力。大量廉价劳动力，实际主要就是农民工，人口红利也主要是来自农民工。

截至2006年，我国的就业总人口为7.6亿人，其中城镇就业人口2.8亿人；在城镇就业人口中，有1.4亿为农民工。可见农民工对我国城镇经济发展起了多大的作用。可以这样讲，在我国30年改革开放的建设中，所有笨、重、脏、累的体力活都是由农民工完成的：里程位居世界第二位的高速公路、快速发展的铁路干线、众多城市中的林立高楼，三峡大坝和众多的水利工程等，没有哪一项工程可以离开农民工。30年来，我国的最大变化是城市，而城市中又有多少工作不是由农民工来完成？扫马路、清厕所、种树、栽花、除草、喷药、浇水、洗衣、送奶、送报纸、送信件、做家政、开出租、打字、理发、搬家、装修、卖菜、卖衣、餐馆服务乃至医院护工等岗位，几乎都是农民工。我们的城市没有农民工就要瘫痪，城市人没有农民工将会事事难做。

迄今为止，我国的国内生产总值已超过30万亿元，我们的财政收入已达到6万亿元以上，粮食总产量高达1万亿斤之多，银行存款高达60万亿元，外汇储备高达近2万亿美元。此中蕴含了多少农民工的劳动，饱含了多少农民工的汗水！特别是我国出口产业的大发展和在世界上的巨大竞争力，更是因为有了农民工，有了世界少有的价格低廉的劳动力。我们有的城市人均GDP已经达到1万美元或接近1万美元，特别是像北京、上海这样的地方，此中又饱含了多少农民工的血汗和劳动！从农民工的贡献和付出的劳动看，我们的国家应该感谢他们，向他们致敬，他们是人民的功臣，是创造历史的英雄！

但是，广大农民工所处社会地位与他们的贡献极不相称。迄今为止，农民工依然处在社会的最底层。发生在河南郑州的农民工"开胸验肺"事件，足以说明农民工在我们这个社会中被边缘化的处境，他们得不到关照，不受人尊重。农民工张某，在劳动中因没有劳动保护，患上硅肺病，病情已经很重了，医院的大夫还不给证明，医院和老板勾结一起欺压农民工。农民工张某在无奈情况下，只好让医院"开胸验肺"，以此证明因缺乏劳动保护得上了硅肺病。由此可见，我们的农民工为了生存，讨点公道是何等的艰难，何等的不易！

最近我在几个省做教育调研时发现，在农民工子女中，还有很多人未能享受公正的教育权利。一是农民工子女有2000万人，他们还留在农村，不能与父母共同生活，享受不到父爱、母爱。二是由于农村学校的撤并，有很多留守农村的儿童还要跑到几公里之外去就读，路程远、不安全，而且每天要在路上浪费掉很多时间。三是很多农村因地方财政困难，以县为主的办学体制，使很多学校办学条件甚差，应予三年级开设的英语课、计算机课开不起，很多农民工的孩子都小学毕业了，还没听过英语，还没见过计算机，农民工子女在受教育的起跑线上与富裕地区和城市的孩子拉开了难以追赶的差距。四是很多农民工的孩子，因为家中无人照管，又加上地方公办学校没有住宿条件，只好让孩子到民办学校去就读。但往往这些学校收费较高，在这样的学校孩子较少享受到"两免一补"，免费教育的政策在他们身上不能兑现。五是农民工多的地方虽然有一些农民工的孩子可以随父母一起生活，但当地公办学校不能为农民工子女服务。应运而生的很多民办学校可以说都是为农民工子女开办的，但是这些学校收费高，一般工资低的农民工还是不能享受；而工资高的农民工可以把子女送进去，但学校办学条件低，教师水平差，农民工子女不仅享受不到国家免费义务教育的恩惠，需要花钱就读，而且学习环境和条件同公办学校差距甚远。六是随父母成长的农民工子女，义务教育阶段虽然可在当地花钱就读民办学校或在有些地方的公办学校就读，但到了高中又必须回到家乡去，按地域报考大学的政策使他们无法在属地读高中，结果使不少孩子回到家乡后出现了身心不适应的情况。此外，还因为各地所用教材有别，教改内容不一，也产生一些孩子回家乡念高中的新问题。

当然，农民工所处地位与其贡献的不相称还远不止这些。实际上，农民工遇到的困难和问题，除了人格与受教育的权益被边缘化之外，至少还有：①就业无保障问题；②劳动保护缺失问题；③很多农民工夫妻长期不能团聚，甚至在同城工作的夫妻也要分居问题；④农民工父母养老问题；⑤农民工住房得不到关照问题；⑥农民工工资过低问题；⑦农民工话语渠道过窄问题；⑧农民工医疗保障问题；⑨农民工养老问题；⑩农民工只能吃青春饭问题。这10个方面，如果展开讲，都有很多故事和案例，足以说明农民工被边缘化的处境之艰难和相关问题之严重。

（二）户籍改革势在必行

中国农民工人数之多，所遇问题之严重，实际上都是户籍之痛造成的。地方户籍改革的各自为政和推而不动，对农民工的被边缘化，起了决定性的作用。

我国人口从农村到城市的流动，虽然规模越来越大，人数越来越多，但都没能对户籍改革产生推动作用。国家虽然从1997年起在400个小城镇进行了户籍改革试点，1998年，各地开放了小城镇户籍，并于2000年由中央和国务院出台了《关于促进小城镇健康发展的若干意见》，及2001年国务院批转了公安部《关于推进小城镇户籍管理制度改革的意见》，但是这些并没有真正解决中国户籍制度造成的社会问题，广大城市并没能真正接纳农民工。调查的结果是，一些小城镇人口增加不明显。

我国经济发达的地方大部分集中在东部地区，而外出打工的农民工多集中在欠发达地区和中西部，大中城市的户籍没松动，跨省的户籍没松动，因此就不可能对解决农民工的问题有作用。也可以说，我们原来出台的户籍改革办法，没从中国实际出发，脱离了中国实际。如广东东莞市，自身仅有200万人左右，而所吸纳的农民工将近1000万人，而且基本上都是外省人。又如北京有农民工约500万人，他们也都是来自全国各地的。跨省的户籍问题不解决，大城市的户籍不松动，就永远无法安置农民工。

1979年在我家工作过的一位由安徽来京的保姆，那时她18岁，还没结婚，而今她在北京已经工作30年。她从没结婚到结婚、从没小孩到有小孩，到现在她的两个孩子都20多岁了，全家人都来到了北京，但他们仍不能获得北京户籍。30年来，他们一直租住在农村，最初住在中关村，后来城市逐步发展，前两年，他们所租房屋退到了清河以西，一家四口住在一间小房里。由于农民工的户籍解决不了，廉租房又不对他们开放，很多农民工都像这位保姆一样，在远郊租农民的房子住。一次我在医院遇上一个擦玻璃的四川农民工，他告诉我，因为住郊区，每天5点钟要起床，即使这样有时还迟到，因为北京交通阻塞严重，很难把握上班时间。我在广州调查清洁工的生活时，发现一位四川农民工和一位湖南农民工，这两人都住在城乡接合部，市里规定扫地工中午可休息4小时，但因住得过远，他们中午不能回住处去休息，每天只能坐在马路上消耗时间。更因为在城里没有自己的房子住，或因工资低，租不起房，很多夫妻同在一个城市里打工，但都只能住集体宿舍。我住的院里有4位女性农民工，她们的爱人同在北京，而他们夫妻要团聚，只能等春节回到老家去。据中央电视台2006年的报道，广东某地夫妇两人工作在一个厂子里，却从没有机会能住一起。

我们的城市化，从20世纪90年代中期开始出现了停滞，以致我国的城市化不仅远落后于国外同样发展程度的国家，也远滞后于我们自己的工业发展水平。为了改变这种状况，我们没有认真研究和出台城市化的方略，而是改变了人口统计办法，结果把在城市住半年以上的人口都算在了城市中，使城市人口一下子增长到43%。但实际上，这没有解决任何问题，因为以农民工为主的新市民，很多还属于农

民。最近在教改工作进程中报出的资料，义务教育阶段的学生数量，农民子女占80%以上，这就足以说明我们的城市化没有大的推进。

因此，不解决户口、不改革户籍的城市化，只是表面上的城市化，由此造成的城乡差距拉大，基尼系数高升，贫富过于悬殊，给社会的发展带来了很多问题，也带来很多不稳定因素。

因此，无论从解决农民工问题出发，还是从城市化考虑，我们必须要改革户籍。户籍的改革，一定要把重点放在跨省户籍的突破上和大中城市的户籍改革上。

（三）关于解决农民工问题的几点建议

（1）解决对农民工的认识问题。现在农民工的问题难以解决，其阻力一是来自既得利益阶层的阻拦；二是来自认识的滞后；三是来自理论错误。由于既得利益者总怕农民工从他们那里分走一杯羹，常以"不应该杀富济贫""不应该削峰填谷"为理由，阻止我们的统筹发展，阻止改革的进行。另外有一种邪说：农民工根本不愿进城，根本不需要解决农民工变市民的问题。实际上这是不顾实际的。要解决农民工的问题，必须首先从认识上抓起，需要端正对农民工的看法，摆正农民工的位置，不能被既得利益者牵着鼻子走。

（2）要下决心改革中国户籍。原先的户籍制度是封闭落后的产物，在进入高度开放的21世纪，我们一定要认真审视户籍制度。要立足于科学发展观的要求，使户籍制度坚持"以人为本"，为人民服务。户籍制度的改革一要抓跨省区的改革，二要抓大中城市的改革。凡是因农民工聚集而受益的地方，都应该对在那里工作的农民工安置廉租住房，解决农民工子女教育。同时要淡化户籍的功能，减少诸多福利与户籍的挂钩。尤其要转变长期以来形成的偷盗抢劫都是因为农民进城或农民工过多造成的错误认识。即使有偷盗抢劫，也不应该堵着农民工进城，而应该从根本上找一找为什么会有偷窃大量发生。我们必须把农民工当成自己的兄弟，理顺户籍管理。

（3）要大力推进住房改革。我们的住房制度，可以说是原有城市人的制度，它仅为城市人着想，将农民工置之度外，其实这是极为错误的。我们是社会主义国家，社会主义的本质是共同富裕，因此我们更应该使廉租房、经济适用房对农民工开放，使他们"住有所居、病有所医、学有所教、老有所养"。

（4）大学考试要打破省区界线，实行统招统考。现在的大学招生，按地域分配名额和不能跨省区报考，这些都严重影响了农民工子女教育。大学是国家投资兴办的，一些先富起来的地区的大学也是靠后富地区的支持和农民工的劳动共同创造的。中国作为社会主义国家，广大农民工的孩子与城市孩子和富裕地区的孩子同在一片蓝天下，同在一个国度里，应该与同一城市和先富地区的孩子享受同等教育。因此，应使大学考试打破省域界线，实行统考统招，确保农民工孩子能在父母务工所在地上高中和考大学。

（5）要认真解决发达地区农民工子女义务教育的不公平问题。农民工子女在发达地方求学的问题至今没有解决，很多农民工子女在义务教育阶段不能进公办学校。既然发达地区经济条件已极大好转，就应该从这个地区的经济总量和人口容量出发，兴办更多公办学校，让农民工子女能够免费入学。如果条件暂时尚不许可，需农民工子女在民办学校就读的，属地政府也应从财政划拨一批经费，对农民工子女实行两免一补，使其享受教育公平。

（6）要适度提高农民工的工资标准。农民工的工资标准低，固然给发展出口产业带来了巨大的竞争力。但是由于农民工工资标准过低，也造成很多农民工生活艰难，他们很多人每月只能挣几百元，扣除吃、住花费，所剩无几。他们因为工资低，没能力交各种保险，因此也面临失业后或年长后的生活无着问题。因此，我们必须认真提高农民工工资标准，认真落实党的十七大提出的提高劳动报酬在国民收入中的比重，而且要做到随GDP增长而增长。

四、城乡统筹需大力推进[①]

（一）统筹城乡发展需进一步增强紧迫感

为推动"三农"的发展，促进农民的增收，中央出台的文件和政策之多，应该说数也数不清了。我记忆犹新的是，在2003年《政府工作报告》中就曾明确指出，"我们坚持把加强农业、发展农村经济、增加农民收入，作为经济工作的重中之重"。2002年朱镕基总理答记者问时也曾指出，"增加农民收入的问题占了政府工作报告的很大一部分，可以说成为我们的一个中心的工作。"由此观之，党和国家对解决"三农"问题的重视程度不可谓不高，关注时日不可谓不久。但是，为什么城乡差距仍在不断拉大，农民收入仍然难以提高，农村面貌仍然难以改变呢？

归根结底，还是各级领导的认识不到位，缺乏统筹城乡发展的紧迫感。如果各级领导，特别是管钱、管物的部门领导，对"三农"问题的认识上去了，统筹城乡的紧迫感就会增强。统筹城乡，光看口号、听声音是远远不够的。几十年的发展历史充分证明，在中国共产党领导下，我们是最能集中力量办大事的，我们"两弹一星"的成功发射，北京奥运的成功举办，就说明认识上去了，我们就能"上九天揽月，下五洋捉鳖"。"三农"问题解决缓慢，二元经济依然突出，城乡差距越拉越大，就是因为紧迫感没形成，在认识上不到位。当然也有些地方是因为过分重视GDP，过分重视个人政绩，在"三农"难造政绩工程的情况下，必然出现说得多、做得少，雷声大、雨点小等情况，进而出现"中国城市像欧美，中国农村像非洲"的情况。为此，必须提升对城乡统筹的重要性认识，增强城乡统筹的紧迫感。

---

① 本部分发表于2010年6月《中国智库》，收入本书时有修改。

（二）城乡统筹一定要大力推进城市化和使农民变市民

城乡统筹发展，一定要看到一个事实，就是中国农村人多地少的现状。中国最大的问题，是城富乡贫，在中国收入差距中，因城乡悬殊造成的占60%。2009年，为调动内需，我国实行家电下乡，年初预计销售额1500亿元，结果仅销售500亿元；年初预计汽车的销售额可达1500亿元，结果仅销售30亿元。由此说明，农民还是太穷了。18亿亩耕地为9亿多农民所占有，每人平均仅1亩多地，种什么都很难达到小康水平。日本、韩国在推进工业化早期阶段，城乡差距为1.7∶1，而我们现在城乡差距为3.3∶1，要看到这个问题的严重性。日本、韩国现在农民的收入比城市还高10%，靠什么？就是靠城市化，靠把农民变市民。

世界上人均GDP达3000美元的国家，城市化率都在55%以上，日、韩是75%，而我们呢？相关数据显示城市化率达到45%了，实际上入城的1.2亿—1.6亿农民工还过着与农民差不多的生活，我们的户籍城市化只有35%，这35%当中还有约4000万是城郊的农民。因此城市化率实际上都不到35%。对此，我们必须要引起高度重视，在城乡统筹发展中，必须要高度重视城市化，重视分流农民和使更多农民变市民。

在城市化方面，必须看到光靠发展小城镇是远远不够的，我们要分流更多农民，必须要放开大城市发展。成都市进入21世纪以来，城市化率由30%多发展到53%多，这是值得赞扬的。但是我们总体上限制大城市发展，这是不利于城市化推进的。今后，中国经济的发展动力，主要应依赖城市化，发展大城市和特大城市。因为只有大城市和特大城市才能更好发挥聚集效应，产生集聚效应，才能创造更多的第三产业需求，创造更多就业岗位。另外，从节约用地上看，更应该发展大城市和特大城市。一般建制镇人均占地155平方米，小城市人均占地143平方米，中等城市人均占地108平方米，而大城市为88平方米，特大城市53.4平方米。发展大城市和特大城市，人均占地可减少

1/3左右。

同日本、韩国等国家相比，我国的大城市、特大城市的容积率还低得多，日本、韩国容积率为2，台湾为1.2，香港为1.6，而我国平均才0.5，超大城市如上海也才0.8。因此，中国的大城市、特大城市和超大城市都存在接纳人口的巨大潜力。正因如此，在统筹城乡发展时，十分必要解禁对外来人口的流入，尤其要高度重视降低大城市的入城门槛，只有这样才能真正解决好中国城市化率低的问题，解决好"三农"问题，才有可能把城乡统筹推上一个新台阶，推向一个高水平。

（三）统筹城乡发展一定要重视"全域性"

我们统筹城乡发展是同统筹区域发展一起提出的，我们的科学发展观是强调改革开放成果共享的。但是，很多地方做城乡统筹时，只重视建样板、搞试点，不惜用财政投入，大搞锦上添花，将样板和试点搞得好上加好。我们在一些地方调研时，发现不少城乡统筹的示范点和试点村，政府可以倾其财政全力给予扶植，而这些示范点和试点村，往往又都是原先基础较好、较富的地方。相反那些经济滞后的村镇，反倒没人去雪中送炭，以致造成城乡差距的进一步拉大。

城乡统筹工作一定要有"全域性"，推动全地域的经济、政治、文化、社会一体发展，努力促进现代化城市和现代化农村和谐相融，使历史文化、现代文明在整个城乡交相辉映。只有这样，才能达到中央对统筹城乡的要求，只有这样，才能让发展成果人人共享落到实处，才能使科学发展观得到更好的贯彻和执行。温总理讲到如何落实科学发展观时，十分强调的是：要视个人利益淡如水，视人民利益重如山。我们毫不客气地说，那些只重样板、重试点、重锦上添花的城乡统筹，实际上是从个人利益出发的，而像成都那样的全域性统筹城乡发展，才能符合中央的要求。

（四）统筹城乡必须有非农产业来带动

城乡统筹发展，其目的就在于致富农民。但是，中国土地少、人口多的农村现实，使得没有非农产业的建设和带动，农民是难以致富的。城乡统筹发展，一是要创造条件使农民进城，二是要使农民能在农村更好、更多的就业。要实现这两个目标，只有发展农村的非农产业。30年的改革开放我们总结出一条经验，即"无工不富"。农村要富起来，就必须发展工业，发展非农产业。

当前在发展工业上，不少理论家一味强调效益，认为只有在沿海、在大城市发展产业，才符合效率原则。但他们较少去想长期的城乡差距该如何解决。根据外地的一些经验表明，要想更好地统筹城乡，使农民逐步致富，就一定要高瞻远瞩，不是只注意生产要素向城市聚集，而是要让包括资本在内的生产要素向农村流动，在农村多布局一些产业，在农村多发展一些产业集群。我们反对"村村冒烟"，但没有乡镇一级的"冒烟"，统筹城乡是搞不好的。为了使农民致富，是需要一些重点乡镇，按照人口分布，按照地理位置，合理聚集一些工商企业的。

（五）统筹城乡发展需要有农民入股的公司制合作组织做保证

公司制经济组织是当代经济管理的重要创造，也是现代企业经营的最好模式。公司制经济组织不仅在工业领域中得到了推广和普及，而且也在世界各国的农业领域内得到了广泛应用。一些国家在发展"一村一品"，促进农业产业和特色农业的发展过程中，大多都建立了公司制的专业合作组织，实现了种、养、加或产、供、销的一条龙，把市场经济体制引进了农村，推进了分工合作，提高了工作效率，推广了科学技术，增加了就业岗位，拓展了产品市场，加强了民主管理，让广大农民致富。

我国从改革开放初期农村实行家庭联产承包责任制以来，已经有

30年的历史，家庭联产承包责任制为农村经济体制改革和农村经济发展做出了重要贡献。但是一家一户的小农经济模式如果不有所突破，农民的致富是受制约的，建设现代农业的步伐也是很难加快的。这些年提倡的龙头企业进农村，虽然使农村引进了资金和技术，促进了农业经济的市场化，带动了农业发展和农民增收，但是，龙头企业很少做到"公司＋农户"模式，农民不能成为龙头企业的股东，得不到企业发展的好处，因此，这条道路对帮助农民致富是比较困难的。

为了倡导农民入股的公司制合作组织建设，需要大力发展农村支柱产业，建立农产品加工工厂，放宽农村公司的注册条件，加大对这种公司的科技支持力度和金融扶植贷款，尤其要从税收方面给予必要的减免。还需由政府出面，专门为农村进行公司化经营，组织和培训领军人物及各种管理人才，以此促进农村经营形式的新突破，促进现代农业的大发展。

五、把加速北纬33度经济带建设提上战略高度①

（一）北纬33度经济带的地域内涵

北纬33度经济带，狭义地讲是北纬32.5度至北纬33.5度，大约为140公里宽，东起江苏盐城，西至青海玉树，涉及8个省区的地带。广义地讲则是把这个地带加宽一倍，即北纬32度至北纬35度之间的这个经济带。

狭义的33度经济带，涉及苏北、皖北、豫南、鄂北、陕南、甘南、川北及青海的东南部等8个省区。位于北纬33度主轴上的城市有盐城、兴化、盱眙、蚌埠、阜阳、周口、驻马店、南阳、十堰、商洛、安康、汉中、陇南、巴中、广元、阿坝州、玉树等。广义的33度经济带还应包括泰州、淮安、滁州、宿州、亳州、淮南、信阳、漯

---

① 本部分发表于2014年5月《国家智库》，收入本书时有修改。

河、平顶山等。

狭义的北纬33度经济带，粗略测算南北宽约140公里，东西长约2500公里，总面积25万平方公里，总人口约7100万人，GDP总量18161.56亿元，一般公共预算收入为1819.51亿元。广义的北纬33度经济带，粗略测算南北宽约280公里，东西长约2500公里，总面积约50万平方公里，总人口约11000万人，GDP总量为41256亿元，一般公共预算收入3229亿元。

（二）北纬33度经济带在中国历史上的地位与作用

北纬33度经济带，是中国的南北过渡地带，基本位于淮河沿岸和秦岭之南。历史上，有"走千走万不如淮河两岸"的民间谚语。这个地带四季分明，年降雨量在700毫米—1200毫米，历史上基本靠天吃饭，旱涝保收。至今这个地带仍较少发展灌溉种植农业，是一个相对低水平的丰衣足食之地。

中国的二十四节气和重阳节等都诞生在这个地带。这里四季分明，二十四节气表现最为典型。例如，"七九""八九"抬头看柳，"九九"牛儿遍地走，在这个地带最为标准。这个地方拥有南北方众多物种，仅从作物品种看，水稻、小麦、大麦、玉米、芝麻、蚕豆、小豆、豌豆、红豆、绿豆、大豆、扁豆、高粱、小米、荞麦、红薯、烟叶等在这个地区都曾有广泛种植。种桑养蚕也由这里开始。

北纬33度经济带曾经创造过辉煌的历史。大禹、管子、墨子、老子及在秦朝统一文字的宰相李斯，《说文解字》的著者许慎，医学家张仲景、华佗，还有发明地动仪的张衡及中国历史上唯一的女皇帝武则天等都出生在这个地带。被列为世界七大古战场之一的垓下古战场也位于这个经济带，传说中的女娲补天的故事、梁山伯与祝英台的故事，也都发生在这个地带。这个地带开发较早，文化积淀十分深厚，仅以安康为例，就有古寺庙650多处。北纬33度经济带河流湖泊众多：洪泽湖、高邮湖、宿鸭湖、薄山水库、板桥水库、石漫滩水库、丹江水库、运河、淮河、涡河、洪河、颍河、漯河、汝河、汉水、嘉陵江等，都在此地带穿流，并在今天的南水北调，特别是中线工程中做出巨大贡献。

（三）北纬33度经济带今日发展的重大差距

狭义的北纬33度经济带，特别是南阳以东的半数地区是平原地区，本应该有较高的发展水平，但是由于种种原因，所统计的位于北纬33度线上的7个省共15个地级市（统计时选取了江苏两个县级市），有7000万人口，人均GDP约为26034元，仅相当于全国人均GDP水平的1/2多一点。这些城市所辖地区除个别城市外，大部分城市仅为所在省平均GDP的50%—70%，人均公共财政预算收入2608元，仅为全国人均财政预算收入11073元的1/4。大部分城市财政预算收入仅为所在省的1/4—1/3。

若将这15个城市的人均GDP同江苏省人均GDP相比，仅为江苏的1/4—1/3；同深圳相比，仅为深圳的1/6；同昆山市相比，仅为昆山的1/7；人均财政预算同江苏相比，仅为江苏的1/4，为深圳的1/9。

正是由于经济的滞后和财政的困难，这个地带外出打工的人多，留守儿童多，教育条件差。不久前在调查中，我们发现仅在河南就有一些中小学的大班额，多达150人。这么多的学生挤在一个标准教室内，两三个人挤在一个课桌上，手都抬不起来。有人调侃说，这里全是培养的一把手，学生只能有一只手可以抬动。还有一些学校，80人拥有一个厕所蹲位，下了课要排长队上厕所，有时上课时间到了还轮不上。而这些只是地方发展困难和滞后的一个侧面。

广义的北纬33度经济带，还需加上泰州、淮安、滁州、宿州、亳州、淮南、信阳、漯河、平顶山等。这些城市因位于北纬33度主轴的以南、以北，比其主轴上的城市发展状况相对好些，但是其人均GDP除个别城市外，同全国人均GDP相比仍有较大差距，人均财政预算收入也只有全国平均水平的1/3。按广义的北纬33度经济带统计，这个地带人均GDP仅为41256元，比全国平均水平低8000元，是江苏平均水平的1/2，是深圳的2/9、昆山的1/5、佛山的1/6。

无论是狭义的还是广义的33度经济带，同全国水平相比、同先进地区相比，差距如此之大，这对于一个地处中国的腰间地带，自然条件相对良好的地方，是不应该的。因此也是我们在区域经济发展的安排上值得反思、值得研究、值得高度重视的。

（四）关于推进北纬33度经济带发展的几点建议

（1）作为智库重大课题给予研究。北纬33度经济带处于"中国之腰"，是中国的一条龙脉。同人一样，腰部健康不起来，整个机体就会受到大的影响。为此，必须看到北纬33度经济带在中国发展中的地位和作用，特别是需要同区域统筹、人口经济学、共同富裕和共享发展联系起来，将其作为智库重大课题给予立项，投入适当的人力给予调查和研究。

（2）修建北纬33度线的铁路和公路。我们国家的发展大多以北京、上海、广州等城市为中心，所有的铁路、公路等多是以这些城市为中心向外辐射的。北纬33度线上只有南北向的铁路、公路穿过，却没有东西向的联络。如蚌埠、阜阳、驻马店、南阳，从东西向看，这些城市就在一条直线上，而且全部位于平原上，但至今没有一条东西向的公路沟通，更不要说铁路了。

要想富先修路，现在十分需要从江苏到广元——如有条件可以到玉树，修一条横贯东西的沿北纬33度线的铁路和高速公路。现在开隧洞、架桥梁的技术很高，打通这条线的铁路、公路并不难，而且会有较好效益，会对这个地区的发展起到较大的带动作用。

（3）下决心修好淮河。如前所述，历史上这里是"走千走万，不如淮河两岸"。但是由于过度开垦种植，众多的小湖泊被填，加之近年来气候的变化，河南、安徽、江苏等地常受水患之灾。新中国成立后，在治淮工程上，毛泽东同志题词"一定要把淮河修好"。但是，至今相关部门没有对这个问题下功夫，并且没有给予应有投入。现在，在河南、安徽，有些人住在泛水区内人工修筑的高台上，居住条件极为恶劣。根据今天的经济实力，我们完全可以在沿淮河及其支流，修建更多水库，修护河堤，解决水患问题，把淮河两岸努力变成北国江南。

（4）推进北纬33度经济带的城市化。这个地带虽然人口密集，但城市化水平很低。为此需要立足战略高度，对这个地区的城市发展进行布局，并且要通过基础设施的建设和投入的增加，进行产业转移，推进这个经济带的城市化发展。

（5）要在土地上放宽政策。北纬33度经济带是历史上开发较早，也是在农田上过度开发的地区。这里开放迟、发展慢，当其要发展时，国家确立了农田红线。因此，这个地带的工业发展、城市建设受到土地的限制。为发展这个地方，必须要放宽土地的供给，确保工业经济和城市化的发展和推进。

（6）要支持这个地区的教育发展。治贫先治愚，由于财政困难，这个地带上的教育是相对滞后的。教育的滞后，造成落后的代际传递。为此，必须研究解决这个地带的义务教育和高等教育的发展问题。

第八章 教育发展，永挂心间

任玉岭自1960年参加工作后，除在南开大学任助教一年外，后来再没有在教育战线工作过。但是，由于他从事了近30年的科学研究和科学管理工作，这中间免不了同很多学校打交道。学校对于每一个人、每一个家庭来说，都很重要。任玉岭自己读了近20年书，两个女儿从小学到大学到出国留学的经历，都给他认识学校、了解学校提供了好机会。

任玉岭曾多次参加或率团专门考察过义务教育、职业教育、民办教育的发展情况，他还曾率国务院参事教育考察团对日本、韩国的职业教育进行过深入调研。

2009年，为制定教育中长期发展规划，任玉岭根据国务院参事室的安排，按照国务院领导的指示，对自己的8个母校做了"回母校、进课堂、当学生"的体验和调研。那次的调研报告得到了领导的好评。后来，任玉岭两次被聘为国家教育咨询委员会委员。此外，从20世纪80年代初起至今，他还被10余所大学或学院聘为兼职教授或名誉院长。2011年以后，他对教育的考察更加广泛、更加频繁，他至少在20个省考察过约200所小学、初中和幼儿园。此外，他还利用各种出国的机会，考察美国、英国、新加坡、加拿大、日本、韩国的很多所中学、小学、职业学校和大学，诸如日本的筑波大学、庆应义塾大学、东京大学、京都大学，英国的剑桥大学、曼彻斯特大学、帝国理工学院，美国的西北大学、伊利诺伊大学、哥伦比亚大学、斯坦福大学，甚至西点军校等。

正是基于他对教育的关注和对国内外学校情况的了解，他为我国教育的均衡发展、职业教育与民营教育的推进以及幼儿教育的提升，写出了很多提案和建言。

　　1985年，任玉岭在美国硅谷考察时发现，生产线上的工人基本都是大专以上学历，而中国相去甚远。他认为中国产业落后，产品质量较差，教育水平没跟上是根本原因。任玉岭1992年在美国考察时，参观了美国很多名牌大学，而且发现很多社区都有大学。他得知美国15—64岁的人口中受教育年限为18.04年，而中国只有5.24年。

　　1993年，他任全国政协委员后，就开始呼吁发展高等教育，建设更多大学并创造条件使原有的大学进行扩招。2002年他任国务院参事后，同国务院参事张厚粲教授一起连续考察了河南驻马店、信阳，湖北武汉、襄阳，陕西安康、商洛等6个地方的义务教育状况。在参事座谈会上，他第一个提出用国家财政把义务教育养起来的建议。之后又在全国政协常委会上，再次做了《呼唤宏观投资政策的关注和倾斜，用皇粮把义务教育养起来》的大会发言。这次大会发言后，《中国科学报》连续发表了6篇对他的采访。2017年台海出版社出版了高玉家主编的《任玉岭谈教育》一书，收录任玉岭教育建言45篇，涉及教育公平、均衡发展、素质教育、学前教育、民办教育、职业教育、教育保障等方面。下面是任玉岭的部分建言和观点。

一、搞好跨世纪人才培养，意义重大，时不我待①

（一）增强跨世纪人才意识，大力发展各类教育

　　我们即将跨入的21世纪，是一个人类面临诸多挑战和竞争更加激烈的世纪，也是一个科技高速发展和知识高速积累的世纪。在这个世纪里，经济将以知识为基础，商务将以网络为依托，整个世界都将进

---

　　①　本部分发表于1993年3月《广西统一战线》，收入本书时有修改。

入信息时代、网络时代和经济全球化的时代。

为了迎接21世纪的挑战和利用时代赋予我们的机遇，我们将更加需要知识创新、科技创新，需要数以亿万计的创新人才为中华民族伟大复兴而奋斗。科技创新是我们民族赢得更大发展的依托，也是中国实现第三阶段目标的希望之所寄。为了推动科技创新和以矫健的步伐迈入21世纪，应该把具有现实性和紧迫性的跨世纪创新人才培养问题提到战略高度上来，并需采取强有力的措施进行推进。

凡事预则立，不预则废。要培养创新人才，必须科学地预测创新人才的需求，制定创新人才的教育和培养规划。为避免创新人才培养的保守和滞后，一定要站得高，看得远，要动态地看需求、看发展，对社会生产力的快速发展要有足够的估计。

我国的教育事业同经济发达国家相比，已经呈现出很大的差距，尤其是接受高等教育的人数，远远落在了很多国家的后面。要想在21世纪的激烈竞争中实现中华民族伟大复兴，在教育方面必须充分解放思想，要利用各种条件发展教育事业，扩大培养规模，特别在培养大学生和研究生方面，一定要在数量上进行大胆的突破。

历史的实践证明，创新人才一般都有较高的知识水平，特别是现代科学技术的发明创造，大多出自受过高等教育的人才之手。因此，技术创新人才的培养，关键是要加强对大学生和研究生的培养。我们国家从1978年恢复高考和研究生的培养之后，20年来共培养硕士生40万人，博士生4万多人。我国的人口是美国的6倍，如果把这一差距同人口结合起来，我国研究生的培养人数只有美国的1/120。

我国高等教育事业的落后，确实有客观原因，但是不能小看主观原因所起的决定性作用。在高等教育事业的发展上，部门的长官意志产生了"控制规模""内涵发展""稳定现状"的重要影响。根据1992年的数据，在15—64岁的人口中，美国受教育的年限为18.04年，日本为14.87年，中国仅为5.24年。从高中入学率看，世界平均水平为13%，我国只有3.2%。由此可见，中国无论是基础教育，还是高等教育，都急切需要大发展。尤其是高等教育，应该学习新中国成立初期国家领导人毛泽东、周恩来同志发展高校的眼光和魄力。

我在1993年担任全国政协委员后，向大会发出的第一个提案就是关于大力发展高等教育的。但是，有关方面年年并未能引起注意。今年开始的大学生和研究生扩大招生，得到了各方面的支持，受到广大群众的赞许。特别是动员各种社会力量办学校的政策出台，赢得了很多社会团体和投资者的热烈响应。应该使这种势头得以稳定和延续，应该创造宽松的环境进一步加快高等教育的发展速度。当前，应该停止大学的合并风，中国的大学数量不是太多了，而是太少了，现有的大学不应该减少数量，而应该是增加数量，应该支持各个大学放开手脚进行发展，更应该支持民办大学快速崛起，需授予民办大学颁发毕业证书的权力，让民办大学和公立大学在同一起跑线上，于市场竞争中发展壮大，各显神通。

（二）推进教育改革，开创人才辈出的新局面

我国的教育事业虽经过了几十年的改革历程，但由于"左"和右的风风雨雨，教育事业蒙受了不少损失，贻误了不少发展时机。随着知识经济的推进和人们对知识与人才需求意识的增强，高新技术人才已经严重不足，创新人才的危机已经出现。为了培养大批跨世纪创新人才，必须建立科技创新体系和大力推进教育改革。

教育改革是一个庞大的系统工程，很多深层次的东西还需要认真探索。小学教育需要改革，中学教育需要改革，大学教育也需要改革。不仅教育内容、教育方法要改革，教育观念更要改革；高考的办法要不要打破地域界线，在全国范围内平等竞争；高校的专业设置如何适应形势；高等学校的设立要不要向较落后的省份倾斜，要不要适应西部大开发的新情况和农村城市化的新局面等，都应列入改革内容。

为了培养跨世纪创新人才，我国的教育事业还应该同国际接轨，需要解放思想、转变观念。不论欧美，还是日本，它们的教学方式

都有很多可取之处，需要我们认真学习和借鉴。现在各大学后勤工作社会化的改革热火朝天，但对于人才培养这并不是最重要的环节。我们需要重视的是实行学分制，和创造计算机化的学习环境及生活环境，还有边学习、边工作的"半工半读"学习制度，这对学生的成长和锻炼应该说会起到意想不到的作用。在国外，并不是穷学生才去打工，实际上有钱人的孩子，也不需要依赖父母，他们在大学里也是一边学习、一边打工，把社会实践作为成长和认识社会不可缺少的重要内容。还有假期旅游、出国考察、举行集会、开展恳谈、进行演讲、参观展览、体育锻炼、绘制漫画、采风照相、设计制作等，都是外国大学生成长的手段和不可缺少的课外活动。另外，欧美的大学几乎都是没有围墙的，不像中国这样，学生都生活在封闭的校园里。有没有可能在中国把大学的围墙拆掉？我想这绝不是一种形式主义，想必对学生打破封闭观念、增强开放意识、强化创新思维都将会有很大的促进作用。

此外，目前各地高级中学的数量太少，升高中甚至比升大学还要难。很多十四五岁的孩子，初中毕业后，便无学可上了。这不仅使很多学生觉得没有奔头而提前辍学，而且造成社会上童工泛滥。这样不仅不利于跨世纪的人才素质教育发展，也无法与高等教育的大发展相适应。因此，在教育改革中，还应大力发展高级中学，加大高中的招生力度，争取让更多的人能通过高中这个台阶走向高考的竞争擂台，创造人才辈出的新局面。

（三）从娃娃抓起，培养跨世纪的新一代

很多人才的培养，都是从启蒙教育开始的。跨世纪创新人才的培养，也不例外，需要从娃娃抓起。随着计划生育的开展和人民生活水平的提高，我国少年儿童受教育的条件已经大为改善。但是，如果使小学教育适应跨世纪创新人才培养的需要，还应该对小学教育的内容和教育的方式进行大力度的改革。

从教育内容上看，原有的课程需要删繁就简，需要在小学普及计算机教育和英语教育。我们所处的时代是知识经济时代，也是信息时代、网络时代和经济全球化的时代。这样的时代，计算机和英语将成为生活、工作和学习的基本工具，而且应该是学得越早越好。10年前我们就看到美国小学里设立了计算机中心，而今在进入新的千年之时，我们不得不加快追赶。由于中国人英语总体水平低，对中国经济发展产生的负面影响将不可忽视。试想在经济全球化的时代，广大民众都不懂英语这种世界性语言，我们该怎样从网上获得更多知识，该怎样同世界进行广泛交流？机不可失，时不我待，小学生的英语教育已经到了非抓不可的时候。

从教育方法上看，除了背诵、演算、抄写应该加强之外，也需要积极引导学生进行假日旅游、工厂参观、野外考察、参观展览、比赛演讲、动手制作等。我们在国外常可看到很多小学生在博物馆里进行实地学习，或是抄录展品介绍，或是测量展品大小，也有学生对展品进行素描。中国以发展成就为主题的展馆随处可见，但是可供小学和初中学生参观学习的博物馆实在太少。为了从娃娃抓起，培养跨世纪的新一代，有条件的地方多建设一些自然博物馆、机械博物馆、航天博物馆等，并免费对中小学生开放，这对小学和初中教育的改革是十分必要的。除此之外，用计算机和多媒体技术及通过互联网中的部分信息和图片进行小学教育，也不是太遥远的事情了。

（四）强化社会实践，既"读万卷书"又"行万里路"

任何创新都非无源之水、无本之木，它是以丰富的书本知识、社会实践为背景，又通过自身的创造性思维和实践产生和发展的。因此，创新人才的培养，绝不是仅仅靠灌输书本知识就可以一蹴而就的，从中国目前的人才教育现实看，更多的是需要强化社会实践。对于跨世纪创新人才的培养，既要让其"读万卷书"，又要让其"行万里路"。

一个人的成才，其道路往往是崎岖而艰难的。作为一个创新人才

没有广博的知识是不可想象的，特别是在这个知识爆炸的时代，书本多得浩瀚如海，汗牛充栋，如不善于从书本中汲取人类智慧的结晶，不能认识和了解某专业的发展历史过程和发展现状，就不可能站在这一技术领域的制高点上进行发明和创造，就不可能达到技术创新。也正是这个原因，所以我们的教育不仅要培养大学生、硕士生，而且要培养再高一个层次的博士生。国外进入500强的大企业，大多都聚集有数以千计的博士生，这既是这些企业技术创新的客观需要，也是它们立于不败之地的重要支撑。我国深圳经济的高速发展和在高技术产品方面的出口额能在国内领先，也与深圳通过开放的环境、良好的生活条件及较高的工资待遇，吸收了大批优秀的博士生、硕士生和大学生分不开。

但是，应该看到，大量技术创新成果的取得，光靠书本知识是不可能实现的。有些人，书读了不少，但因为缺乏社会实践，或因不熟悉社会的需求，以致终生无成者大有人在。在我们的人才培养体系中，由于经费紧张，相比较而言，中国学生的社会实践、社会观察和社会体验要比国外的学生少得多。再加上"一成不变""一劳永逸"等传统思想的影响及"小不忍则乱大谋""难得糊涂"等落后观念的制约，常常造成我们的学生少年老成、因循守旧，缺少奋发向上、信心十足的气质和性格。而要改变这种状况，就要让学生们更多地认识社会、接触社会、认识世界、走向世界。

无论是英国的达尔文，还是中国的徐霞客，他们的贡献都来自实践。春秋时期虽然交通极其不便，但孔子还是周游了列国，这无疑对他创立儒家学派起到了重要的促进作用。创办苹果公司的伍兹和乔布斯，两人虽然大学都没有读完，但是他们在计算机俱乐部和电脑游戏公司的工作实践，启发了灵感，锻炼了能力，是丰富的实践知识使他们从一个车库改制的车间里起步，5年后营业额超过了10亿美元。

因此，培养创新人才，不能只是重视书本知识的传授，还需要千方百计地扩大学生的社会实践，尽可能多地安排学生到国内国外、

城市乡村、工厂农田等参观学习，开阔眼界，增加知识，启发灵感。

（五）创造育人大环境，搞好人才管理和使用

我们在国外无论走进哪家大公司，几乎都可以看到这个公司创建人的塑像和画像，不少公司还设有自己的历史博物馆。在博物馆里陈列有各个时期公司的创新产品和为公司发展做出贡献的各类人物。走进大学也一样，就以英国的剑桥大学来说，它把为学校发展做出贡献的人和为保卫国家做出牺牲的校友都刻在重要建筑物的墙壁上。美国西点军校更是如此，向社会做出贡献的知名人物都在学校里留下了印记。这样做的结果，不仅是表彰这些历史人物，更重要的是在激励广大学生向这些身边的校友学习，造就向英雄人物学习的文化环境。

做好人才的管理和使用，还要培养一种育人的文化环境，比如举办各种各样的文化展览和技术展览。德国慕尼黑是一个汽车城，这个城市的汽车展馆，展览了从人类发明的第一台汽车，一直到今天的最新产品。展馆里有汽车解剖和发动机解剖的现场，也有各个时期的设计图纸。如果在这个展馆认真看一遍，你就会对汽车的历史、汽车的原理和汽车的使用有一个全面的了解。美国华盛顿的美国国家航空航天博物馆，不仅给人们展示了飞机和航天飞船的发展过程，而且还可以让人们坐在电影院里观看飞船的发展过程，展示飞船上天登月的场景，让人身临其境。类似这种育人文化环境，在我们进行跨世纪创新人才培养时，也应该引起重视和给予必要的发展和投入。

做好人才的管理和使用，也是培养创新人才的重要导向和环境。如果在人才管理中不重视知识和人才，不能做到唯才是举，或是凭手中权力在用人上推行血缘观念、家族观念、老乡观念，用人唯亲、结党营私，造成腐败滋生，那就必然要影响人才作用的发挥，并且更加影响人才的进取和培养。为了加速推进跨世纪创新人才的培养，就要严惩用人方面的腐败行为，在人事管理上不拘一格降人才，做好人才的安排，发挥人才的作用，"用人不疑，疑人不用"，并且要创造工作

条件，使其充分享有发挥作用的宽松环境和工作舞台。

与此同时，还要改变很多地方和很多单位的封闭状况，不仅国家要开放，地方要开放，机关、学校、工厂、企业都要开放，要大力促进人才的流动，干部的交流，户口的动迁，推动五湖四海的各种人才向一城、一地、一市、一县、一个单位进行聚集和交会，促进知识、信息的生产和传播，促进各种思想火花的碰撞和各种文化亮点的积累，为创新人才的孵育、成长和壮大，做出新贡献。

二、教育是强国富民的坚实根基①

（一）少年智则国智，少年强则国强

我出生在抗日战争初期的1938年。从出生到共和国建立的11年间，我历经了日本帝国主义侵略下的深重灾难和国民党统治时期的"水旱蝗汤"。那种经常跑反逃难、提心吊胆、民不聊生、啼饥号寒的经历和感受，至今记忆犹新，历历在目。而我们的国家之所以能走到今天，从站起来到富起来又跨上了强起来的伟大征程，此中每一个阶段都伴随有教育的牵引和推动，特别是青年一代的受教育，对强国富民起到了关键性的作用。

清朝末年，朝政贪腐成风，教育落后，偌大的中国在列强的坚船利炮面前不堪一击。甲午战争战败，中国对日本的赔款高达日本两年的财政收入，使中国积贫积弱，面临被帝国主义瓜分的险境。在半殖民地半封建社会中水深火热的中国人民，由于教育的缺乏，呈现为逆来顺受、麻木不仁的一盘散沙的状态。长此下去，必然国将不国。

1900年因戊戌变法失败而流亡日本的梁启超，虽然年仅27岁，但他已经看到教育对中国存续下去的重要性。他写下了《少年中国说》，

---

① 本部分原载于《祖国》2019年第22期，收入本书时有修改。

明确指出，"少年智则国智，少年富则国富；少年强则国强，少年独立则国独立……少年胜于欧洲，则国胜于欧洲；少年雄于地球，则国雄于地球。"

正是由于20世纪初以孙中山、毛泽东、周恩来、朱德、刘少奇、邓小平、鲁迅、郭沫若等为代表的一大批有志青年或走进国内学府，或出国学习深造，共同寻求救国之路、兴国之途，这才有了1911年辛亥革命的第一枪、1912年封建帝制在中国的结束、1919年五四运动、1921年中国共产党的成立，才有了1945年抗日战争的胜利，才有了1949年中华人民共和国的诞生。

鲁迅回忆他为什么在日本留学时弃医从文，是因为在幻灯片上看到许多中国人围在那里欣赏自己的同胞被日军杀头的情景。他说，"从那一回以后，我便觉得医学并非一件紧要事，凡是愚弱的国民，即使体格如何健全，如何茁壮，也只能做毫无意义的示众的材料和看客，病死多少是不必以为不幸的。所以我们的第一要著，是在改变他们的精神，而善于改变精神的是，我那时以为当然要推文艺，于是想提倡文艺运动了。"我们从鲁迅治学的转折上可以看出，中国先进的知识分子，就是抱着改变中国、振兴中国的决心而选择自己受教育学知识的路途的。孙中山的诗句"顶天立地奇男子，要把乾坤扭转来"，毛泽东的"孩儿立志出乡关，学不成名誓不还"，周恩来的"大江歌罢掉头东，邃密群科济世穷"等，都表明了那个时代的年轻人为振兴国家而受教、求学的强烈愿望和决心。这些重视教育、为国而学的伟人和他们的故事，以及他们通过艰苦卓绝的斗争，把中国带出了灾难深重的泥潭，走向和迎来了光明和自强的伟绩使我们真正看到了教育对中华民族的图存和兴国起到的巨大推动作用。教育是强国的基石，教育是真正的立国之本。

（二）中国的成功与辉煌，教育事业是保障

我们的老一辈革命家毛泽东、周恩来等国家领导人是高度重视教育事业的，是一以贯之地把青年人的学习和成长放在各项工作首位的。早在20世纪20年代，毛泽东同志就在广州、武汉等地办起了农民运动讲习所。到延安之后，毛泽东同志在那里办起了中国人民抗日军事政治大学、鲁迅艺术学院等，为革命事业培养了大批杰出人才。中华人民共和国成立之后，我们虽然在经济上还十分困难，但还是狠抓扫盲教育和促进学校的发展。我在1954年上高中的时候，老家河南信阳地区20个县才只有一个信阳第一高级中学，而到"文革"前期的1965年，基本上做到了村村有小学、乡镇有初中、县县有高中。北京有条学院路，那里有航天、矿业、地质、钢铁、农机、邮电、医学等八大学院，实际上那都是1956年以前建成的。

毛泽东等老一辈国家领导人关心教育事业发展、关心青年人的教育与培养是体现在多方面的。1957年，毛泽东同志在苏联访问期间，在日理万机之余，还不忘去莫斯科大学看望中国留学生，他对到场的数千名留学生讲道，"世界是你们的，也是我们的，但归根结底是你们的。你们青年人朝气蓬勃，正在兴旺时期，好像早晨八九点钟的太阳。希望寄托在你们身上。"1958年，毛主席到南开大学视察，我们数以万计的学生围在毛主席身边，欢呼声一直没有间断。后来我们又跟随毛主席的汽车来到天津大学。毛主席在高台上走来走去，并招手向同学们问好。周恩来总理因为是南开大学毕业的，他任总理期间曾三次走进南开。1959年周恩来总理到南开视察时，不仅视察了我们系的学生宿舍，还视察了我们的图书馆，最后还专门把师生集合起来，给师生们讲解了当前形势，鼓励大家既要向书本学习，也要向实践学习，向周围的同志学习。在这次视察中，学校给周总理准备了专门的午餐，但他却走进厨房，吃下窝窝头和棒面粥。总理的言就是师，总理的行就是范。领导人的视察不仅给了我们巨大的鼓舞和力量，也给了我们"定海神针"和前进的方向。我这一生，不管走到什么地方，不管做什么工作，特别是在出任全国政协常委、国务院参事和国家教育咨询委员会委员时，每决定一件事情和每提出一个建议我都会想到

当年毛主席和周总理对我们的要求和教诲。

新中国成立后的17年，教育为中国的建设和发展做出了巨大贡献。可以说，没有17年的教育，就不会有我们各项事业的大发展，包括改革开放后，我们各个部委、各个部门、各市、各地，担当要职的几乎都是在17年中培养的。我小的时候，用的灯是洋灯，用的油是洋油，香烟是洋烟，自行车是洋车，包括用的火柴都是洋火，买不到洋火时，还要用火镰撞击火石取火做饭。就在这样一穷二白的情况下，中国发展起来了第一台拖拉机、第一台汽车、第一台电视机、第一台万吨轮、第一架飞机，发现了第一个大油田，建起了中国第一个水电站，筑起了长江第一座大桥，修通了雅安到西藏的公路，开通了成都到昆明的火车，第一颗原子弹、第一颗导弹相继成功发射，第一颗卫星成功上天等。

1964年我牵头承担国家十二年科技攻关的研发项目，经过夜以继日的奋战，项目于1965年完成后，向全国无偿提供约16万字的技术资料共9000份。此后10年不到的时间，全国建起210个味精厂。我们作为主要研究人员没有向国家要一分钱的报酬，而且工资级别和数额15年来一直没有变。这就是党和国家培养的我们这一代人的经历、精神和风范。可以说，新中国成立初期的17年是蓬勃生机的17年，也是激情燃烧的17年，中国大部分孩子都能入学，绝大部分青少年都能得到中国教育的洗礼。广大工人、农民和干部，尽管受教育的时间长短不同，毕业的学校有高有低，但他们都得到了新中国教育阳光的普照和教育甘霖的滋养，都充满了爱国热情和敬业精神。他们为了社会主义建设任劳任怨，艰苦卓绝，不仅创下了新中国发展的众多奇迹，也为改革开放奠定了各条战线的坚实根基。

我们的教育虽然在"文革"中历经了一段曲折的道路，但知识青年的"上山下乡"，国家对工农兵学员的特殊培养，特别是1977年的恢复高考，函授、电大、夜大的兴起，以及一大批青年留学国外，这又使我们以全新的方式培养出了数以百万计的各方面杰出人才和精英，他们也都成了改革开放的生力军，他们的家国情怀、奋斗精神及其所做贡献得到了党和人民的赞许。

迄今为止，我们有51.7万所学校，有在校生2.71亿人，学前教育入学率81.8%，义务教育入学率99.2%，高中入学率87.5%，高等学校入学率接近60%，劳动人口受教育年限10.3年。教育与经济是相辅相成的，伴随着经济发展，教育事业也迎来了生机勃勃的春天，义务教育的普及，职业学校的创办，特别是大学生扩招，使我们的教育和人才供给出现了前所未有的新局面。每年约800万大学毕业生和这些年来数以百万计的硕士生、博士生及40万名左右的"海归"，不仅是我们高质量发展的重要资源，也是我们建设科技强国的重要支撑，特别在新经济的发展方面，这些80后和90后的年轻人为国家做出了重要贡献。华为近20万员工的平均年龄30.1岁，百度员工平均年龄29.2岁，腾讯员工平均年龄28.9岁，正是这些年轻人撑起了中国数字经济快速发展的一片蓝天，并正在创造新的辉煌。

（三）强起来的长征，需要教育改革做支撑

习近平总书记高度重视青年的教育和成长。2013年五四青年节前夕，习近平总书记给北京大学考古文博学院2009级本科团支部的广大青年寄语说："希望你们珍惜韶华、奋发有为，勇做走在时代前面的奋进者、开拓者、奉献者，努力使自己成为祖国建设的有用之才、栋梁之材，为实现中国梦奉献智慧和力量。"

我们国家现在已经步入了强起来的新时代。要实现强起来，还有很长的路要走，特别是我们的制造业增加值尽管已是美国的1.5倍，相当于美、日、德的总和，但我们的工艺技术和产品还位于世界第三梯队。产品质量低与我们生产第一线操作人员受教育年限较低和质量不及国外有直接关系。为改变这种情况，既需要广大青年的奉献和担当，也需要广大青年的智慧和力量。为此，必须搞好教育改革，更好提升广大青年的能力和信仰。

（1）坚持以人民为中心，搞好教育资源配置。世界上很多国家的义务教育是国家拨款支持的。我们在推进教育均衡发展方面虽然已先后拿出1万亿元资助了7.7亿在校困难学生，但是由于义务教育基本上是由地方、县乡支持的，在各地财政收入和家庭收入存在几十倍或上百倍之差的情况下，就必然严重拉大了孩子们受教育的差距。再就是大学的配置和国家教育经费的拨款，更需要改变"锦上添花、花上垒花"的习惯做法，需搞好高等教育以人为中心的资源配置。教育均衡问题得不到解决，贫富差距就会越来越大。因此，需要以人民为中心，重视教育资源配置的改革，搞好教育统筹，以使教育做到真正的均衡发展，"有教无类"得以更好实现。

（2）坚持强化师资队伍，去除"官本位"的陋俗。抗战时期西南联大能够在国难当头的环境中，培养出大批人才，是值得我们思考和仿效的。当时没有"官本位"的浮躁风气和干扰因素，这是我们今天的教育无法比拟的。今天的很多学校大搞行政级别的设置和竞争，很不利于打造教师培养和教学科研所需的氛围和环境。我们学校的"官本位"有两大问题：一是学校的行政岗位成了各级政府安排官员晋级、养老的平台；二是学校的行政岗位成了广大教师努力与竞争的导向。我们的学校有部级、副部级、局级、副局级、处级、副处级之分，所有这些官位的竞争都直接干扰了教学秩序，导致了浮躁与腐败的滋生。

（3）立足搞好教育环境，社会治理。中国学生的素质教育遇到的最大问题是一切为了钱。追名逐利成了一些学生和教师学习和工作的唯一动力。教育搞不好的重要原因不在校内而在校外，校外的问题不解决，学校即使用尽九牛二虎之力也难以达到目的。学校是社会的一部分，它绝非处在真空中。社会的一些风气，包括各方面存在的等级思想、特权思想、特权现象、嫌贫爱富、阿谀奉承、虚假面子、互相攀比、优亲厚友、拉关系、走后门以及分配的严重不公和畸形等都是导致学生追逐名利、一切向钱看的根本原因，这直接影响到教育思

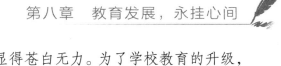

想、教育效果，使很多正面教育显得苍白无力。为了学校教育的升级，必须把校外的社会环境作为教育系统工程的一部分，搞好改革与治理。特别是要改革好不合理的分配制度，解决好最难解决的特权思想和特权现象的渗透和滋长。

（4）立足科教强国，改革好教材与课程设置。教育为生产建设服务，这是需要永远坚持不变的方针。在大力推进科技强国建设、向科学进军的新形势下，怎样使教学内容、教材配置与此相适应，应该成为教育改革的一个重点。在这一轮教材改革中，语文内容的过度增加，必将把学生引入重文轻理的道路。根据朱妙宽教授的研究，新教材中，小学6年古诗文总篇数高达128篇，相比旧版增加87%，并且把小学生的最低阅读量升到300万字，按6个年级学生的最低阅读量进行测算，小学生6年平均每天要阅读2小时。这不仅不利于小学生减轻负担，而且会影响学生的全面发展。教育家陶行知指出"千教万教教人求真，千学万学学做真人"，我们教育的责任是要因材施教，教会学生人生之道。我们的教育一定要从当今数字科技快速发展的实际出发，以辩证唯物主义做指导，搞好教材与课程设置改革，使教育能跟上科技强国建设形势的需要。

（5）立足治国齐家，更加重视改革家庭教育。家是最小国，国是千万家。2500多年前，孔子就讲过，"所谓治国必先齐其家者，其家不可教而能教人者，无之。"孔子的这一论断表明了家庭教育对一个人的品德塑造是何等重要，家庭教育不好的人，是很难有治国本领的。

正因如此，中国自古至今都很重视家庭教育。孟母为了孟子的成长，从山西到山东三迁其宅，最后孟子成了与孔子齐名的儒家学派的代表。山西运城闻喜县的裴氏家族，先后出了59位宰相，这与其家风和家庭教育是不可分割的。今天我们很多家庭都视孩子为宝贝，孩子成了"小贵族"和"小皇帝"，家长不愿让他们吃苦。1983年我去英国考察时，一位工业部部长给我讲，当年英国占领某个国家后，为消灭那里的土著民族，从生下来就包下了他们的吃喝，任其放荡和玩乐。而对英国本民族，男孩长到18岁，就要赶出家门，回家住房还要拿房租，上大学要半工半读，其目的就是保证英国本民族更强盛。我们应从这个故事得到启发，要使我们的很多家庭教育理念得到创新和转变。

（6）立足丰富教育资源，搞好对民办教育的激励和约束。世界上的一些国家都有自己知名的民办大学和中学。我的母校南开大学及其附属的南开中学也曾经是私立学校。南开中学建校100周年时已培养出6位全国政协副主席、4位全国人大常委会副委员长，还有2位总理、1位副总理。南开大学作为周恩来总理的母校曾在当年创造了中国大学的8个第一，抗战期间又与清华和北大合属西南联合大学，培养出了诺贝尔奖获得者杨振宁、李政道等。正是这个原因，我曾积极主张大力支持民办大学和高中更好发展。但是经过深入了解后，我发现我们的民办学校，很多都不是大老板捐资的，而多是小本投入为了赚钱而建的。也正因为这样，中国的民办学校，除了少数几个高中实力较好——它们用高投入创造好环境，用高工资吸引高水平的名师任教，办出了高水平的名校外，大多数都先天不足，教学条件相对较差，学生来源参差不齐，因此无法与公办学校竞争，更难成为一流名校。

基于此，我主张，为了使教育资源更加丰富，应由国家出台一些创新性的激励政策，鼓励投资建设非营利民办大学或优质高中，并允许非营利民办学校与我们的公办学校平起平坐，激励其向名牌学校攀升，让一些人实现兴办"东方哈佛"的梦想。而对于那些为赚钱而办的学校，要严加管理，特别是对那些有可能把孩子们培养成脱离群众、脱离社会的"小贵族""小皇帝"的极豪华的幼儿园，要严加管控，限制发展，防止把孩子引向歧途，这样才能使民办学校走上更加健康的发展道路。

三、重视教育公平，促进教育均衡

（一）教育公平是社会公平的基石[①]

教育是一项公益事业，依教育法规定，公民享有平等的受教育机会，不应受财产状况的限制。当然更不应因地区发展不平衡，而使平等的受教育机会被剥夺。这要靠什么？就是靠国家教育资源配置的支撑，靠国家财政的保证。

但是，由于我国财政使用和教育资源的严重不均衡，已经使教育的不公平愈演愈烈，而且长期以来存在着"四重四轻"的思维惯性：一是重高等教育，轻基础教育；二是重城市教育，轻农村教育；三是重发达地区，轻欠发达地区；四是重少数重点学校，轻多数普通学校。中央财政对教育的投入绝大部分投向了高等教育，在20世纪90年代，这一部分投入始终高达90%以上，而包括高中在内的中小学所占比例始终很低，并且有限的金额又大部分投到了发达地区、投到了城市和重点学校上。2001年以后，中央三令五申要求加大对中西部的教育经费投入，但投入比例仍十分有限。

教育经费投入的不均衡，造成各地教育资源配置的过分悬殊。例如北京，作为拥有1200万人口的城市，有高等院校100多所，而有些地级市，总人口已达到1000万人，至今仍没有一所本科院校。再以学生人均教育经费为例，根据清华大学的调查，2002年全国初中生人均教育经费最高省市为4047元，最低省市为603.73元，相差6.7倍。在某欠发达城市的一个市区范围内，最高乡镇为1169元，最低乡镇为188.7元，相差6.2倍。

根据调查，一些国家支持的重点学校，不仅校舍宽敞，楼宇考究，环境优美，而且教学设施一流，各种先进设备应有尽有，不仅有现代语言室、电脑室、实验室，而且有乐器室、绘画室、雕塑室、艺

---

① 本部分发表于2004年6月《人民政协报》《中国政协》，收入本书时有修改。

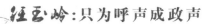

术馆、图书馆、游泳馆、体育馆以及万人下沉式广场、师生休闲晨读公园等。与此形成对照的不少欠发达地区的学校，却是场地狭窄，房屋破旧，有的教室竟连一块玻璃都没有。有的学校虽然可以让学生寄宿，但20多个人挤在一间不到20平方米的房间里，睡在一个通铺上。有的学校虽然有食堂，但仅能为学生热热饭，年纪幼小的学生每星期要跑十几里路两次回家拿干粮，学生吃的饼又干又硬。还有些学校连住宿和开伙的条件都没有，学生只能在所在的城镇投亲靠友，或到城镇里租房住。更有一些学校因经费困难，该让学生操作的计算机，因无钱购买，无法进行操作演练；该进行的外语教学，因缺乏外语老师，不能为学生开课。

教育资源配置的不公平，还表现在高中的设置上，现在已有不少大城市和经济发达地区普及了高中教育，而尚有相当多的省区，初中升高中的比例只有40%，农村初中升高中的比例只有18.6%，这实际上有81.4%的农村学生被剥夺了上大学的机会和权利。

为了实现教育公平，建议当前从教育体制的改革和管理入手，重点解决好以下5个问题。

（1）解决好乱收费屡禁不止问题。教育的高收费、乱收费，不仅引起了群众的不满，而且严重地干扰了教育公平。特别是重点学校的乱收费，把更多的低收入阶层推到了优质学校之外。本来，很多重点学校是国家拿钱资助的，是国家的政策扶植的，理应面向本地区或全社会招生，可以让生源通过考试进行竞争，实现择优录取。但是，我们没有这样做，相反是把重点学校变成了某些特殊群体培养子女的大摇篮；把重点学校变成了少数人的摇钱树，通过高收费、乱收费，为少数阶层和少数个人谋利益。像这样的问题本来是应该早就解决的，但因有些主管部门同这些学校形成了利益共同体，对收费进行提成，所以不仅对乱收费未进行有效禁止，而且又美其名曰"择校费"，使这种乱收费合法化。还有些财政部门与重点学校签合约，学校收一名财政厅子女，财政厅增拨学校50万元，如此赤裸裸的交易已经把重点

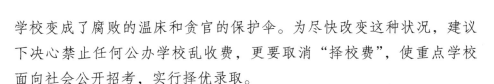

学校变成了腐败的温床和贪官的保护伞。为尽快改变这种状况，建议下决心禁止任何公办学校乱收费，更要取消"择校费"，使重点学校面向社会公开招考，实行择优录取。

（2）解决好重点学校办分校问题。近一段时期以来，重点学校办分校之风越刮越猛。很多地方的重点学校，利用重点学校的名声，向国家索要土地、向政府争取投资，建设高收费的分校区，有些老师在原学校领取工资，到分校去任教，为学校创收，为个人牟利。更有一些学校的分校实行股份制，有学校领导入股，有教师入股，分校成了某些人发家致富的聚宝盆。鉴于很多分校的性质已经改变，它既不利于广大百姓享受教育公平，又容易造成国有资产的流失和腐败的滋生，建议对重点学校办民营分校、股份分校应坚决废止，以保证重点学校的教育质量和示范带动作用。

（3）解决好高中、初中就近入学问题。不少地方的教育主管部门都对当地学校做出了就近入学决定，应该说这对学校和生源的管理是十分必要的。但是，因为我们的教育事业长期以来奉行一条"锦上添花"的发展路线，使得很多学校的教育条件和教学质量过分悬殊。这种情况下实行高、初中就近入学就会造成严重的不公平，更会使很多优秀人才被埋没。因此建议，除了认真保证小学实行就近就读外，对初中及以上的就读，应彻底放开。基于初中是学生重要的发展时期，城市初中不应拒绝接收农村学生。可以以县为单位进行统考统招，以保证教育公平。对高中更应如此，必要时可以以地级市为单位，实行高中入学的统招、统考，依志愿和成绩进行录取。

（4）解决好大学的设置和招生问题。为了推进教育公平，我们的大学设置需尽快进行调整，对人口众多、大学较少的省区，应由国家投资多建一些大学，特别要重视一些地区级城市的高等教育发展。现有大学过于集中的城市，可以有计划地进行适度搬迁，向欠发达地区分散。做到以人口为背景，使高等教育资源的配置逐步走向合理化。

高校的招生问题，也是教育不公平的大问题。不公平的高校设置

加上不公平的招生配额，使各地大学录取的比例和分数线差距较大。

高校招生的不公平，还表现在城乡和各阶层的子女在高校就读人数的差异上。以北大、清华为例，1999年，两校招收5080名本科生，其中农村学生仅有902人，占总数的17.8%，这与同年农村人口占全国总人口的70%形成了鲜明对比。可以断言这不是因为农村的孩子笨，而只能说明我们对高校招生的管理不公平。因此，建议高校招生，应尽快打破这种不公平，应该不分地方、不分学校，像新中国成立初期那样，实行统考、统招，各学校均应在全国范围内进行公平竞争，按志愿和分数进行取舍。为了让穷人的孩子能上得起大学，应坚决遏制大学的高收费、乱收费，并应用国家财政为穷孩子设置助学金，或成立助学基金会，在中国的现实情况下，少一点奖学金，多一点助学金是符合实际需要的。

（5）解决好农民工子女入学问题。全国有1.4亿农民工，农民工年纪相对较轻，他们的子女大多处于学龄阶段，其数量高达千万人之多。由于农民工子女入学问题没有得到妥善解决，已经酿成了一系列社会问题。一种情况是农民工子女留在农村上学，形成了一个终年不见双亲，孤独无依的学生群体，他们的身体和学习无人照顾，精神和性格变得孤僻；另一种情况是随父母进城的农民工子女，但因当地学校不收留或学费过高，而不得不进入农民工子弟学校，虽然有的农民工子弟学校办了10年之久，但教育部门一直不予认可，学校跑来搬去，使农民工子女学习没有保证。最近我在珠江三角洲某镇考察时，发现这个镇农民工人口比本地人口多出七八倍，他们虽然为这里的发展做出了巨大贡献，但本地的公办学校却与农民工子女无缘，农民工子女必须花高额学费到当地的民办学校去就读。我未能深入调查，只听当地朋友说，这些民办学校是少数人参股的，不让农民工子女进公办学校去读书，也是为保证民力学校的生源和收入。总之，利益驱使在教育战线随处可见。各种阻碍教育公平的现象，都与利益集团和利益保护有关。因此，要构建和谐社会，要

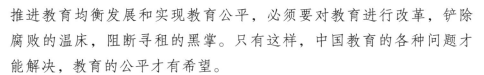

推进教育均衡发展和实现教育公平，必须要对教育进行改革，铲除腐败的温床，阻断寻租的黑掌。只有这样，中国教育的各种问题才能解决，教育的公平才有希望。

法国著名思想家卢梭曾经讲过，教育是实现社会公平的"最伟大工具"。教育公平了，社会才能公平，和谐社会的构建才有保障。

（二）用"皇粮"把农村"普九"教育养起来[①]

2002年10月，我们在云南做边境贸易考察时，不少地方向我们反映：与我国毗邻的越南、缅甸边境农民的孩子都享受免费义务教育，而我们的义务教育却是要靠农民自费的。我们在红河州靠近越南边境处，参观了民革云南省委会捐助的一所宋庆龄学校。这个学校是当地最好的学校，房屋漂亮，设施相对齐全。但我们在参观宿舍时，看到3个孩子同睡一张床，同盖一条被，一张双人床上要睡6个孩子。当我们把目光投向夹道欢迎我们的孩子时，发现他们大多面黄肌瘦，个头要比同龄孩子矮得多。这样一种特别的感受，使我决心要对欠发达地区的农村义务教育做一次深入的调研。

从云南回京后，我拟定了一个到河南、湖北和陕西考察农村九年义务教育的计划，只是在走完河南、湖北之时脚部骨折，未能到陕西考察。但仅对河南驻马店、信阳和湖北襄樊地区的考察，就发现在一些经济欠发达地区特别是费改税后，农村义务教育遇到的问题较多，困难较大，经费严重紧缺，这些问题不仅已经影响到"普九"的顺利开展和成果巩固，而且也干扰了社会的进步和稳定。

问题之一：学校公用经费匮乏导致学校运营困难。农村税费改革后，切断了乡统筹教育基金和农村教育集资，学校的发展和建设已无其他资金来源。实行"一费制"后，学校虽然还能向学生收取一些学杂费，但由于欠发达地区农民较穷，所收费用有限，造成公用经费的

---

① 本部分为任玉岭2003年8月在一次座谈会上的发言，收入本书时有修改。

极大缺口。例如，湖北有29个贫困县，小学生每年收费160元，初中生每年收费300元；河南省驻马店地区，小学生每年收费50元，中学生每年收费70元，除了书本费，所剩无几。因"一费制"的实行，湖北省对义务教育的投入下降14亿元，四川下降12.37亿元。因此办学必需的公用经费，如水电费、会议费、邮电费、差旅费、清洁费、降温取暖费、报刊费、茶水费等都无法解决，更不要说教学、实习、实验、文体、宣传所需要的费用了。有的学校因无钱买化学试剂，把化学实验都停了。由于没有水电费，一些学校在晚上点蜡烛或用油灯办公、学习，又回到了煤油灯时代。一些学校原来为推进信息技术教育，购买了计算机，现在因没有公用经费，又不能收取学生上机费，而被迫停止了计算机和信息教学。

问题之二："普九"欠债负担沉重。"普九"欠下的债务量大、面广，给农村义务教育造成的负担十分沉重。前些年，在"普九"工作中，各地为了达标，不惜借高利贷购置设备，改造房屋。有的地方搞"一刀切"，认为"不是楼房，就是危房"，刮起了学校盖楼之风，造成学校欠债严重。据了解，湖北"普九"欠债21亿元，陕西15亿元，河南信阳1.4亿元，四川巴中1.3亿元，云南保山1.2亿元。农村税费改革后，停止了教育集资，加上地方财政困难，"普九"债务基本无力偿还。许多地方发生了债权人堵政府、封校门、赶学生、锁教室，阻止上课、殴打教师的情况，仅湖北团风县就有21所学校被封或被锁长达一星期。

问题之三：学校危房较多又无钱改造。各地学校虽然经过"普九"进行了房屋改造，但由于雨水多、地方穷、房屋质量差，很多校舍、教室依然破旧不堪。根据2002年6月的统计，四川省中小学有危房494万平方米，占总建筑面积的6.8%；河南省有危房625万平方米；湖北省有危房430万平方米。中央虽然每年划拨一些中小学危房改造资金，但数额差距甚大，例如湖北省改造危房急需13亿元，中央仅划拨2.7亿元；河南急需资金20亿元，中央仅划拨1.2亿元。地方财政困难，对危房改造无法承受和保证，"普九"的成果难以延续和巩固。

问题之四：一些学生交不起学费、生活困难。我国农村发展缓慢，贫困人口较多，虽然一些地方中小学生收费标准已经降到160元和300元，甚至有的地方降到了50元和70元，但依然有学生交不起学费。湖北新阳县某小学学生欠费1.2万元，罗田县某学校学生欠费6万元。从学生的生活看，更是艰难。一些学校每学期只收20—25元的伙食费，每人每天伙食费不到1元，每顿饭只有3角钱，尽管学生体弱面黄，肉菜却无人购买。有的学生睡觉连褥子都没有，铺的是草垫和褥单。由于贫困，仍然有些孩子不能坚持完成学业，在湖北某市两个初中的辍学率高达11.33%和17.5%，某县两个初中的辍学率高达20.11%和22.8%。

问题之五：学龄人口高峰导致初中人满为患。由于人口增长，当前各地方普遍进入了初中学龄人口高峰期，随着这一高峰期的到来，初中教育面临巨大压力。湖北省2000年有初中在校生258.74万人，到2002年在校人数增加63.66万人，预计2005年，初中人数比现在还要增加60万人。河南省2000年初中人数已达640万人，比1998年多出180万人。按此学龄人口高峰的实际计算，这两省需分别增加教室1.2万个和2万个，需分别增加教师3万人和5万人。

义务教育是应该由财政负担的。经我调查，世界上100多个国家，包括我国周边的朝鲜、越南、缅甸、俄罗斯，百姓都是免费接受义务教育的。义务教育是国家发展的百年大计，更是推进我国从根本上解决"三农"问题的大计。国家财政不能推卸对义务教育承担的责任，绝不能看着应该均衡发展的义务教育，随着贫富差距的扩大而两极分化。

比起一些投入千百亿元的重大项目，义务教育投资的收获期是相对滞后的，但是教育的成功与失败向社会扩散的成果或危机影响将是十分巨大的。我们不能因为投资教育无法立竿见影，就忽略教育投资的重要性。要克服短期行为和狭隘眼光，实实在在地把九年义务教育

摆在优先发展的战略地位。而且需要突破农村义务教育的投入体制，尽可能多地用"皇粮"把"普九"教育养起来。

为此，我们建议抓紧改革中国义务教育财政的分担模型，依照分类扶持的原则，提高中央财政和省级财政对农村九年义务教育的支持力度和份额。我们主张按人均GDP（或按人均财政收入）把中国的省市、自治区分作两类，A类是在全国平均水平以上的，B类是在全国水平以下的。以2001年统计数字为准，全国人均GDP为7543元，超过平均水平的A类地区有13个省市自治区，人口总量为42%，占GDP总量的70.8%；低于平均水平的B类地区有18个省市自治区，人口总量为58%，占GDP总量的29.2%。为缩小差距拉大的趋势，并切实解决欠发达地区发展义务教育的困难，国家应在统一学费标准、统一工资水平的前提下，确定上下浮动范围，由国家财政根据"下需保底，上不封顶"原则，负责对归入B类的18个省市自治区的农村义务教育进行学费包干和转移支付教师工资总额的30%。B类地区的省财政还要分担这些学校的公用经费、危房改造、教师津贴等。对划入A类的13个省市自治区，所有九年义务教育的投入均由本省市自治区自己来承担。这些省市自治区仍需对各县的GDP水平进一步画线，凡是人均GDP高于国家平均水平的（以2001年为准），九年义务教育所有经费，都由地方财政承担。凡是人均GDP低于全国平均水平的，同样按照国家统一的标准和水平浮动，以"下需保底，上不封顶"的原则，由地方财政参照国家财政对待B类地区的办法给予保证和扶持。

总之，欠发达地区的九年义务教育，急需要国家财政有突破性的措施。国家的宏观投资政策一定要多给欠发达地区特别是农村一些扶持和支持，或对农村义务教育实行全免费，以确保农村九年义务教育尽快走出困境。

（三）合理配置教育资源应成为教育改革的靶子和重点①

坚持教育的公益性和普惠性，这是中国特色社会主义本质所要求的，也是与最终实现共同富裕的目标相一致的。从法学的角度讲，这也是一个基本人权问题。

为此，教育，特别是义务教育要坚持均衡发展的方向，真正做到人人都享有平等的受教育的机会和权利。有关理论认为，应该努力做到每个人受教育的机会均等。教育的均衡包括三部分：①起点的均衡（入学机会）；②过程的均衡（教育条件）；③结果的均衡（学业的成功机会）。

为了做到教育的普惠性、公益性，实现每个人享受教育机会的均等目标，应该要特别注意教育资源的配置。到目前为止，世界上公认的教育资源分配原则有以下五项：①资源分配均等原则；②财政中立原则；③调整特殊需要原则；④成本分担和成本补偿原则；⑤公共资产从富裕流向贫困原则。这五项原则中的第二项即财政中立原则尤为重要，也就是要通过财政的支持，使每个人不因家庭贫困而使教育受影响，也不因地域贫困而使教育受影响。通过财政保障资源配置的均衡，保障入学机会的均衡和教育条件的均衡。

在我国要解决好教育均衡发展问题，归根结底是要更好解决财政投入问题。新中国成立初的17年是教育发展较好的17年，但由于那段时期我国的工业化水平很低，国家主要通过对农产品的"剪刀差"获取资金，在资金极为紧缺的情况下，只能是先在首都和各省省会加速学校特别是大学的发展。改革开放后，又为了使有限资金发挥更大效益，于是又多按照效率原则，把教育资金投向了城市学校和优质学校，对广大欠发达地区的教育发展欠债较多。这样经过60年，国家的经济虽然得到了巨大发展，但教育方面存在的差距却

---

① 本部分发表于2008年10月《科学时报》，收入本书时有修改。

越来越明显。

在义务教育的发展方面，我国2002年提出"以县为主"的办学格局，这虽然是从管理角度提出的，但实际上，教育经费的保证也成了"以县为主"的格局。要知道，我国经济发展的不均衡，已经造成地区差、城乡差彼此间高达几倍、十几倍甚至几十倍。在这种情况下，"以县为主"的教育经费保证格局，也同样形成了巨大差距。虽然中央财政有一些转移支付，但同样因财政使用不规范、不透明，再加上拨付过程中，政府层级过多，出现了严重的随意性和不公平性，被挤占和挪用款项的情况也时有发生。如此，我国的财政中性原则难以保证，很多人的教育受到家庭和地区财富差异的明显影响。

为了解决好教育均衡问题，需要在以下几个方面下功夫。

一是认真落实科学发展观，重视解决收入差距过大问题。要把统筹城乡发展、统筹区域发展的工作抓紧抓好，尽快抑制和缩小贫富差距扩大问题，并使中西部的经济有较大改观。地方经济好了，学校也会好起来。

二是确保国家财政投入对欠发达地区的支持力度不断提高。据我所知，我们不少欠发达地区的学校很少得到过国家资助，这种情况应坚决改变。一定要提高财政支付的透明度，并要坚决改变"只重锦上添花，不搞雪中送炭"的财政资金投向局面。

三是调整"以县为主"的办学格局。学校的发展不能仅靠县财政保证，应该区分具体情况，条件好的县可以以县为主；条件差的县，省财政情况好的，可以以省为主；县和所在省财政条件都差的，应该以国家为主。

四是大学的配置应该考虑人口的分布。对人口密度大，大学又过少的省份，国家一方面要在重点学校招生指标上向这些省份适当倾斜；另一方面要拿出一部分国家财政资金，在这些省份再多建一些本科大学，必要时也可将一部分老学校迁移到地方发展。

五是坚决推进办学的标准化。要扩大标准化的范围，包括实验室、图书馆、宿舍、食堂、厕所、班额以及计算机、多媒体的配置，所有标准化的东西，要说到做到，要在国家支持下，使其得以保证。

六是增加大学生的助学金和落实贫困学生的贷款。一些好学校招生时，要向农村做一些倾斜，否则名牌大学中的农民子女会越来越少，不利于社会公平、和谐发展。

总之，教育的改革，一定要切中时弊，抓住重点，要把合理配置教育资源作为改革的靶子，视为改革的关键。

（四）推进异地高考改革需反对既得利益藩篱的五个观点①

今天，很高兴应邀参加关于推进异地高考改革的讨论会。教育部袁贵仁部长亲自带领教育部这么多副部长出席这个会议，说明了教育部对异地报考问题的高度重视。

刚才听了北京、上海、广州等地负责同志的讲话，给我留下的感觉是，放开异地高考根本没有可能，这些高等学校集中的城市都反对，可见异地报考是阻力极大的，希望是非常渺茫的。

尽管如此，我作为国务院参事和国家教育咨询委员会委员，还是想公正地讲一下自己对异地报考的五个观点。

第一个观点：现在高等学校多集中于少数几个大城市，这是历史的原因形成的，也是这些城市努力的结果。但是，不要忘记，北京、上海、广州等城市的大学主要是新中国成立以后发展起来的。城市的发展主要依靠广大农村对城市的支持，是改革开放前和改革开放后两个时期巨大的"剪刀差"，使大量农村资金向城市转移。因此，少数大城市的大学发展，是全国人民支持的结果，也可以说是全国广大人民的劳动结晶，尤其是农民的劳动结晶。

因此，北、上、广的大学应该为全国服务，应该放开门槛，让全国的高中毕业生竞考进入。而不应该强调这样或那样的困难，提出这

---

① 本部分为任玉岭 2012 年在教育部异地高考讨论会上的发言，收入本书时有修改。

样或那样的理由，拒绝异地高考的实现。

第二个观点：北、上、广的不少高等学校是211、985学校，这些学校不仅所有的建筑费、安装费、设备费是国家拨款的，而且学校的运营费及教师的聘用费都是由国家财政支付的。虽然北、上、广等城市对这些学校有贡献，但这些学校的生存与发展都是全国人民的纳税行为保证的。因此，这些学校不应该只为北、上、广的子女服务，而更应该服务于全国各个地方和各个阶层。所以，北、上、广参会的负责同志反对异地报考是不应该的。

第三个观点：在农业产区、农业大省，人口多、高校少，这不是因为当地不重视高校建设、不重视高校发展，而是因为前面所谈到的改革前的"剪刀差"和改革开放初期的"剪刀差"，把农业创收转给了城市，支持了大城市的发展，才造成这些农业地区、农业大省高校极少。我们有的农业大省一年毕业90万高中生，而能走出省外的只有6000人，那里的高中生向我们诉苦说："有人讲高考是在走独木桥，而我们却在走钢丝，连独木桥也没有。"一些农业省份，因为高校少，很多高中毕业生在某些大城市可以进一类学校的分数线，在本省连进三类学校都困难。同在共和国的蓝天下，如果异地报考不改革，我们该怎么保证教育公平的实现？

第四个观点：异地报考人群，多数是农民工子女，他们的父母为那些学校集中的城市流下了多少汗水，做出了多少贡献。这些农民工，多数因工资偏低、城市房租高，不能拖家带口。部分农民工的孩子在城市出生，在城市长大，但因为不能异地报考，他们在城市读完初中必须回家乡念高中。一些孩子到了贫穷的老家，不仅思念父母，而且生活不习惯，这些都直接影响了他们的学习。

现在处于义务教育阶段的孩子中，80%是农民的子女，如果不关注他们，我们的现代化怎能顺利推进？

第五个观点：历来寒门出贵子，我也相信，我们国家更多的聪明孩子、更多的"贵子"，来自义务教育阶段的80%的农民子女中。我们不仅应该从公平角度考虑和对待农民的子女，而且需要从人才培养角度考虑，让寒门的贵子走出来。根据我的经验，在中国不了解农村、农民和农业的人，作为一个人才是很不完整、很不全面的。为了给国家培养更多的精通国情的接班人，尤其应该关注广大农民子女的教育。既要解决好农民工子女的异地报考，又要为更多农业大省孩子们的发展开辟坦途。因此，我们一定要突破既得利益的阻拦，坚决推进异地报考和全国统考改革的顺利进行。

四、搬掉教育"三座大山"，搞好素质教育①

（一）中小学生课业负担必须减轻

中小学生课业负担过重，已成为令人震惊的大问题。中小学生正处在长身体的阶段，过重的课业负担，违背了少年儿童身心发展规律，使学生全面发展受到影响，长此以往，必将影响孩子们的身体健康，影响我们民族的未来。

课业负担过重，学习时间过长，导致多数学生睡眠严重不足，身体素质下降。去年的一次中小学生体质健康状况抽样调查表明，城市小学生近视率为22.78%，初中生为55.22%，高中生为79.34%。农村小学男生近视率为11.6%，女生为15.7%；初中男生为35.5%，女生为44.6%；高中男生为53%，女生为64%。

据中国优生优育协会2008年的调查，中国处于亚健康的青少年有3000万人，1/3的中小学生有不同程度的心理问题。国家教委对12.6万名大学生进行抽样调查发现，大学生心理疾病患病率达20.3%。这些疾病的形成不是到大学才有的，有不少是在中小学留下的病根。

社会各界都明白中小学生的课业负担过重的问题，可为何解决不了呢？毛泽东同志在20世纪60年代中期就曾指出，"课程多、压得太

---

① 本部分选自《任玉岭谈教育》，台海出版社2017年版，收入本书时有修改。

重是很摧残人的。学制、课程、教学方法、考试方法都要改。……学生要有娱乐、游泳、打球、课外自由阅读的时间。""现在的考试办法是用对付敌人的办法，实行突然袭击。……这种做法是摧残人才，摧残青年，我很不赞成，要完全改变。"

中小学生课业负担过重，这不仅是单独的教育问题，也是一个重大的社会问题、政治问题。这些年来我们的人才观不仅没有新的进步，反而倒退了。"万般皆下品，唯有读书高""书中自有黄金屋，书中自有颜如玉"，这些陈腐观念又不时出现在我们的宣传阵地，对社会产生重大影响。我们的招干、招工也过于看重学历文凭，看重学生所毕业的学校。我们在评价学生、评价学校、评价教育方面往往只看重考试成绩和升学率，只要考试成绩好和升学率高就是好学生、好学校、好教育。我们的教育为迎合这些观念，被迫走向了应试教育，而过重的课业负担就是应试教育的衍生物。

当然减轻学生课业负担，绝不等于取消考试制度。有些人认为要减轻学生课业负担必须取消考试制度。在我看来，这纯属因噎废食之举。考试是能体现公平的制度。如果取消了升学的考试制度，恐怕腐败就会横行，不公平就会更加严重。

据我多年观察和深入调研，中小学生课业负担过重，一方面是教材设计不当所导致的；另一方面是学校以升学率高低论英雄的评价制度造成的。只要能把这两个问题作为解决学生课业负担的抓手和切入点，就一定能把学生过重的负担减下来。

根据我的研究，要减轻学生负担，有以下建议。

第一，要端正认识，充满责任心和紧迫感。现在我们解决任何一个矛盾，都会触及某些既得利益者的利益，都会遇到既得利益者的阻力。学生负担过重问题的背后同样有既得利益者，同样会遇到既得利益者的反对和阻拦。因此，我们必须透视学生负担过重背后的问题，要有敢冒风险的准备和决心，敢同既得利益者做斗争，否则会半途而废。

第二，要坚决改变以升学率论英雄的评价体系，破除按升学率评比教师、评比校长、评比学校的做法。反对树名校、评名师的浮躁行为。先进工作者是必要的，激励措施也是不可缺少的，但为了实现减轻学生负担的目标，应下决心改变以升学率论英雄的做法，要大大降低这一指标的作用和地位。

第三，要下大决心对教材删繁就简。一是改变急功近利、急于求成造成的课业负担越来越重的情况。如数学课，把微积分由大学下放到高中；历史课理论部分越来越多；小学英语课程开设过早、过难；中学语文课成了各科的大杂烩。二是改变教材过分强调新奇，而忽视了基础性的问题。三是改变选修课过多、过难，而学生又无自选权的问题。

时代在发展，科技在进步，改革教材、更新内容，甚至开设新课程都是必要的，但是必须要从实际出发，要考虑学生的承受能力，特别是中小学生，主要是打基础，练基本功。我们的教育改革专家应深入实际，多进课堂、多当学生，多对每一门课做一些认真解剖，把其中不适当的内容减下来，切不可把无限的信息、资料和知识都浓缩到课本中。

第四，要严格控制义务教育阶段的补课行为，留给孩子们更多的休息时间。学校尤应重视组织假日旅游、工厂参观、野外考察、参观展览、体育锻炼、演讲恳谈、设计制作等活动，并以此打破封闭意识，增强开放观念，强化思维创新，增加社会实践，这才是培养国家栋梁之材的出路，才是回应"钱学森之问"（按：指钱学森提出的"为什么我们的学校总是培养不出杰出人才？"问题）的希望所在。

第五，要解决学生负担也需清除腐败。学生负担重，有一些是教材印制和发行过程中的利益驱使造成的，有一些则是补课环节中"油水"过多、利益过大造成的。在社会上腐败多发的大背景下，教材制作、供应与补课中的腐败也在所难免。因此，我们在努力减轻学生负担时，一定要把防止腐败看得更重些，要坚决杜绝某些教材

方面的权利人与印制教材的商家相勾结，杜绝补课机构与学校的权利人及教师相勾结。

（二）教育乱象必须禁止

一是禁止老师喜优厌差，使学生心理失衡。由于学校对老师的考察是以优等生的多少为标准，学校之间比的是升学率，社会对学校关注的是哪个学校上重点高中、上大学的人数多，因此，多年来，大部分老师只重视优等生，而对一些成绩相对较差的学生基本不关心，从而使这些学生逐渐失去了学习兴趣，不少学生心理失常，甚至走上犯罪道路。

二是禁止各种形式的分班。学校通过开设诸如"火箭班""特奥班"等，把高分学生集中在一起，对低分生另眼看待。这个过程实质上形成了更多的差等生，人为地降低了对低分生的要求。包括一些大学也分重点班和普通班，美其名曰是为了"创新""因材施教"，实则侵犯了学生们平等享受教育资源的权利，是一种歧视行为。

三是禁止推销教辅、拿回扣。作为老师的"生财之道"，很多老师都与教辅经销商之间达成协议，指定学生到某某书店购买书刊。老师布置的作业都是教辅上的，如果学生不买的话，连作业也做不成。

四是禁止生源大战，恶性竞争。在同一座城市里，各校之间的竞争十分激烈，有的出钱"买"优等生，有的给优等生优厚的条件，有的为招到更多的优等生，不惜互相诋毁，在社会上造成很坏的影响。

五是禁止教学资源浪费。县城的学生进地市学校读书，造成一些县花巨资建设的中学生源不足，教师、教室、设备等浪费严重。相反，地市的重点中学门庭若市，不得不大班额上课。但由于优秀教师队伍跟不上，不少进了重点中学的学生，接受的教育水平依然不高。

六是禁止以教牟利。部分老师在市场经济的诱惑下，打起"靠山吃山"的主意。例如，有的老师招一部分学生到自己家里（或校外班）单独辅导，将自己保留的技巧性的知识，讲授给这些出了钱的学生。

考试时，这些"吃小灶"的学生成绩明显要好，于是要求加入"吃小灶"的学生就越来越多，老师的"财源"也越来越广。

（三）教育行政化必须去除

国家在《国家中长期教育改革和发展规划纲要（2010—2020年）》中明确提出了"高等教育去行政化"的改革目标。所谓去行政化，就是不能以行政模式来办教育。学校不同于政府，教育不同于行政，在今天以政府行政模式办教育不断加重的情况下，应该下大力气进行扭转，使其返璞归真，回到教育家办学的轨道上，这就是去行政化。为了解决好去行政化的问题，有以下建议。

一是必须要提高认识，统一思想。教育行政化发展到今天，已经不仅仅是用铁板一块就可以形容了。去行政化，会涉及很多人的利益，是何等的不容易！因此，必须从上层领导下决心，看到现在教育的行政化给教育带来的危害，要提高这方面的认识，统一这方面的思想，真正将其提上议事日程，确立改革的紧迫性，只有这样才有可能把去行政化的事情办好、办成。

二是主管方面要向教育制度放权。为了尊重教育规律，就一定要向教育放权，学校的事政府要少管和不管。要使学校法人能自由办学，使教师能自由授课，使学生能自由择课和自由发展。只有如此，才能促进学术自由交流，我国的教育事业才能培育出更多的杰出人才。

三是要取消学校的行政级别。如前所述，学校定级是学校行政化加重的总根源。为此，我们应该首先取消学校的行政级别，校长的行政定级应向专业定级转变。学校应该实行校长负责制，实行教育家办学，今后的校长遴选应以教育家为目标。教育家当校长，与行政脱钩，并按照专业职称提高待遇水平。

四是要将校长的"空降"制改为公开招聘。要彻底改变学校的行政化弊端，一定要对校长产生的办法进行改变。校长的产生，都应该实行公开竞选，本校的干部教师应有权参与竞选。学校校长的选择决定权，应该下放给学校党委会，由校党委会决定，并在上级主管部门备案。

五是在学校内，一定把学术的管理权交给教师。学校所有行政部门都要树立起服务意识，强化服务观念。教师应在校长的指挥下安排和完成好教学任务。通过这样的改革，使学校形成一个学生可以全面发展、教师可以自由教学的宽松环境，促进学生与学生、教师与教师间高效、公平且富有活力的竞争。

六是要解决"官本位"问题，削弱官的特权。要提高教授和科技工作者的待遇及社会地位，推进选拔干部的民主化，改变"说你行你就行，不行也行"的做法。要营造依靠群众的环境，相信群众能选出可信赖的教育领军人。

第九章　关注医改，拳拳服膺

　　任玉岭开始关注医疗方面存在的问题，是2000年秋天，那时他在四川成都工作。其夫人因患感冒，在某三甲医院看了中西医结合科，没想到医药费高达832元。当时，这笔医药费金额已接近他夫人一个月的工资数额。任玉岭的夫人是位老共产党员，很节约，当她看到药方划价如此之高后，坚决不让任玉岭为她取药。她在医院门口仅花20多元钱买了些药，三天后就把感冒治好了。"看病贵"和"大处方"问题，颇为触动任玉岭。

　　让他感受更深的是2002年春节，他回天津过年时去看望一位老朋友。当时这位老朋友身体不好，在同任玉岭的交谈中，对方说，"现在药价太贵，有病看不起呀！"任玉岭又回想起一年多前其夫人在成都遇到大处方、高药价问题。断定广大百姓在就医用药方面出了问题。

　　正是这年在天津过春节时，任玉岭被任命为国务院参事。为了不辱使命，他决定把百姓看病就医问题同他原先关注的教育问题，作为担任参事后的首选建言要点。

　　2002年，在全国政协会议上，任玉岭写下了《降低医药售价，确保百姓健康》的提案，并被全文登载在《人民政协报》上。接着他便拟定到豫鄂陕三省交界处进行教育调研的计划。他完成了对驻马店、信阳、武汉、襄阳、安康和商洛等地的调研。这次调研中，他听到了不少"看病难、看病贵"的顺口溜，如"救护车一响，两头猪白养""得了盲肠炎，白种一年田""小病拖、大病扛，病情加

重见阎王"等。

这样的调研触动了任玉岭，他下决心搞清楚医疗方面存在的问题。他通过在北海市、广州市、苏州市、北京市医疗或药品经销行业工作的亲友，了解了不少医疗方面的信息，提出了整治医疗腐败的问题，将其归纳为"大处方""拿回扣""大检查""收红包"和医生的"大走穴"五个问题，并提出了推进卫生行政改革、实行医药分家、制止药品采购的"暗箱操作"和合理分配与使用卫生资源等建议。

任玉岭这些意见，在2003年全国两会提出后，新华社进行了报道，多家媒体进行了转发。应该说，这对后来推进医改起到了一定的促进作用。参事室组织6位国务院参事组成调研小组，由任玉岭牵头，对医疗问题做全面、深入调研。最后，当时分管卫生工作的中央领导听取了他们的汇报。

一路走来，任玉岭对医疗改革做出了不少提案和建言，包括在人民大会堂两千人大会上的发言，以及在清华大学、北京大学、中国人民大学的讲课和座谈，对社会产生了一定影响。卫健委卫生发展研究中心曾请任玉岭做专题报告，还有出版社出版了他关于医疗改革的提案和建言。下面仅选他建言的一部分，以展示他的观点和贡献。

一、早期医改的不良导向必须转变

20世纪90年代开始的医改多是以营利为方向的，特别是后来莆田系医疗机构提出的客户最大化和利润最大化导向，严重扭曲了医者仁心、救死扶伤的神圣使命，使医疗的运行偏离了社会性、公益性的服务方向，由此引发的"看病贵、看病难"问题，给和谐社会造成了不良影响。

（一）降低医药售价，改善保健环境①

健康是关系亿万民众和家庭的大事情。关注百姓健康，不仅是建设小康社会的需要，也是加快经济发展，防止因病致贫的必要条件。

保证百姓健康涉及的条件固然很多，但人们最关心和期望最大的，还是医药价格的降低。我国医药的价格，改革开放后就像脱缰的野马，不断飙升。国家虽然接受了各方面的意见，进行了几次药品降价，但都由于种种原因，没能彻底解决。迄今为止，医药价格仍处在虚高状态，百姓难以承受，产生了对医药管理的不满和怨言。

我国1990年医药总销售额151.42亿元，占当年GDP总量3.3094万亿元的0.45%；2001年药品总销售额上升到1780亿元，占当年GDP总量9.5933万亿元的1.85%，10年增加14.5倍。以北京为例，2002年居民收入比1992年增长4.2倍，但人均医疗保健费支出增长17.8倍，其中药费支出增长13倍，药费已经高得让人难以承受。

由于药价过高，使得广大低收入阶层、特别是农民，既惧怕生病，又惧怕就医。据调查，农民患病后，有55%以上不去就诊。他们得病后，"小病拖，大病磨"，越拖越厉害、越磨越严重。

城市里也有类似情况，一些人由于工资收入过低，加上医药价格虚高，得病后十分恐惧到医院里去治疗。去年我到一位退了休的朋友家中去拜访，这位朋友说，"现在医药费实在太高，本人的工资承受不了……不要把昂贵的医药费的重担压给下一代。"讲这话的是一位老干部、老党员，1952年进厂当工人，20世纪60年代提干，做过厂长和工会主席，是一位十分可靠的老同志。

为了解决百姓看病难的问题，国家在城市推行了医疗保险，在农村也采取了新举措。2002年10月，中共中央国务院发出了《关于进一步加强农村卫生工作的决定》，要求各级政府引导农民建立以大病统

---

① 本部分发表于2003年3月《人民政协报》，收入本书时有修改。

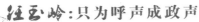
筹为主的新型农村合作医疗制度。中央财政还专门为中西部农民每年每人安排10元的合作医疗补助费。尤其是关于城市医生在就任主治医师前必须到农村服务一年的决定，得到了广大农民的欢迎和拥护，这对农民健康的改善，将会起到很好的作用。

但是，如果不解决药价的虚高问题，现行补贴对过高的药价来说，仍然是杯水车薪，难以解决低收入阶层看病难的老问题。

我国现行的医药企业，仍然属暴利行业。为什么很多企业、很多地方争着发展医药产业？为什么很多人要通过种种手段去开办医药商店？为什么又有很多人热衷于医药的营销和攻关？根本上是高额利润的驱使和引诱，才出现了这种让人难以理解的火热局面。目前，全国有药厂8000多家，有医药批发商店12000多家，医药零售店更是不计其数。这虽然创造了众多就业机会，但殊不知给患病的百姓带来了多大的压力和负担。

一位业内人士透露，一种药品出厂时，一般加价15%卖给医药批发商；医药批发商出手时，又加价20%—25%卖到医院和药店；药店卖给顾客时再加价15%—20%。有人调查，罗红霉素出厂价为6元，到了市场上，骤升为26元，市价是出厂价的4倍多。至于医院把批发来的药卖给患者时，情况就更加复杂了。医院为了增收，不仅要对病人多检查，而且要多开药，有的时候还要拿低价药冒充高价药。为了给医生回扣，很多处方是有编号的，层层回扣不仅抬高了药价，而且把治疗费用抬高了好几倍。

一次我陪我爱人到某三甲级医院看感冒，一位中西结合科的女教授竟然开出832元的"感冒药"。如此昂贵的药方，使我们为之震惊。在告别大夫之后，我们没有按处方去买药，而是花了20多元钱买了点板蓝根等就把病医好了。由此可见，一些医生为了拿回扣，置医德于不顾。

最近一段时期，在南昌、福州、成都、重庆分别出现了平价药房。以南昌的一家平价药房为例，它们除了在保有自身15%利润的情况下，所售药品比一般市场价降低45%，得到了广大群众的拥护和赞扬，甚至有人在留言簿上写下了"平价药房万岁"等口号。但是，平价药房并未能得到医药行业本身的认可，反而遭到一些医药批发公司和其他药店的攻击，它们甚至用恐吓和切断厂家货源等手段阻止平价药房的存在。福州、成都、重庆的平价药房的命运几乎是一样的，它们正在夹缝中经历着坎坷和磨难。也正是这个原因，全国各地真正的平价药房是极少的，平价药房存在和成长的条件还需要由行业主管部门去创造。

既然诸多医药品种有巨大的潜在降利空间，而且所有医药的批发单位和药店的注册都是医药监督部门审批的，我想有关方面只要能真正践行"三个代表"重要思想，恪守爱民之心，为最广大人民的根本利益着想，药价的大幅度下降是完全可能的。

应该说，医药价格的虚高与政府有关管理部门是相互关联的。例如，心脏支架价格在香港市场上仅为300美元。可我们的医院内一般定价为3万—4万元，是香港价格的10倍多（按当时汇率计算）。由于价格虚高，且无人过问和干预，这就导致了心脏支架走私的不断加剧。由此可见，医药作为特殊商品，不能完全依靠市场来运作，更不能让少数既得利益者，为医药价格的虚高造舆论，为降低药价设障碍。

为了让广大百姓不再为治病犯愁，特别是要让亿万农民享有保障健康的权利，我们应该而且能够把医药价格大幅度降下来。我们不仅应该认真整顿医药销售中的不正之风，减少医药批发销售的过多环节，控制和限制各生产与销售环节的暴利，还要明察各药厂通过内、外包装使花招，变相提高药价的做法和招数。同时，要鼓励药厂生产效果好、价格低的常用药，不要让这些药品断档和绝迹。必要时，国家可通过减免税政策，对生产低价药的企业给予必要的补贴。此外，平价药房已经开始问世，我们应该为平价药房的成长铺路搭桥，创造宽松的环境，为改善医疗卫生状况、提高居民医疗

保健水平做贡献。

（二）标本兼治、惩防并举，遏制医疗腐败①

（1）医疗腐败现象种种。当前社会上广大百姓遇到的看病贵和看病难问题，究其原因与医疗腐败直接相关，反映比较强烈的现象主要有以下几种。

一是大处方。我国的医药产品，85%是从医院卖出的，医药生产厂家千方百计打开医院这一主要销售渠道，抢占医院这一巨大市场，给医生的回扣是惊人的。据业内人士透露，抗生素药物的回扣是药价的15%，肿瘤药物的回扣是30%。在这种巨大利益的诱惑下，医生开大处方、贵处方，已成为司空见惯的事情。为获得回扣乱开处方、开大处方的现象已经成了医院的顽症，严重干扰着我国医疗事业的正常运行。

二是大检查。现在，病人经常是一进医院就要化验、透视等检查。哈尔滨一名6岁女孩，因要做一个阑尾炎的小手术，竟然做了104项化验和检查。还有些医院为了"创收"，不惜在出院单上造假，没有特护的写特护，不是加班手术的写加班手术，借此达到多收钱的目的。

三是高药价。福建一医院的参麦注射液售价112.7元，而外边药房明码标价18.6元，相差6倍。

四是收红包。一种是收药厂或医药销售人员的红包；一种是收广大患者特别是住院病人的红包。不少医药生产厂家的代表揭露，为了向医院推销药品，不仅要给院领导、科室主任送红包，还要给医生、会计和统计员送红包。患者送红包，往往是为了住医院、找病床或者是支付"点名费"。尤其是从小城市到大都市去治病，不送红包，是很难找到住院床位的。

---

① 本部分载于2004年8月《求是内参》，收入本书时有修改。

诸如此类的医疗腐败现象已经引起人民群众的强烈不满。这不仅是一个医疗卫生问题，也是一个社会问题、政治问题，应引起有关方面的重视和关注。

（2）医疗腐败现象的严重危害。应当看到，医疗腐败，是近年来我国社会生活中影响比较大、群众反映较多的一个大问题。

据中国科学院、清华大学国情研究中心调查，农村病人中有56%以上不敢进医院求医。城市病人中也有不少人或因收入过低，或因医疗保障不到位，得了病也不敢进医院。2004年两会召开期间，我在政协会议上的发言中，反映了医疗腐败问题。新华社向全国刊发后，我曾在一天之内收到从人民大会堂转给我的5封特快专递。百姓的呼声说明，医疗腐败已经影响千家万户，它不仅败坏了医疗战线的风气和名声，而且已经影响广大人民群众的健康和生命。

从我国医疗费用的快速上升同人们的收入增长不成比例看，也反映出医疗腐败问题比较严重。1990年至2001年，我国GDP总量从3.3万亿元上升到9.59万亿元，增长不到2倍，而人们医药费用支出却从151.4亿元增长到1780亿元，11年增长10.8倍。国家发改委从1999年至今，虽然已9次出台降低药价的指令，但实际药价不降反升。群众在医疗方面的负担不断加重，这让占人口85%的低收入阶层和享受不到公费医疗的人难以承受。

（3）几点建议。遏制医疗腐败是一个系统工程，不应操之过急，也不可一蹴而就。应该本着标本兼治的原则，多在管理上下功夫。

一是治腐先治官。要遏制医疗腐败必须从源头抓起。一方面要在党中央的领导下，在全国范围内深入开展反腐败的工作；另一方面要下决心查处医疗卫生部门内部的官员腐败行为。应该说，近年来，从中央到地方不断加大查办案件的力度，查处了一批有影响的大案要案，但查处的这些案件只是实际存在的部分腐败问题，很多问题还没有被揭露出来，很多腐败分子还没有得到应有惩处。因此，必须充分认识反腐败的重要性，增强反腐败的紧迫感和责任感。

二是推进"医""药"分家。"以药养医"是医疗腐败现象产生的原因之一，也是药价飙升，群众医疗负担加重的重要根源。为了克服"以药养医"造成的医疗腐败，国家曾于1999年提出了"医""药"分家方案，但是由于种种原因，至今"医""药"未能从根本上分家。

我认为，医院的收支情况是可以搞清的。医院靠医疗服务和适当的政府补贴是能够维持或者有利可图的。现在要做的是，请财政部门、卫生部门成立一个联合工作组，深入地为医院算一下账，实事求是地确定医生的收入标准，认真计算收支差额，不足的可由政府补给。必要时可以在"医""药"分家后，药业零售部门的税收计入专户，用作政府补给医院的财源。

三是实施收支两条线。为铲除医疗腐败，无论是卫生部门还是医疗部门，都必须实施收支两条线。特别是在医院大量占有国有土地、国有房屋、国有资产的情况下，实施收支两条线可以堵塞很多漏洞，可以防止底数不清，防止用国有资产去填补其流失的无底洞。

如果"医""药"不能分家，更需要通过收支两条线进行运作，这不仅可以防止国有财产的转移和流失，更可以减少医生开大处方、贵处方的做法，也有利于提高医院财务的透明度，从根本上减少医疗腐败的蔓延和发生。

四是加强领导，深化改革。为了遏制医疗腐败，必须加强卫生部门对遏制医疗腐败工作的推动和领导，必须对卫生系统进行改革和整治。第一，需要坚决切断各级卫生管理机构同医院的利益联结，改变既当"运动员"又当"裁判员"的现状。卫生主管部门不得对医院创收进行提成，医院也不得向卫生管理机构变相送礼。第二，地、县级城市任命卫生管理部门的领导时，需要采取回避制度，对有直系亲属在属地医院任副院长以上领导职务者，不宜出任卫生行政主管部门的领导职务。

为了遏制医疗腐败，不仅需要对现行机制进行改革，而且需要对卫生管理体制进行改革。可考虑把医院分为三种类型，即公立医院、公私合营医院和纯粹民营医院。考虑国企转制中的"刮风"教训，需慎重对待公立医院被民营企业或医院经营者购买。

从根本上讲，我们的医疗改革，一定要从最广大人民的利益出发，把确保广大低收入者能在公立医院就医作为改革的出发点。加拿大、英国公立医院是给老百姓免费看病的，美国、日本医院虽以市场为主导，政府也还是要为老人和穷人医疗买单的。我们的医疗改革应有意识地侧重解决老人、穷人等困难群体"看病难"的问题。

五是加强医德教育，创造圣洁环境。遏制医疗腐败，需要靠法律和道德的双重保证。为了遏制医疗腐败，我们必须高度重视医德教育，维护医疗工作者的仁爱之心和救死扶伤的人道主义精神。总之，广大群众对遏制医疗腐败的呼声是很高的，遏制医疗腐败是顺乎广大民意的。我们应从"权为民所用，情为民所系，利为民所谋"的要求出发，按照标本兼治，惩防并举的原则，把医疗腐败遏制到最低限度和最小范围。

二、医疗改革该怎样推进

（一）推进医疗改革需做好九项工作[①]

（1）确立医疗的公益性质，发挥政府的主导作用。对医疗事业的性质模糊不清和缺乏定位，是医疗市场化的根本原因。鉴于医疗涉及民族的健康发展和劳动力资源的后续保障，所以，很多国家都把医疗作为公益性事业。我们是社会主义国家，在改革开放前的20多年中，为这一事业的公益性做出了很大的努力。1997年中央和国务院的改革文件也强调把卫生工作的社会效益放在首位。因此，从执政为民、以人为本、建设和谐社会的角度，对医疗领域的改革，首先应继续确立其公益性质，减少市场化倾向，并需强化政府对医疗卫生事业的支持

---

① 本部分发表于2005年《中国政协》，收入本书时有修改。

和扶植，发挥政府对医疗的主导作用。

（2）加大国家投入，使医疗的公益性得到保证。医疗事业同教育、国防一样，是现代国家最重要的三大服务领域之一。医疗事业要保障其公益性质，政府就应像对待教育和国防一样，加大对医疗卫生的投入。应提高财政投入占医疗消费的比例，这样既可遏制医院的趋利行为，又可以降低百姓的过大投入。加大医疗卫生投入不只是为人民大众提供更好的健康保证，还要通过医疗服务的供给，缩小地区差距、城乡差距与人群的收入差距，从而促进社会公平。考虑各地财政收入差距过大，还需从发展不平衡的实际出发，搞好中央对中西部医疗卫生经费的转移支付。以防把任务交给地方后，因地方财政困难，而不能将投入落到实处，以致到头来"竹篮打水一场空"。

（3）合理配置医疗资源，建立医疗服务网络。医疗资源的配置要坚决从"重城轻乡""重大轻小""重锦上添花、轻雪中送炭"的圈子中跳出来，下决心把卫生工作的重点转到农村去。为了有所为，首先要有所不为，对医疗资源已经严重过剩的特大城市要限制和停止医院的发展，特别要限制大医院的扩建。将能增加的有限的贷款和财政投入应全部放到县、乡医院和乡镇卫生院的建设上。作为今后10年的目标，一是对超过500万人口的地市至少要建立一所公立的三甲医院；二是一般的县要建成一至两所公立的二级医院；三是要大力加强农村乡镇卫生院的建设，充实医疗人才，提高装备水平，统一配备X光机、B超和心电图检测仪，使乡镇卫生院可以做剖宫产和阑尾炎等手术；四是要实现村村有诊所，使农民小病不出村和鼓励村医生出诊、巡诊，方便广大农民。在城市，应主要依靠大医院人才与设备的调剂与分流，对社区进行包片服务。例如，北京协和医院可到天通苑社区、301医院可到回龙观社区设置分院，其他各医院都应担负起到社区设立医疗服务中心或服务站的任务。学习深圳盐田区的做法，通过大医院在下面布点，使社区就医不超过10分钟路程。还可以由大医院组织医疗大篷车，以低价到社区诊病和体检。

（4）改掉医疗特权，用好医疗资源。当前，从县到市、省，各级领导的医疗费都是100%报销。各县、各市、各省专为领导服务的大医院，都设有保健科室。领导进医院，首先是保健医陪同，然后是主任大夫、院长同来照顾，住最豪华的病房，看最好的医生，用最好的药物。出院时，用多少药，花多少钱，一般不用知道，也经常不知道，反正是全部报销。这样做的结果是医院可以自买自卖，把大量的医疗费用到领导身上，有的领导则长年住在医院里，造成医疗资源巨大浪费。有的医院还以为领导服务为名，大兴土木，造成医疗资源过分集中。更糟糕的是，领导感受不到百姓看病的疾苦，缺乏治理"看病难"的紧迫感，甚至会站在医院的立场上，成为既得利益者的保护伞。为解决这一问题，建议省部级以下领导，都应设置一定的个人医疗费报销比例，改掉各级医疗特权，遏制医疗浪费，用好医疗资源。

（5）建立公益药厂，大力发展廉价药物。有很多传统低价的有效药物，因其价格过低，医院不愿使用，药厂不愿生产，而被一批批淘汰出局，包括现在一些在招标采购中中标的药，也常常成了被淘汰的药。面对这种情况，除了专门出台对低价药使用的保护措施外，还需要建立一批公益性药厂。对这样的药厂国家可以免税，并给予特殊政策；为鼓励廉价药品的使用，将其产品纳入医保用药名单，取代昂贵药品。公益性药厂专门生产被实践认可的有效且廉价的传统药。另外，面对中医中药日渐被冷落的局面，要大力扶植。要研究政策，出台法规，保护中医中药的使用和发展。对"中药现代化"造成的价格飙升问题，也要由物价部门进行核定和限价，以促进廉价中药的广泛应用。

（6）改革药品流通体制，促进"医药分家"。要除掉医药经营中的大回扣、大加成以及处方提成等，就必须实行"医药分家"。这个决心不下，很多问题都难以解决。在推进医药分家进程中，不仅医院有阻力，卫生部门也有阻力，其理由是不"用药养医"，医院就无法生存。但是根据我们的调查，如果能把药、医和医保的三方改革同

时推进，国家又适当加大投入，医院是可以获得一定利润的。现在医院卖药是不纳税的，我们认为，医药分家后，可以把药品税单立财政账户，医院确实困难时，可用药品税进行补足。另外，要从严进行新药的审批，对改头换面、换汤不换药的所谓"新药"要坚决禁止。对医药批发企业要进行整合，最大限度地降低数量，减少医药的流通环节。对药效显著、毒性较小，相对安全的抗生素，如青霉素，可以取消处方药，让其进入零售市场，方便百姓用药，降低百姓跑医院的负担。对医院使用抗生素和大输液进行规范，避免滥用和减少用药不当的死亡风险。

（7）扩大医保覆盖，推行医疗救助。医保是为保障公众基本权利和实现互济行为而设立的。为此需要尽快跳出医保是为控制药费增长而设立的误区。医保在城市除覆盖职工外，还要覆盖职工家属，特别是要尽快出台措施覆盖广大农民工。在医保费用的使用上，要压缩个人账户的额度，增加医保的互济性。在农村合作医疗中，要尽快改变调整"大病统筹"的概念，降低合作医疗费使用门槛，适当统筹多发病、常见病，以调动农民参保的积极性。另外，要出台对特困人群的医疗救助措施，补贴参加医保的困难户。考虑财政的困难，建议国家设立医保彩票，募集医保补助基金。

（8）加强对医疗机构的监管，建立高档设备检查中心。加强对医院的监管不容迟缓。当前，一是要阻止地方对医院的拍卖，阻止用医院的地皮、房屋去还债。如不制止，公益性医院更难建设，百姓看病将更困难。二是要预防大医院的医疗费用涨价。当前有一种倾向，各医院为降低药品费在医院收入中的高比例，都在抬高医疗收费标准，相关治疗费用正在飙升。如不认真控制，恐怕不仅无法降低药品价格，而且还会进一步提高就医费，会出现医疗上的"黄宗羲定律"。三是要实现社区医院同大医院的转诊制度，限制高水平的大医院接诊普通病人。这样既可促进社区医院发展，又可减少百姓患一般病进大医院就诊的高费用。四是要出台有效的治疗标准、转诊标准、住院与出院标准、处方标准、检查标准、输液标准等，以遏制大处方、大检查和滥输液与滥用抗生素等行为。此外，为遏制高档设备的购买和检查，有必要学习国外的做法，分地区按人口负担，建立国家高档设备检测中心，这样可以使 PET－CT、核磁共振等设备与检查相对集中，统一配备和培训操作人员，实行标准化管理，使其检查结果在全国有效，让各医院共享设备与检测资源。

（9）加强医德教育，促进和谐发展。我们把救死扶伤作为神圣的人文关怀。为解决"看病难"，还要从医德、医风抓起，要从学校开始，高度重视医德教育。维护医疗工作者敬让和惠之心，创造救死扶伤、仁爱、人道的圣洁环境。最终还要从整个经济社会发展大局，来考虑医疗改革的相关难题。这就是要用科学发展观，进一步加快发展，促进"五个统筹"更好实现，保证和谐社会的构建。尤其需要通过提高广大低收入群众的收入水平，使其为最终解决"看病难"和"看病贵"做出贡献。

（二）医疗改革需重视五个转变 [1]

（1）从认识上，由不承认失误向承认失误转变。要想把医疗改革推向前进，必须要看到先前医疗改革中存在的严重问题。有差距、有问题并不可怕，我们的改革就是为缩小差距、解决问题服务的。怕的是有问题不能被发现，更怕讳疾忌医，掩盖问题。

中国的医疗改革是在一个拥有 13 亿人口且还不富裕的大国进行的，是在"摸着石头过河"的改革过程中前进的。在这种情况下，我们的医疗出现一些这样或那样的问题是难免的，即使是有失误，也是正常的、可以理解的，是没有必要掩饰的。

只有站在广大人民群众的立场上，承认医疗改革方面出现的新问题、新矛盾，再通过改革去解决这些问题和矛盾，才能把医疗改革推

---

[1]　本部分发表于 2009 年《中国卫生产业》，收入本书时有修改。

向前进。在中国现实情况下，广大百姓"看病贵""看病难"确实是一个普遍存在的大问题。我们应该从这一实际问题出发，实事求是地分析和寻找问题产生的真正原因和背景，这样我们才能抓问题的关键，提高医疗改革的准确性和加快医疗改革的紧迫感。

（2）在服务上，由重服务高端向重服务广大百姓转变。我国的医疗工作长期以来一直是只重视对高端、对干部、对城市服务，而较少重视对基层、对百姓、对农村服务。最近，在中国第二届健康产业高峰论坛上，原卫生部副部长兼中国医师协会会长殷大奎指出，国家投入的卫生总费用只为20%的人提供卫生服务；政府投入医疗费用的80%，仅为850万党政干部所享受。另外，据监察部和人事部披露，全国有40万名干部长期占据着干部病房。不少高级干部长期住在医院里，每年报销医疗费可达百万元以上。我国的医疗不公平度，被世界卫生组织评估排名在世界第188位。

我国从1978年至2003年，城乡共增加人口3.8亿人，而医疗机构的总数量不仅没有增加，还减少了1341个。减少的主要是农村卫生院和社区医院。如此这般，多少人无医院可去，怎能不"看病贵"和"看病难"？社会上流行很多顺口溜，如"脱贫四五年，一病回从前""得了阑尾炎，白种一年田""救护车一响，一头猪白养""小病拖，大病扛，重病等着见阎王"。广大百姓在医疗方面承受的痛苦和压力，很值得我们设计医疗改革方案的同志深入地想一想！有必要认真调整一下医疗工作只重服务高端不重服务百姓的惯性，加强对广大群众的服务。

（3）在投入上，由"锦上添花"向"雪中送炭"转变。政府对医疗卫生的投入，过分注重"锦上添花"，而较少进行"雪中送炭"。从医院建设投入看，80%的医院集中于大城市，从医疗设备和医疗资源看，80%集中于大医院。国家对高档的三甲医院的补助费比对低档的一级医院的补助费高出100倍还要多，少数大医院有时得到国家的资金支持高达几十亿元，而与百姓医疗密切的很多社区医院和农村卫生院却长期得不到资助。这也是医疗卫生人才大量涌向大城市、大医院的根本原因，也是全国各地很多病人涌向大城市、大医院，造成一些大医院人满为患的根源。

一般来说，大城市、大医院都有较强的话语权，在政府投入没有法律约束并受到利益诱导的情况下，关系多、路子广并能向有关部门、有关人员提供更好服务的大城市、大医院便成了国家资金投向的首选。如果不遏制这种投资风，社区医院和农村医院将难以改善，"看病贵""看病难"将会继续存在和发展。因此，医疗改革一定要在投入上下决心，由"锦上添花"向"雪中送炭"转变。只有这样，才能使医疗资源的配置走向以人为本，才能使国家的投入更多地用于缓解"看病贵"和"看病难。"

（4）在经营上，由追求利润最大化向合理创收转变。医院是需要经营的。在很多国家，医院并不是靠国家拨款，而是在为病人服务中进行合理创收来维持生存的。客观地讲，很多医院在拥有大批国家培养的医生和专家、国家无偿提供的土地、建筑、医疗设备以及医院的品牌、名声良好的情况下，在国有资产和国家扶持的情况下，没有理由不能在正常经营中取得生存和发展。

改革开放以来，我国医疗的总消费额从1998年的110.2亿元，提高到2003年的6623.3亿元，增长近60倍，比同期GDP增长31倍高出29倍，比职工收入增长22.8倍高出37.2倍，这是极不正常的。这绝不是政府对医院投入过少，"医院要吃饭糊口"导致的，实际上是谋求利润最大化造成的。

因此，医疗改革，不能把医院的正常收入寄希望于政府的投入上。而是应该坚决推进由谋求利润最大化向合理创收转变。只要能从中国广大百姓收入还不高、"财帛还有限"的实际出发，控制好药品流通企业和医院的赚钱欲望，实行合理创收，医院是能够生存的，医疗服务也是可以做好的。

（5）在管理上，由混乱、腐败向有序、廉洁转变。说到底，医疗改革中出现的所有问题，都是管理上的混乱、腐败造成的，也是有关管理部门不作为或欠作为导致的。所以，要推进医疗改革，必须改变管理方面的混乱、腐败局面，促进其向有序、廉洁转变。

管理的混乱和腐败，一是表现在政出多门和监管乏力上。例如国家发改委从1999年起曾先后发布药品降价指令达20余次，但总是"摁下葫芦浮起瓢"，每发布一次药品降价指令，却总是造成新一轮的药价上升。二是表现在商业贿赂及由此引发的高回扣、大处方以及一药多名和抗生素的滥用上。医疗卫生系统是商业贿赂的重灾区，商业贿赂愈演愈烈，造成了医疗费用不断攀升和广大百姓不敢求医看病。

混乱和腐败，是我国医疗消费快速增长的重要原因。在我国人均收入还排在世界第120位的情况下，我国医疗消费占GDP的比例已经超过了世界上83个中等发达国家平均5%的水平。

正因为这样，医疗改革必须要把管理作为重点，要对腐败出重拳。只有努力促进医疗管理的有序和清廉，才有可能解决百姓的"看病贵"和"看病难"。

三、公立医院改革的楷模及经验
——对广东高州市人民医院的调查报告①

广东高州市人民医院，作为一家拥有1300名员工的公立二甲医院（现为三级甲等医院），在不要国家一分钱的情况下，把医院办得有声有色，仅2009年心脏手术就做了1801例。由于服务一流、价格低廉，得到了当地百姓的高度好评。高州市人民医院被人们称为"平价医院""百姓医院"。时任广东省委书记汪洋说："能够为老百姓提供价格低的有效服务，这是值得效仿的。"

通过对高州市人民医院的三天调研，我们深深感到高州市人民医院真正为解决"看病贵""看病难"开辟了先河，为公立医院改革树

---

① 本部分发表于2010年《中国健康周刊》，收入本书时有修改。

立了榜样。它用大量的事实澄清了公立医院改革中的诸多模糊认识，开拓出让广大群众"少花钱""看好病"的有效途径，使我们看到了公立医院改革的希望和前景。

（一）高州市人民医院在改革中创下了六大奇迹

奇迹之一：建大楼，买设备，不要国家新投入一分钱。在公立医院普遍喊"不让医院高收费，就必须要国家多拨款"的情况下，高州市人民医院反其道而行之，它既不高收费，又不要国家一分钱，把一个县级市所属的二级甲等医院办成了远近闻名的大医院。它靠医院的合理收费和节余盖起了两座16层的高楼，近期又新建并将竣工一座20层的住院楼。

奇迹之二：医院收费普遍比外地低一半。在很多医院一个处方动辄几百元的情况下，高州市人民医院对门诊处方费平均限价仅有80元，平均住院费仅有5000元。我们在心脏科询问了来自广州、汕尾、湛江、清远甚至四川达州和重庆的病人。他们在当地看病要10万元的，在高州只要5万元；在当地要6万元的，在高州只要3万元；在当地要3万元的，在高州只要1.2万元。座谈会上一位病人说，他在广州查出脑瘤，要手术押金35万元，吓破了胆，来高州仅花4.7万元。另一位病人说，在湛江要动心脏手术时，医院要15万元，来高州只花2.5万元。还有一位患者告诉我们，她的丈夫在广州治疗耳聋花去4000多元，后来花2万元配了一个助听器，没想到来高州，顺便瞧了一下，400元就给治好了。正因为收费低廉，高州市人民医院被誉为"平价医院""百姓医院"。

奇迹之三：医院没有专家号，挂号统一3元钱，而很多大医院收专家挂号费从十几元到几百元。前一段时间，我在一个乡下卫生院调研时发现，它们除了挂号费，又外加了每人必收的3元治疗费。而高州市人民医院并没有搭车涨价。这家医院虽然有不少专家级的医生，但却不设立专家号，挂号统一3元钱。

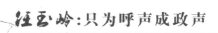

奇迹之四：整个医院绝无"收红包""拿回扣"现象发生。医院收红包、拿回扣现象的严重存在，直接导致了"看病贵""看病难"。卫生管理部门虽曾三令五申地制止，但又被既得利益者阻拦。由于不少医院实行奖金与科室创收挂钩，拿回扣不可避免。如此，"收红包""拿回扣"的禁令就形同虚设、不了了之了。我们在同一位病人的交谈中得知，他先前在湛江某医院治病，先后送红包4600元，又请手术医生吃饭花去2800元。但是高州市人民医院不同，整个医院绝无"收红包""拿回扣"现象发生。这不仅因为管理严、惩处重，奖金不与科室创收挂钩，而且还在于医护人员真正树立了拒收红包与拒拿回扣的意识和理念。

奇迹之五：一个偏僻的县医院可治疗多种疑难杂症。医院院长钟焕清本是赤脚医生，"文革"期间读过两年"社来社去"的医学院，通过刻苦钻研、深入实践和到大医院进修，竟攻下了多种疑难杂症。在钟焕清的带领下和不断引进人才进行科技攻关的努力下，现在高州市人民医院已经可以完成多种心脏手术、肿瘤手术，前两年还完成了治疗驼背的脊椎外科手术，使几近90度的驼背患者直起了腰杆。高州市人民医院医术高、服务好、收费低已是名声远播。现在，国内已有28个省区市的患者到高州市人民医院求医，除此之外还有来自美国、印尼和非洲赞比亚的患者。现在该医院住院病人达到2200人，医院年收入达到4.8亿元。

奇迹之六：医院的医生护士都对个人收入很满意，深感幸福和快乐。不少医院在高收费、拿回扣、收红包又有大量专家号的情况下，还说国家不给钱，医护人员难养活，这实际上在迫使国家对公立医院进行改革，引导国家给公立医院大量拨款、把公立医院养起来的目标和方向。而高州市人民医院在不要国家一分钱，并坚持低收费、不拿红包和回扣、坚持不设专家号的情况下，依然做到了工资水平是当地公务员的3倍，比附近医院高1倍。医生护士对自己收入满意度高达99%，并表示工作辛苦但幸福和快乐。

（二）高州市人民医院的基本经验

（1）把为广大人民"少花钱、看好病"作为医院一切工作的出发点。高州市人民医院之所以不花国家一分钱，能把医院办成"平价医院""百姓医院"，其主要原因就是坚持了"情为民所系、利为民所谋"大爱精神，把广大人民"少花钱、看好病"当作医院一切工作的出发点。高州市人民医院院长钟焕清从小在农村长大，赤脚医生出身，熟悉中国国情，了解百姓疾苦。在他的影响和带领下，整个医院的领导和医务人员都有大爱的情怀。他们认为："群众是卖鸡、卖猪来看病的，做医生的一定要让群众看得起病，看得好病。"医院还把"建立患者、医院、政府三方共赢的和谐共同体，使群众少花钱、看好病，保医院持续发展，保政府减轻负担"作为医院的基本理念。由于医院的重视，这种理念已经在医院生根，并深入人心。每个医院的领导、医生和护士都是抱着这种理念紧张地工作着。按他们的话说："公立医院是为人民服务的，不是为人民币服务的，当医生要有良心，要在百姓经济能力还十分有限情况下，为他们着想、为他们治病。"

在中国"看病贵、看病难"问题，实际上是由"财帛有限"与"欲望过高"的矛盾造成的。有些人总把医生收入同美国比，可就偏偏忘了美国的收入水平比中国高20倍。高州市人民医院之所以做得好，就是看到了中国人的"财帛有限"，用医生救死扶伤的善心，以情为民所系的大爱精神，去尽医生应尽的神圣责任。

正是在医院确立的让百姓"少花钱、看好病"的理念支撑下，高州市人民医院没有卷入高技术—高收费—高利益的医疗怪圈，没有加入一边"财帛有限"、一边"欲望过高"的矛盾队伍。高州市人民医院的医生护士总是按照情为民所系、利为民所谋的要求，把病人当亲人，把事业当良心，用"爱心、细心、耐心和责任心"对患者进行"感动服务"，以"安全、有效、方便、价廉"赢得了百姓的赞誉。

（2）坚持降低运行成本、减轻群众看病负担是高州市人民医院

一切工作的基本经验。高州市人民医院为了确保将让百姓"少花钱、看好病"的理念落到实处，时时处处都在坚持降低运行成本，以减轻群众看病负担。

一是坚持做好"三用三不用"。医院提出对病人能用简单药绝不用复杂药，能用便宜药绝不用昂贵药，能用国产药绝不用进口药。为保证"三用三不用"落实好，医院还制定了《病程记录的七个书写模式》和《抗菌药物分级应用指南》，并要求医生用药时写明理由。此外，医院考核不与科室创收挂钩。

二是医院用药全部网上采购。为了防范医药"幕后交易"造成成本大幅提升，高州市人民医院实行了医院用药全部网上采购，每次采购都是成立临时采购小组，领导成员概不参加，采购专家临时随机抽调，入组后收掉手机，集中工作，不与外界联络，完成任务后立即解散。这样的购药做法，大大挤掉了药品的虚高价位。2002—2009年该院节省的药品采购费高达2.2亿元，大大减轻了病人用药的成本和负担。

三是设备耗材公开竞价。对临床急用而无法投标的器械物品，先将品牌、型号、规格、价钱在医院大厅和网上公示7天，在此期间如有哪位同志提出同一产品可以低价的，就按低价购买。这样做的结果，仅2002—2009年，该院就省下设备耗材采购费6000多万元，使病人从中受惠。

四是大幅度降低检查费和医疗费。该医院之所以受到百姓欢迎，有广州、湛江甚至重庆、达州的病人跑来看病，是因为百姓就是为了寻求一个低价格。该院在检查费用方面比其他医院一般低30%，例如飞利浦1.5T磁共振机，自2003年投入使用至今，该院都是680元/次，大大低于其他同级医院的价格。在医疗费用方面，如心脏手术治疗费用一般比其他医院低一半。我们在病房采访了来自重庆、达州、广州、湛江的病人，他们说在当地医院的价格几乎都比高州市人民医院高一倍以上，是因为高州便宜才千里迢迢来到这个地方。

由于坚持严禁滥用药、滥检查、滥收费，并努力从各环节降低医疗成本，该医院2004—2009年平均每位患者的住院费仅为4964元，人均门诊处方费仅为75.75元，药物收入在医院总收入中仅占35%，实现了让百姓"少花钱、看好病"的目标和理念。

（3）坚持制度和机制创新，强化医院管理是高州市人民医院不断取得成功的保证。高州市人民医院之所以能够处理好医院发展与社会责任的关系，既得到了百姓高度赞许，又得到了较好效益，就是因为有一套实用、好用、有效的运行机制和敢碰硬、敢动真、保落实的管理制度。毛泽东同志讲，"世界上怕就怕'认真'二字"。没有"认真"，什么规定和管理都会流于形式。高州市人民医院之所以做得好，就是因为认真，"认真"保证了医院管理的灵活和高效。

一是人才管理上坚持选贤任能。为了让百姓看得好病，高州市人民医院十分重视人才的选用。在人才选用上，该医院绝不唯学历、唯职称、唯资历是用，而是从实际出发，坚持唯德、唯能，不拘一格重用和提拔年轻人，注重用感情暖人、用待遇留人、用事业励人。稳定了医护队伍，就是降低人力成本，提高了人力资源的综合效益。在收入分配上，坚持向"高技术、高风险、高责任"岗位倾斜，重视提高技术骨干的待遇。在事业上，对德才兼备的骨干委以重任，让想做事的人有机会，让能做事的人有舞台，让做成事的人有地位。正因为这样，医院才构建了一支技术过硬的人才队伍，创造了多项填补全省、全国空白的医疗新技术，并承担了国家多个重点项目的科技攻关。此外，医院还十分重视派人才外出进修和院内学术交流。为了提高医护人员服务水平，还派80人到行业之外的广州白天鹅宾馆、南方航空公司去学习如何服务。

二是医疗管理上坚持奖、惩并重。第一，坚持开展星级活动，为确保临床医师的医疗质量和护理质量，医院坚持从行为规范、医德医风及工作质量三方面评选星级，实行动态管理。获星级的高低与工资奖金挂钩，与职称晋升、外出进修挂钩，与评先评优挂钩。第二，坚

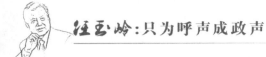

持开展医疗质量的考察和点评，每日都有专家到临床科室随机抽样，重点检查处方质量、诊断情况以及是否做到"三用三不用"等，逐一对考核结果进行评分。每月月底进行一次全院点评，凡病情分析差和单张处方额高于80元的，点名批评。第三，坚决维护规章制度。对医务人员第一次违规的，当月奖金减发100元；第二次违规的，在医德医风档案上记黑点一次，并扣发当月奖金200元；第三次违规的，降级处罚，并减发当月奖金400元；第四次违规的，缓聘半年，缓聘期间只发基本工资，一切补助和奖金均不能享受；第五次违规的，解聘处理。凡有违规和记黑点的医务人员，当年不得参评先进，不能参评职称和晋升职务。

三是行风维护上搞好监督检查。为了搞好行风建设，高州市人民医院让社会公众对医院进行监督，认为群众监督是最有效的监督。医院提出建设"无红包医院"后，公开向社会推出"三不"承诺，即不分病人的贫富贵贱，不收病人的红包礼物，不赴约病人的宴请娱乐。除多渠道传达到各方外，还向社会进行公示。另外，包括院长在内，所有医护人员的手机号全部对外公开，全方位接受群众监督。医院还成立了医德医风领导小组，由院领导、督导组、特邀社会监督员定期、不定期明察暗访，坚持随机性和常态化与患者面对面的问话了解和问卷调查。一旦查出收红包现象，其当月奖金全部停发，不得参与年度评优和晋升，甚至降级、解聘。我们在同医生座谈时，有医生说，"由于外地收红包成风，病人不交红包就放心不下，所以我们有时也在手术前把红包收下来，等手术完后，再把红包还回。"有的病人坚持要给红包的，医院在给病人结账时，便用红包顶替相应的住院费。就此，医院彻底解决了红包问题，成了真正的"无红包医院"。

（三）思考与建议

（1）传播高州市人民医院经验，树立改革样板。当前有一种理论认为，想要公立医院的公益性，政府就必须加大投入。而高州市人民医院的事实恰恰与此相反。既然一个县属医院，能够在不拿国家一分钱投入的情况下，买进先进设备、建起三幢大楼、办成平民医院，为什么其他公立医院就非要国家投入呢？通过两者对比，我们认为这只有两种可能：要么就是经营者的问题，要么就是医院自身资金建设的问题。

为了国家的利益，为了真正解决广大人民群众"看病贵、看病难"的问题，我们必须要旗帜鲜明地宣传高州市人民医院的经验，确立高州市人民医院为改革样板。

（2）政府要加大投入，但不是对公立医院。高州市人民医院的实践证明，我们的公立医院是可以在公益性的前提下办得更好的。几年前，我在深圳考察医疗情况时发现，那里有一万多家"黑医院"。当时就有人说，办医院肯定是赚钱的，要不然怎么会有一万多家"黑医院"冒着被关停的危险而创办呢。我们的公立医院既有国家提供的土地和房屋，又有国家给的设备和品牌，中国有那么多人口，有那么多患者，怎么就不能赚钱呢？实际上，公立医院是能够赚钱的。高州市人民医院收那么低的医疗费，还靠节余建起三幢大楼，而那些长期高收费的大医院，又该有多少节余呢？如果没节余，那就说明管理出了问题。基于此，在公立医院改革中，国家一定要审慎投入。国家要加大对医疗的投入，但不是对公立医院。除了欠债性地补偿县级医院外，国家应把主要投入放到扩大和提高公众的医疗保障上。

（3）开展国情教育，确立为民服务理念。医疗事业是一项受人尊敬的神圣事业，它自古就和一般经济活动有区别。如同高州市人民医院的医生所讲，"病人在医生面前，处于弱势地位，在病人有求于医生的情况下，需要医生有仁爱之心。"高州市人民医院之所以能在不要国家一分钱投入的情况下，把医院办成平价医院、百姓医院，根本原因就在于他们有着"情为民所系"的服务理念。广大医生能时刻想到百姓收入还不高，因此他们用大爱和良心去尽自己应尽的神圣责任。假如所有的医院都能这样去做，百姓就不会再"看病贵、看病难"。因此，十分必要在卫生系统开展国情教育，并多做一些宣传，特别是做院长、当领导的，不能不顾中国国情，而一味地在个人收入上向美国看齐。

（4）建立健全制度保证，确保低成本运行。高州市人民医院的成功秘诀在于一切工作都要保证低成本运行。为了减轻群众负担，高州市人民医院在保证降低运行成本方面，下了很大功夫。用药方面的"三用三不用"、买药方面的网上采购、设备耗材方面的公开竞价以及对检查费的限制、对收红包的禁止等，都为降低运行成本、减轻患者负担起到了保证作用。高州市人民医院之所以能说到做到，还在于它有一系列的制度保证。例如在药品采购方面，可能很多医院都实行了网上采购和招标采购，但由于没能像高州市人民医院那样有一套完整的工作机制和程序，"走关系""徇私情"就难免发生，以致很多网上采购、招标采购的药品比市场上还要贵。而高州市人民医院的所有制度设计都是动真格的，对制度执行的监督也是十分认真的。严格且健全的制度，保证了运行成本的降低，保证了患者负担的减轻。

（5）把权力交给群众，选好医院的带头人。从高州市人民医院的成长与发展看，这家医院能走到今天，与院长钟焕清本人的思想、品德、素质和能力直接相关。因此，公立医院的改革，重要因素之一是选好院长。根据我们的调研和各方面的反映，包括钟焕清的意见，都认为医院不是行政单位，医院院长不能由政府任命。有了政府的干预，医院工作就很难推进。特别是通过政府换届来更替医院院长的做法，会导致一些医院院长的心思不放在工作上，因为他们考虑的不是如何降低成本，为百姓减轻负担，而将是如何搞"形象工程"，确保自己的下一步晋升。一旦用人失当，医院院长大权独揽后，还会出现"黑幕购药""关系用人""腐败用钱"等现象，医药成本就会迅速上升，病人负担就会随之加重。因此，我建议，医院院长应由医院职代会直接选举，干得不好的，职代会有权对其弹劾和罢免。

（6）解除相关禁区，推动县医院更大发展。高州市人民医院的实践证明，县级医院需要大发展而且也能够获得大发展。鉴于中国县一级人口较多，医疗需求较大，我们不应该限制县医院的级别定位，更不应该对县医院发展设置禁区。为了不让广大百姓在患大病、重病时长途跋涉和四处奔波，一定要大力支持县医院更好发展。例如在中国有400多万心血管病患者需要手术，而能进行手术的患者却不到1%。如果按照规定只有省级以上医院才能做心脏手术，而且不降低手术费，广大百姓就只能错过最佳治疗时机。通过高州市人民医院的例子，我们认为不仅要解除县级医院的级别定位禁区，还要解除县级医院的手术种类禁区。要为县级医院的发展提供和创造更大空间，鼓励县级医院办成终生学习医院，勇攻医疗难题，真正解决广大百姓"看病难"的问题。

四、对健康现代化的五点建议[①]

健康，既是人民群众幸福的标志之一，也是人民群众更好学习和用劳动创造财富的重要条件。因此，健康既是生产力的重要保障，也是国强民富的动力之源。狠抓人民健康和推进健康现代化，也是不忘初心，"把人民对美好生活的向往作为奋斗目标"的具体体现。

健康现代化，从宏观上讲，必须坚持"五位一体"总体布局，"四个全面"战略布局，实施新发展理念，坚持预防为主的方针，搞好医疗改革和全民体育锻炼。这既是健康现代化的基础，也是确保全民健康的基本条件。

---

① 本部分发表于2017年《中华骨与关节外科杂志》，收入本书时有修改。

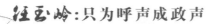

但是，更现实、更实际、更重要的是增强问题意识，从当前实际出发找出健康工作存在问题。只有找出问题、研究问题、解决问题，才能克服健康工作存在的盲目性，扭转健康工作推进缓慢的局面。

（一）重视食品结构的调整及其宣传、提倡与管理

新中国成立后，在党中央高度重视和关怀下，全国人民的健康水平得到提高。但是，不得不看到，由于经济发展，人民生活改善，中国人的健康又走向另外一个极端。大数据显示，我国现有高血压患者1.6亿—1.7亿人，高血脂患者1亿人，脂肪肝患者1.2亿人，糖尿病患者1.1亿人，超重和肥胖病患者分别为2亿人和7000万人。非健康状况的深层次原因，是食品结构不当：一是现在的食用油用量同20世纪90年代初相比高出3倍有余，特别是饭店餐厅用油量极大，给人们的健康带来了威胁；二是食品中植物蛋白明显下降，动物蛋白过量增加。1938年，中国大豆产量占世界90%以上，按孙中山的说法，甚至穷乡僻壤三家村中亦必有一豆腐店。当时人们以食用植物蛋白为主，而较少食用动物蛋白。改革开放初期，中国人摄入动物蛋白，即肉蛋奶，占摄入食用蛋白总量不到17%。而今在农村、在贫困的地方人们仍较少食用肉蛋奶。但占人口总数56%的人，几乎以肉类蛋白为主。在世界上很多国家大量提倡豆制品时，我们的豆制品消费却较少见到。

为此，要推进健康现代化，我们就要重视食品结构调整，减少油的消费，减少肉食的摄入。动物蛋白可以高些，但要增加牛奶和蛋的比例，尤其要提升植物蛋白的消费比重。要大力宣传、提倡、搞好这方面的管理，从机制和产业上改善动物蛋白与植物蛋白的搭配不合理问题，并出台限制餐馆食用油用量的相关文件，以保障人民健康。

（二）要严格控制食品添加剂，加强其使用的管理

党和政府高度重视食品安全，在环境、土壤、供水、农药等管理方面下了很大功夫，这无疑是十分必要的。重视食品安全对抑制病从

口入起到了重要作用。但是，食品添加剂的问世与使用，对食品安全的管理形成了新的挑战。

癌症已成为严重威胁中国人群健康的主要公共卫生问题之一，平均每分钟有7.5个新的癌症病人出现；另外就是残疾人数量大增，约每30秒钟就有1个缺陷儿出生；我国的不孕不育率已从3%上升到12.5%，每8对夫妻就有1对不能生育。这固然与环境及其他诸多因素有关，但食品添加剂的不当使用，也是这些问题高发的重要原因。

过去，我们的食品添加剂是很少的。虽然研究和发展食品添加剂是必要的，但是食品添加剂推出得过多、过滥、管理过松、把关不严的问题是值得关注的。

我们的食品添加剂门类繁多，增白剂、增稠剂、增香剂、食用胶、发泡剂、防腐剂、增筋剂、膨大剂等，五花八门。滥用食品添加剂的问题应引起我们对健康工作的高度关注，严格控制食品添加剂的用量，加强使用管控。

（三）鼓励支持中医药相关技术的应用和人才培养

中国历史上曾涌现出无数名医，华佗、孙思邈、张仲景、李时珍，等等，他们在历史上都享有崇高威望，这也从一个方面表明中医药学对中国人民的健康做出过巨大贡献。

只是近现代以来，西医地位迅速提升，中医药逐渐走向了下坡路。

1928年英国细菌学家弗莱明发现青霉素，1942年开始量产，之后链霉素、红霉素、四环素相继问世，现今已发现和分离5000多种抗生素，但可供临床使用的并不多。而今能用于临床的新抗生素更是极难筛选了。

这时候，尤其是从预防和保健的角度考虑，中医药又引起了人们的重视。中医药除了拥有12807种药材外，还有相关中医技术，如针灸、艾灸、拔罐、刮痧、推拿、按摩等。中医药已日渐显示出它的优越性。截至2016年年底，中医药技术已走向183个国家和地区，我国与相关国家和国际组织签订中医药合作协议达86个。随着中国经济的崛起，"一带一路"的推进，中医药一定会走向世界，并在全世界人民的使用与创新中得到新的发展。

但是，我国中医药发展还面临着政策不到位和后继乏人的问题。现在很多家传中医因无证无照，同非法行医难以区别，只好都以非法行医的理由被取缔。而真正的中医学院，又很难有一些绝门技术得以传承。还有些技术，因分科关系，知识过于专一，搞针灸的不拔罐，搞拔罐的不按摩，使一些技术难以发挥作用。

为了使中国健康事业更好发展，我们必须要更加重视中医药技术的发展，不能仅仅停留在口头上，还要体现在行动中。打击非法行医不能"一刀切"，要重视人才保护、人才培养。中医药发展也要吸收各种各样的现代科学知识和新技术，把西医使用的体检技术与中医的诊断治疗更好结合，对前人的药方要做成分分析，对有效成分要做科学的提取。不搞门户之见，不僵化、不封闭，多学习、多创新。

（四）对"生命支持系统"要建立新的使用机制，使政府医疗费用普惠民众

政府为了百姓健康投入了大量经费，支持健康事业发展。但是经费的使用，必须坚持公平正义、共同富裕的原则，而且需要反对特权。我记得原卫生部副部长殷大奎曾讲过，那时国家投入的卫生经费的80%，仅为850万党政干部所享受；监察部和人事部也曾透露，全国有40万名干部长期占着干部病房；我也在住院时发现一些人在医院已经住了两年。这给医疗经费的使用造成负担，很难普惠百姓。

更有甚者，长期使用"生命支持系统"，造成医疗费用的大量消耗。"生命支持系统"的作用，实际上是支持那些已经不省人事的严重病人。钱三强的夫人、物理学家何泽慧在病重时，医生说如果切开喉管，用"生命支持系统"还可能坚持一段时间。何先生大女儿不同意，她认为使用"生命支持系统"，既不利于她母亲安康，也会花费国家大量金钱。

为解决好这个问题，需要从机制建立角度推进这方面的改革。对使用"生命支持系统"患者可以尽力支持，但应该在其使用"生命支持系统"后，或由其子女负担"生命支持系统"的半数花费，或由国家收回患者的工资和待遇，用此补偿使用"生命支持系统"后对医疗经费的高消费。这样的机制一旦建立，相信就会有更多的人学习何泽慧家人的做法，国家医疗费用就能够有更多节省，从而普惠广大百姓。

（五）出台尊严死的法规政策，让尊严死造福广大百姓

在人的幸福概念中，应该包括死的泰然、死的平安。死的泰然、死的平安已经成为很多老年人的愿望和追求。

一般来说，很多人在临终前都会经历一次高消费而又不知结果的抢救过程。这样的抢救，花费巨大，但却可能无效，并因此严重浪费国家资源，还可能使子孙背上大量债务。

为了人类的进步，我们应该把尊严死的改革提上日程。罗瑞卿大将的女儿罗点点多年来一直呼吁尊严死。张爱萍上将及其夫人去世时，都不要求抢救。国家科委武衡主任，作为革命老前辈也同样告诫家人，要求保证他们的尊严死。对罗点点同志多年的努力和呼吁，我认为应该重视，应该研究。要出台卫生政策、卫生法规，对无法治愈的病种、病情减少医疗干预，保证更多人走尊严死的道路。生老病死既是人生的四件大事，也是健康现代化的重要内容，为了搞好健康现代化，就一定要用新的思维、新的观点、新的理念处理好以上5个问题，确保中国健康现代化有更新、更快的突破性推进。

五、中医药必将迎来生机盎然的美好春天①

随着形势的发展，今天我更坚定了自己的看法，我认为中医药必将迎来春天。下面我讲三个观点和五点建议。

（一）三个观点

第一个观点：中医药的历史久远而辉煌。大家知道，中华文明是世界上最古老的文明之一。中医药的兴起与发展是与中华民族5000多年的历史相生相伴的。相传中医药由伏羲、神农和黄帝奠基，几千年来在中医药学发展方面涌现了非常多的杰出人才，扁鹊、华佗、张仲景、孙思邈、李时珍等，他们都为中医药学的发展做出了重要贡献。中医药文献汗牛充栋，《黄帝内经》《神农本草》《伤寒论》《千金方》《本草纲目》《医宗金鉴》等，这些典籍容纳万千，仅张仲景的《金匮要略》就总结了60余种疾病状况及262首治疗方剂。

迄今为止，中医药在药品方面发展到12800多种。在治疗方式上，还有针灸、艾灸、磁灸、拔罐、刮痧、按摩等手段。这些中医药的发展和积淀，不仅促进了中国文化的发展，也保障了中华民族的生生不息和健康繁衍。

第二个观点：中医药走向下坡路，固然与早期梁启超、胡适等反对中医和国民政府1929年取缔中医有关系，但依我之见，主要还与20世纪30年代抗生素的发明和发展密切相关。任何事物的发展，都会在不同阶段出现不同的机遇倾向。而且往往会由一种占优势的倾向，掩盖甚至颠覆另外一种倾向。

中医药自20世纪50年代起，虽然获得毛泽东同志的支持和关注，但还是在西医快速发展的形势下，走了下坡路，其重要原因是作为20

---

① 本部分为任玉岭在2018年广州珠岛中医药发展论坛的讲话，收入本书时有修改。

世纪三大发明之一的青霉素的问世，推动了西医的崛起。1928年英国细菌学家弗莱明在实验室发现了青霉菌感染的葡萄球菌培养皿上出现抑菌圈之后，用了10年的时间成功提炼出盘尼西林，即青霉素。它的抗菌效果十分神奇，阴性菌、阳性菌都可以杀灭，做到了对多种炎症和疾病的药到病除。特别是在"二战"中对大量的枪伤治疗发挥了重要作用。此后科学家通过对微生物的筛选，又接连发明了链霉素、红霉素、四环素等。链霉素的问世及其对肺结核的疗效，拯救了无数人的生命，树立了抗生素药物的权威，从而也大大强化了西医疗病的手段和能力。

从20世纪40年代到70年代，被发现的抗生素约5000种，其中300多种应用于临床。通过半合成，一些抗生素又增加了新的功能。特别是西医的开放性，大量接受多种多样的新发现、新发明，因而检测手段和手术技能也在不断丰富，手术治疗不断发展。西医处于蓬勃发展的新局面。

受此影响，20世纪50年代中国百废待兴时，国家投入兴建的医学院校和医疗机构大多以西医为主。如此，西医大发展的浪潮冲击了中医，淹没了中医，尤其因为中医不善于吸取科学技术发展成果，加之中医药疗效相对缓慢，大批病人选择采用西医方法治疗，中医院开始被冷落，发展被抑制、应用被放缓。

第三个观点：当今人类为了健康和医疗，必将向中医寻求智慧和帮助。理由有如下三条。

理由一：当初使西医崛起和压倒中医的支撑药物抗生素明显出了问题。因出现抗药性，很多抗生素明显失效，很多病甚至无药可医。如抗结核病的链霉素当初疗效极好，而今已基本失效，导致结核病死灰复燃。此外，很多病人对抗生素出现了过敏反应，病人致残、致死的情况时有发生。

过去的抗生素不行了，就筛选新的抗生素。现在不行了，5000种抗生素只有300种能用于临床，已很难发现新的抗生素。伴随抗生素

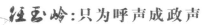

抗药性的生成，疗效降低，只能不断加大抗生素使用剂量，这必然也会对健康造成很大危害。

理由二：随着中国地位的提高，中国文化传向世界，中医药也要走向世界。为了健康，越来越多的人会向中医药寻求智慧和出路。中国文化的博大精深必然引起世界的关注，中医药在这样的大形势下，也必然引起世界关注。

理由三：中国地大物博，中医药资源丰富。现有中医药12807种，其中，11146种是植物药，1581种是动物药，还有少量的矿物质。屠呦呦能从青蒿素中提炼出治疗疟疾的药物，并获得诺贝尔奖，我们相信继续挖掘这一中医药宝库，一定会为人类更好造福。

（二）五点建议

建议一：要大力推进中医药的开放发展和促进中医药与现代科学技术相融合。在今天这个科学爆炸的时代，有生物学、遗传学、微生物学、病毒学、化学、生物化学、电子学、管理学等很多先进的技术，这些技术不是只为西医准备的，中医同样享有吸收和利用的机遇和权利。中医应大力吸取、借鉴和融合这些技术，在跨学科的武装中更好发展，在多学科的借鉴中不断完善。中医的诊病、把脉，都应该结合CT、B超及核磁共振等各种现代诊断方法，更好地进行辨证施治。

建议二：中医药要有认识、有准备地走向世界。我国的扩大开放及"一带一路"的新形势，注定了中医药将大规模地走向世界。现在中医药已传到183个国家和地区，中国政府同外国和国际组织签下86个中医药合作协议。中医的针灸被列入了联合国非物质文化遗产，国际标准化组织（ISO）成立了中药技术委员会。除此之外，我们还在国外建起了17个中医药海外中心、11个中医药对外合作示范交流基地。所有这些变化和动态只是开始，我们必须做好准备，迎接必将到来的中医药走向世界的浪潮。

建议三：要认真抓好中医药技术的标准化和人才培养，并进一步对传统中医药进行挖掘和继承。由于种种原因，我们目前还缺乏中医药统一标准。为了中医药发展，必须重视中医药的标准化，并且要宽视野、高水平地培养中医药人才，通过教材改革扩大中医药人才的知识面。

建议四：要进一步搞好中医药传统的继承，深挖中医药宝库中的"金银财宝"。要打破传统秘方、传统技巧的封锁，在保护知识产权的前提下，让更多有效技术和祖传秘方，走出家门，造福更多人类。就像习近平总书记所讲，要系统梳理传统文化资源，让收藏在禁宫里的文物、陈列在广阔大地上的遗产、书写在古籍里的文字都活起来。中医药尤其需要这样做，我们需要挖掘中医药宝库中的众多资源，更需要用现代技术对更多的中医药资源进行研究和探索。要做好这方面的工作，我们中医药工作者必须厚德，厚德方能载物。我记得前几年海南一个医院需要十几名中医医师，而为了拿到中医医师证书，需要对这些人进行两年培训。但是在"一切向钱看"的风气盛行的情况下，广州某中医学院收了6万元，10多名中医人员不用学习，中医医师的资质证书就全到手了。如果这样下去，中国的中医学就不能很好发展。为此，必须强化社会主义核心价值观，只有厚德才有希望，只有厚德才有力量。

建议五：首先，要出台强有力的支持政策。要解放思想，打破既得利益的藩篱，要下决心改变医药的商业化，坚决改变一些医院"把病人搞到最大化，把收入搞到最大化"这种以营利为目的服务方向，使医院的经营回到救死扶伤的轨道。其次，要加大对中医药发展科研和人才培养的投入，强化人才培养，强化设备支撑，强化科研推动，使中医药行业成为有吸引力的行业，通过加大投入使更多优秀人才、知识精英向这个行业云集。再次，要对社会上现存的中医药人才放宽政策，要从门槛准入上为一些祖传中医"开绿灯"，还要在技术职称评定标准、外语要求等方面，做到实事求是。特别要对更多确有实际效果的祖传技术和方剂，出台奖励政策，让其为广大患者更好服务。

最后，还要对中医药人才培养方式、教材设置内容、中医药刊物的创办与出版和中医药局的管理权限等进行大力度的改革。中医药行业本身要高瞻远瞩、扩大开放、广纳人才，强化智库建设，用新的思维、新的担当，开创中医药走向辉煌的新局面。

第十章 建言房改，百姓为先

据我所知，任玉岭对房地产的认知程度之深和对房地产发展的建言之多，是很少有人能与之相比的。很多重要的房地产杂志和房地产论坛都少不了他的言论。

任玉岭不仅经历了计划经济时代的房屋配给，也较早参与了改革开放后房地产的管理和运作。1987年，他在任职中国星火总公司总工程师期间，就参与了国家星火计划居民住房户型的示范项目。1989年他任北海市副市长后，为推动开发区的建设，在北海启动了房地产的大开发。这不仅使他接触了来自全国各地早期的房地产开拓者，而且使他了解了房地产运作的秘诀和技巧。

当时任玉岭兼任北海市开发区管理委员会主任，管辖市内6个开发区，而且还兼任北海市规划委员会主任。为了更好地履职尽责，任玉岭深感在房地产方面自己存在严重的知识短板。他向书本学习，向社会实践学习，向周边同志学习。他除了买来很多房地产教程和房地产专著，还经常深入实际向房地产公司、建筑设计院的同志们学习。这既是后来任玉岭任全国政协常委和国务院参事后较多关注房地产的背景，也是他的相关建言能够受到重视的原因。

在任玉岭看来，房子就是用来居住的，住房是民生的必需品，住房的供给有重要的政治性、公益性。在很多会议、论坛和一些重要杂志的采访中，他一直坚持这样的观点。他的文章和建言始终是围绕着住有所居、反对炒房、降低房价、安居百姓展开的。他经常引用杜甫"安得广厦千万间，大庇天下寒士俱欢颜"的诗句，以表达他"人人

都能有房住"的愿景。

任玉岭任全国政协常委、国务院参事时，多次参加或率团考察房地产。面对住房的过度商品化，房价的快速攀升，居民购房的困难及城市化的推进受阻这些问题，他曾走访过很多省市，也出席过很多论坛。房地产利润过大，地产领域内的腐败可想而知。党的十八大之后的打虎、拍蝇中，有不少贪腐与房地产关联。正是这个原因，任玉岭那时的建言非但不能引起重视，有时还引起既得利益者的反感。特别是那些坚持"就是要为富人建房子"及把炒房作为"刚性需求"的理论家和房地产商，是同任玉岭主张大建经济适用房和廉租房的建言格格不入的，他们甚至攻击任玉岭讲的是外行话。但任玉岭没有灰心和气馁，他仍然在清华、人大和党校的讲台及在各地举行的房地产论坛上，不断表达自己的观点。为了能得到更多的真凭实据，把住有所居及住房的政治性、公益性讲清楚，任玉岭总是不辞辛苦地把调查研究做得更深入。一次他带国务院参事考察团到浙江、四川进行房地产考察时，患上胸膜炎，胸肋疼痛难忍，至少需一周的时间才能康复。为了不影响调研，他让另外一位参事带队先去温州调研，他自己在横店修养身体。任玉岭积极配合医生治疗，仅用两天时间就基本恢复了。他第三天准时赶到考察地点，转天又带考察团飞往四川。

为了学习国外的经验，他又专程赴新加坡、韩国、澳大利亚、新西兰，调查那里的住有所居状况和房地产管理政策。

以下列举的任玉岭关于房地产的建言中，也包括了对国外情况的调研。

一、关于重构城镇居民住房建设体系的探析与建议①

（一）房子是为了住的，住房建设的改革事关百姓切身利益，具有重要政治意义

住房建设与一般商品不同，它具有很强的公益性。绝大多数人民群众都对住房怀有美好愿望。住房是同"吃、穿、行"一样重要的生活要素，"居者有其屋"是百姓安居乐业的重要因素。任何国家在任何时候都应该十分关注居民住宅的建设和供应，把"居者有其屋"作为政府的职责和使命。全国政协原副主席巴金生前留下很重要的一句话，就是"希望所有的人都有房子住"。这是巴金先生替百姓发出的呼声和愿景。

我国实行住房商品化以来，特别是房价不断飙升的今天，住房问题已经同医疗、教育并列为百姓头上的新"三座大山"。特别是数以千万计的在城市工作的大学毕业生和高达1.6亿人口的农民工，他们的住房困难已经成为社会的一个大问题。

有人说农民工不愿在城里买房住，这种说法是不符合实际的。还有人说，只需要农民工到城市来干活，不需农民工长期住在城市里，这也是无视中国城市化现状的脱离实际之言。我看到的一些25年前就进城的农民工，他们从没结婚到结婚，从没小孩到有小孩，到现在孩子20多岁，还是因为房价贵买不起房，又没有廉租房，只好在城市周边的农村租住。20多年来，这些农民工一直跟着城市的发展和城郊接合部的向外推移，越住离工作地点越远，还出现了越住家里人越多，越住越困难的局面。

进入21世纪后，我们的政协委员、人大代表不断呼吁建设廉租房，但有的城市至今还不见有廉租房走向市场。政府虽出台有经济适用房建设规划，但规划的执行不力。还有房地产商在经济适用房盖好

---

① 本部分发表于2007年《城市住宅》，收入本书时有修改。

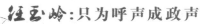

后，随意提高物业费、电梯使用费，使一些低收入人群望而生畏。再说经济适用房是凭户口购买的，大量为城市发展做出贡献的大学毕业生和农民工却因户口不在本地而无权购买，致使很多人被拒于经济适用房大门之外。

世界上很多国家都是十分关注居民住房的建设和供给的。最近我去沙特阿拉伯参加一个经济论坛，在吉达市，看到大片政府盖好并送给居民的住房群。沙特一位官员说，他们很重视发展中的社会公平，为了解决居民住房，原先是贷款给居民去建房，后来改成了由政府建好房向居民赠送。最近沙特又准备建150万套住房送给居民。

去年我去新加坡，一出机场就看到大片的组屋，迎接我的原新加坡驻华参赞告诉我这些组屋就相当于中国的经济适用房，是政府为广大中低收入阶层建造的。

这些被称为组屋的工程项目，是新加坡政府为解决人多地少的矛盾，也为解决广大工薪阶层住房困难出台的。从1960年起，新加坡成立了建屋发展局，专门负责建造公共组屋。迄今为止，85%的新加坡人都居住在组屋里，其中，高达90%的居民拥有房屋的产权。新加坡的组屋虽然外表千篇一律，但其居住环境和住房质量甚至超过了国内一些高档社区。三室一厅的组屋面积为100平方米左右，房价10万—20万新元。月薪在8000新元以下的居民，也就是说年收入在10万新元以下的居民就可以购买组屋。一般工薪阶层用一两年、两三年的收入就可以买到一套组屋。应该说住房问题对中低收入家庭实在不是什么难事。

为了做到"居者有其屋"，英国推出了部分产权购房计划，即可以让买房人先买50%的产权，其余部分由政府和银行分担。英国政府高度重视居民住房问题，居民住房政策的制定和监管由副首相办公室直接负责。近年来出台了多项政策和措施，解决了低收入者的住房问题。2004年英国出台了一个五年计划，强调要以百姓可以接受的价格为各个家庭提供体面的住房，并且规定每个建设小区都要建设小户型住房，以满足低收入人群需要，还对12万英镑以下的小户型住房实行了免除印花税政策。

在韩国，为了保证"居者有其屋"，在房地产资源有限的情况下，出台了"一户一房"的政策，做出了一个家庭只允许购买一套住宅的规定，并明确要优先为无房户提供住宅。韩国对拥有两套以上住宅的居民，课以36%的资产增值税，对拥有3套以上住宅的居民实行60%的资产增值税，凡通过买卖房屋获得的利润，75%将作为税金被征收。这样既稳了住房价格，又确保了百姓安居乐业。

美国为了使家庭收入在2万美元以下的家庭能够有房住，先后实行了向低收入者提供住房、实施开发商建房补贴和购房补贴等措施，并且还出台有低收入者购房可享受个人所得税的税收抵免办法。这样既减轻了低收入者的税收负担，同时也提高了购房后的还贷能力，既解决了住房问题，又促进了房地产市场发展。

综观世界各国情况，说明了居民住房不同于一般商品，居民住房有一定的公益性，政府对居民住房要给予特别的关注和保障。

（二）城镇居民住房价格过高与商业贿赂和政府行为间的关系

住房问题的核心是商品房市场价过高，使广大群众失去了承受能力。资料显示，国外的住房价格是其城市居民家庭年收入3—6倍。例如，原来同我在一个单位的夫妻俩，现在侨居加拿大，他们在加拿大的住房包括地下室共三层，后面有占地一亩多的花园，买房时才花费16万加元。她和爱人当时年收入为8万加元，也就是说两年的收入就可以买到一套较好的住房了。而我国同年龄段的科技人员，在退休时一生只拿到14万元（有人做了认真计算）。如果一个人年收入2万多元，在四环外买套100平方米的住房至少也要80万元，如果一家两人有同样收入，在北京不吃不喝也需20年，上海需21.17年，杭州需20.26年，南京需17.5年，青岛需17.13年，天津需16.99年，大连需16.73年。

房价高，也使很多在城市工作的年轻人压力沉重。那么房价高的

原因到底在哪里呢?

我从1977年参与国家星火计划的居民住房户型示范工作,到20世纪90年代初在北海市面对房地产开发大潮至今已有20年。这20年中,我几乎没有中断过同房地产开发商的联系。

20世纪90年代初,全国有2800家房地产公司,北海就占了1300多家。当时约占全国半数的北海房地产商,在1994年宏观调控后,向全国各地进行发展。所以在很多城市中,我都认识几家房地产商,比较了解他们的内幕和情况。

据我所知,房地产的利润是很高的,不像一般说的那样房地产的利润只有15%—20%。《中国证券报》指出,近10年来,我国房地产的利润是工业利润的1.7倍,是商业利润的8倍。上海公开的2002年房地产利润是86.36%,2003年是74.24%。《华夏时报》记者采访时,一位房地产经理透露说,房地产的利润为100%—300%。还有业内人士说,房地产削价1/3,房地产商依然有钱赚。我曾向一家大型房地产公司的副总问及开发利润,他回答说:"高于100%。"一次和朋友吃饭时,我又问及一个曾经在美国、天津和北京从事房地产开发的老板,他回答说:"美国房地产的利润是15%—25%,而在中国做的是150%左右。"由此可见中国房地产的利润,不是宣传的那么低。

另外,我们知道,中国房地产的开发历史并不长,但由此诞生的亿万富翁却不在少数。以福布斯中国财富排名榜为例,排在前面的很多是做房地产的:2000年25人,2003年35人,2004年上升到45人。身边的一些同事和朋友,正是因为从事房地产开发而从一无所有或很少本钱变成了亿万富翁。

从房屋的造价看,我在2001年由南方回到北京后,专门在京郊询问了造房的成本价,当时三河、燕郊和廊坊的朋友告诉我,每平方米清水房的造价只有550元。2004年我到四川遂宁的一个县城去,在市府广场边上的住房卖价约500元/平方米。最近我到温州苍南县城去,那里有一片28万平方米的住宅区,不含土地费,售价是610元/平方米。

由这些房屋价格看出，造房的成本价并不是很高的，用于造房的各种原材料和人工费，近几年并没有特大变化。相比之下，房价的飙升，反映出房地产的暴利。

当然，按房地产商的说法，隐性成本高也是房价高的一个很大原因。经常有房地产商讲，很多隐性成本是无法计算的。在同那位在美国开发房地产的老板交谈时，他说，所取得的150%的利润中，差不多有一半要用于"勾兑关系"。因此说房地产行业的商业贿赂应该是较为严重的。

一般说来，暴利越大的行业，商业贿赂越严重。人大常委会原副委员长成克杰以及云南省原省长李嘉廷都是因收受房地产商贿赂而遭落马的。从最近落马的山东青岛崂山区原区委书记王雁的现身说法中，也可以看出房地产商在土地、规划、审批、协调等各个环节向地方官员发动的"公关"力度是十分强大的。记得1993年，北海市前一任地产科长倒下了，找了另一位意志比较坚定的科长来接班，没想到不到6个月，这个科长床下面已经堆满现金300多万元。应该说，房地产领域的商业贿赂比起公路建设、买官卖官来有过之无不及。也正是这样的原因，房地产价格的调控很不得力。房地产拆迁方面的投诉之多且难以解决，也与商业贿赂和腐败行为有关系。

另外，房价过高、经济适用房过少、廉租房缺失也与政府行为乏力有关系。

第一，政府有关部门没能高度重视房地产的居住性、保障性和政治性，而是过分强调了"房地产作为支柱产业"的重要性。这样就放纵了各地方在追求GDP政绩的同时，过分注重房地产与GDP增长和创造政绩的关系。

在大力经营城市的理念下，政府有关部门放纵了房地产的价格，催生了房地产的暴利，而忽略了广大百姓的利益，弱化了对百姓的责任。新加坡政府为了解决好居民住房，专门设立了建屋发展局，这个建屋发展局的墙上悬挂着唐朝诗人杜甫的名句"安得广厦千万间，大庇天下寒士俱欢颜，风雨不动安如山"。相比之下，我们的有关部门没能做到这一点。

第二，政府部门对建房所需土地的管理也是乏力的。本来建设居民住房的土地是掌握在政府手中的，应该是谁建房屋给谁提供土地。但在实际操作中远不是这么一回事，土地成了少数人炒买炒卖的商品。土地管理部门应该是有权控制土地价格的，但让人失望的是有关方面没能尽力，以致造成政府出手后的土地倒卖成灾，土地价格成十倍、十几倍的上升。

第三，政府在居民住房的运作上本来是有规定的，即为高收入者提供商品房，为中低收入者提供经济适用房，为困难群众提供廉租房。但在实际运作中，由于土地没管好，房屋价格没管好，居民住房主要建成了商品房。中国的高收入者是不多的，根据北京市2005年的统计，家庭年收入在46000元以下的占60%（一般统计不包括外来人口），如果把外来人口也算上，估计46000元以下的比例可能会更高。前年年初有人计算，全国达到月收入1600元的人数当时占工薪阶层的21%。也就是说全国工薪阶层中能达到近2万元年收入的人也不到21%。倘若把非工薪阶层都算上，在中国年收入达2万元以上的人，可能也就是10%左右，因为占半数的农民是不拿工资的，他们的平均年收入至今只有3600元。因此，如果把能纳个人所得税的人算作高收入阶层，从全国考虑，我们的高收入阶层不到10%，90%还属于中低收入者。

但是，为中低收入者建设的经济适用房的比例是很小的。而且这些经济适用房在房价飙升的推动下，价格也是过高的。除此之外，经济适用房还走了歪路：一是盖经济适用房的房地产商不守规矩，盖房时享受了很多政策，免交了很多税款，房子盖好后，却不按经济适用房进行出卖；二是经济适用房大多盖在远郊区，过于集中连片，造成交通拥堵，给中低收入阶层增加了交通困难和交通负担；三是经济适用房成了少数人投资的商品，以致买经济适用房时要排队买号，而1

个号甚至高达4万—12万元；四是经济适用房小户型少，大户型多，真正低收入家庭买不起。另外，廉租房虽然需求数量很大，却较少有人建，也较少有人管。

第四，政府缺乏对住房建设成本的核算和监管，对其利润调控无作为。三年前我曾提案核定居民住房建设成本，目的在于掌握其利润空间后，对其做出适度的定价范围。但是，我们的房地产主管部门，在这方面对房地产商扭曲事实、舆论的做法听之任之，让其为所欲为。例如，有房地产商说"就是要为富人盖房子"时，遭到了广大群众强烈反对，并且有很多相关批评的文章和帖子出现在报刊和网络上。但在这种情况面前，我们的主管部门却畏首畏尾，裹足不前。也许因为有些主管人员已经被糖衣炮弹打中，在被"绑架"的情况下，出现了房地产商控制局面的恶性循环。

（三）重构居民住房建设体系的建议

（1）关于对居民住房进行分类与做好供应规模定位的建议。把住房分为商品房、经济适用房和廉租房三类，这是符合国情且与国际接轨的。现在的问题是必须要解决好分别享受这三类房屋的人群定位。参考世界上住房价格与城市居民家庭年收入比的情况，结合我国具体国情，我认为按6∶1的比例广大群众是可以承受的。每户居住面积定为100平方米可基本满足需要。据此设定如下。

①家庭年收入×6＞当地现行平均房价×100的，进入购置商品房行列（不受户籍约束）；

②家庭年收入×6≤当地现行平均房价×100的，进入购置经济适用房行列（不受户籍约束，适于有工作的广大居民）；

③家庭年收入×20≤当地现行房价×100的，进入享受廉租房行列（不受户籍限制，适于有工作的广大居民）。

按这样的设定估计，有70%—80%的工薪阶层可以享受经济适用房和廉租房，其中享受廉租房的人数约占20%。

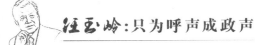

据此，可以通过土地的供应量进行三类住房的总量控制。宜将住房用地的30%划作商品房建设，70%划作经济适用房建设，其中经济适用房土地供应量的30%建80平方米以下的小户型，作为廉租房。对商品房的管理，可以完全实行市场化，使其价格随行就市，不受约束。

（2）关于禁止房地产商转卖土地的建议。房价高涨的原因之一，是土地的炒卖。为了平抑各类房价，保证房价相对合理与稳定，要坚决禁止民间炒卖土地，取消一切房地产商的卖地权利。既然要求农民不许买卖土地，那么就更应做到除政府之外，不许任何人买卖土地，国家可以立法对此进行规定。不管是哪一家房地产商，拿到土地后，必须按协议进行建房，多余或不用的土地，只能按原价交还政府，政府可按银行利率支付相关利息，但绝不允许逼迫政府按市价回购。

（3）关于经济适用房承建施工单位的选定可在核定成本后进行招标的建议。去年年底我在温州苍南调查时，发现一个面积28万平方米的居民小区，交由建筑设计院设计好后，委托本地公司承建，每平方米给该公司提成28元。小区建好后，不含土地费每平方米售价仅有610—630元。承建房屋的公司董事长高兴地说，他们得了七八百万元，可以保障公司正常运转。我们认为这种委托方式是可取的。为了使承建商公平竞争，也可以对建筑成本进行核定，然后以略高于核定价位的上限，通过招标选定承建单位。这样可以有力地将房价控制在低位。

关于廉租房的建设可以学习深圳做法。深圳有些地方在建写字楼的同时，还在写字楼旁建有小户型的公寓楼。这种小户型公寓的面积为27—35平方米，凡愿付1万元或2万元首付的就可以将其买下并支付月供，直接居住，也可以委托物业将其廉价出租。北京很多商贸区，只见写字楼一座接一座兴起，很多工薪阶层住的地方却很远，这样既增加了工薪阶层的负担，又容易造成交通拥堵。如能学习深圳这种模式，将可"一石二鸟"，既能解决工薪阶层住房的问题，又能改善城市的交通环境。

二、住房建设管理应解决的几个问题

（一）管控房价　执政为民①

"安得广厦千万间，大庇天下寒士俱欢颜"，这是诗人杜甫道出的人民愿景。

在今天看来，实现"居者有其屋"，不仅是广大人民群众生活的基本需要，也是人民政府的社会责任和"权为民所用"的重要使命。

（1）兴叹房价。改革开放以来，我国进行了住房改革，并大力推进房地产业的发展，不仅使原有的广大城市居民的居住条件得到了较大改善，而且也为相当多的非城市居民迁入城市、留在城市创造了良好条件。

但是我们不能不看到，城市房产的高价，不仅使相当多的城市居民"望楼兴叹"，而且使更多的低收入阶层特别是长期在城市打工的农民工得不到定居之所，以致无法安居乐业。就我们所调查的情况，很多低收入阶层，包括相当多的计时保姆和农民工，他们一直是在城乡接合部租住。由于城市发展，拆迁改造，这些房屋逐步后退、外移，很多人越住离市区越远，不少人上班要走十分远的路程，这既增加了他们的体力消耗，又使他们本来就不高的收入承受着越来越多的交通支出。

由于城市房价高，买不起住房，租房也困难，相当多的低收入阶层夫妻长期分居，或是父母与子女长年不能团聚。在我国目前1亿多农民工中，有相当一部分把父母、子女留在农村，因此出现的农村老人赡养问题和子女教育问题，已引起社会关注。

中国城市房价之高，已脱离了居民收入的实际。在国外，一般居民购房价是家庭收入的3倍左右，高的也就是5—6倍。我曾调查过加

---

① 本部分为任玉岭2005年2月在政协全国十届三次会议上的发言，收入本书时有修改。

拿大蒙特利尔和多伦多的情况。我的两位老朋友在医院工作，年收入各4万加元，他们在城市郊区买了一幢小楼并带有一亩多地的花园，总价格为10多万加元。按其家庭收入算，房屋价格是收入的两倍多一点。而我国就不同，即使在北京四环之外，买一套80平方米的住房也需要60万元以上。如按家庭收入4万元计算，收入与房价比也在15倍以上。何况很多低收入阶层家庭收入根本达不到4万元的水平。尽管如此，有关人士估计今后10年房价还会大幅上升。长此下去，百姓怎能安居？城市化怎么推进？

（2）知晓房价。根据我的调查和感受，我国城市房价超高的原因有以下三点。

一是土地买卖的价格和土地转让缺乏透明度，造成土地使用猫腻甚多，黑洞较深。尽管我国已将土地划拨改成了招标拍卖，但由于信息不透明，土地转让中仍然存在很多漏洞。经常是能拿到一手土地的人不建设，而建房的人拿不到一手土地。土地层层转让使真正建设的人拿到土地时价格已翻到原价的几倍以上，由此造成的巨大成本自然都落到了购房者的头上。

二是房价的定价不透明，缺乏调控和监管。我曾在北京近郊打听过清水房的造价不会超过700元/平方米，在四川、辽宁等省某些县城的广场边上或是城市要道两旁两年前新房售价仅为500元/平方米，由此看出房屋的真实造价是很便宜的。但是房屋定价缺乏调控和监管，而任房地产开发商随意要价，这就是房价超高的真实原因。众所周知，我国房地产的起步是较晚的，但这个行业培育出的富豪在中国财富榜上大有人在。从房地产赚钱之快、赚钱之多、富豪成长之易，可充分证明这个行业存在着暴利。

三是有钱人炒房和进行投资性购房造成的。近两年房产经营火爆，房屋价格也上升较快，这是因为银行存款实际为负利率，一些有钱人为使自己的大量存款保值、升值就用来购置房产。温州的炒房团，走到哪个城市，哪个城市的房价就迅速飙升。其实不只是温州人在炒房，还有很多城市的有钱人都在炒房。很多所谓的"第二套住宅""第三套住宅"，都是把房子买进来准备升值或进行出租的。一次我同一家经济适用房建设公司的老板聊天时，来了一位购房户，竟一下买了6套经济适用房，总面积达1500平方米。在《沿海时报》上还有这样的消息："每天都有上海人到北海市去买房。"由于炒房，现在很多城市，包括海南三亚这样的地方，房价都成倍增长。

房价高升，可以增加地方GDP，特别是炒房导致的房价上升，还可以增加地方税收，提升政府政绩，增加地方的经济热度和活力。因此，投资性购房往往受到地方政府的欢迎，房价调控不力和监督缺位也与此有关系。房地产的垄断和高价，不仅成了权力寻租和腐败滋生的温床，而且也造成明显的社会不公平。

（3）管控房价。房地产作为用国家土地资源为安居百姓而开发的产业，其中大多数理应成为具有福利性、公益性的以社会效益为主导的产业。为了构建和谐社会，使广大百姓安居乐业，有关方面应高度重视对房地产产业的管理，认真调控房屋价格，堵塞房地产炒作，制止房地产暴利，确保百姓有房买而且买得起，特此建议如下。

一是要认真管理好城市土地。对土地的使用，应有严格的监督和管理。土地的拍卖，一定要提高公开度、透明度。对购地建房的房产商，应坚决要求其不得转手出让土地。并需制定法规法律，坚决打击土地的炒卖，确保住宅建设用地价格的合理与稳定。只要能合理供应土地和堵住土地炒卖的黑洞，房地产的价格就一定能够得到控制，百姓安居就一定能保证。

二是要认真审定城市房屋价格，控制房屋售价。要在多部门和群众代表监督下，审定城市的造房成本，把房地产的定价纳入物价管制范围，实事求是地确定房屋销售价格，改变房屋定价的混乱无序，禁止销售方面的不轨行为。世界上的事怕就怕"认真"二字，只要认真去工作，房屋价格就一定会降下来，中国居民收入与住房购价不成比例的现状就一定会改变。

三是要禁止投资性购房和有组织的炒房行动，打击房屋囤积行为。对所有住宅性建筑的采购，应根据家庭人口限制购买总量。对异地购房，应限期进住，对违者要加重处罚。坚决制止一些群体性炒房集团的炒房行动，打击为抬高房价进行的囤积住宅的行为。对大面积占用土地资源建设别墅的房地产商要收取高额的税收性占地费；对大面积购房者，应收其超标消费税。

四是要大大提高对拆迁户的补偿费，做到使拆迁户无住房之忧。要防止在房屋拆迁改建中，出现对百姓的原住房估价过低，购新房投入较大而买不起房或因搬迁借债而走向贫困化的现象，一定不能只让开发商获得暴利，而让百姓遭受损失，更不能让强势群体侵占弱势群体的利益，使富的更富，穷的更穷。一些原有较好的居民住宅，不得根据开发商的需要，通过官商勾结随意将其定为危房予以改建。居民住宅应作为私有财产，不可随意侵犯。

五是要在城市中保留一批现有的小户型住房，开发二手房市场和建立面向低收入家庭的租房机制，使买不起房的人有房可租。必要时，国家和各地政府应通过公共财政投入，建设一批小户型廉租房，实行低租金出租，让低收入阶层有安居之所，以共享社会发展的基本成果。

（二）关于严惩房产中介诈骗行为的建议①

最近我回天津时，见到了好几位老邻居和老同学，他们饱含热泪向我倾诉了买卖房子时遭受诈骗的惨痛经历。他们共有70多户人家，多是中低收入家庭。房子是他们仅有的资产，在遭受一家中介公司诈骗后，便变得一无所有。他们虽曾向多方反映问题，但大多都互相推诿。为了防止类似情况发生并希望受害者得到应有的补偿，特提出如下建议。

---

① 本部分为任玉岭2007年3月在全国政协会议上的提案，收入本书时有修改。

（1）下决心整治房产中介管理的混乱现状。房产交易本是公民的基本权利，但在居民交易房产中，除了直接向房地产管理部门缴纳各种税费外，房管部门还规定，房产过户手续必须要到中介公司进行办理，并赋予中介公司房款代收代付的权利。由于房产中介公司注册资本仅有10万元，造成代收代付的巨大风险。

鉴于房产中介公司注册资金不多，而且代收资金权利较大，这种作为"肥差"的、有"油水"的行业，同房地产管理部门没有直接关系恐怕是难以打入的。

由于有某些主管部门的撑腰，某些房产中介公司可以为所欲为。在房产中介公司中有一条不成文的规定，即中介公司进房时，是"先过户后付款"；中介公司出房时是"先付款后过户"。这样，主动权永远掌握在房产中介公司手里边，这就为他们诈骗、逃款创造了可乘之机。

正因如此，近年房产中介公司逃款、诈骗行为不断发生。2006年11月，建设部通报了12起重大房地产经纪公司违法事件，出现了少则数百万元、多则上亿元的欺诈行为，给百姓造成了很大损失。比如2006年8月，天津发生了震惊全国的汇众中介公司诈骗1.2亿元的重大案件后，不到4个月，又出现了忠证公司重大诈骗案。

我在天津遇到的那些人就是在2006年12月底前被忠证公司诈骗的。他们在房子出手后还没见到钱、在钱出手后还没得到房的情况下，中介公司就宣布倒闭了。70多户人家血本无归，凄惨至极。这件事已经使一些受害者流离失所、贫病交加、走投无路。

为了维护政府信誉和对百姓负责，必须要对房产中介这种管理上不规范、不诚信、无保障的混乱状况进行坚决治理和整顿，并要立即叫停房产中介公司对房款的代收代付业务。

（2）坚决堵住房产管理上的腐败黑洞，打击官商勾结行为。房产中介诈骗行为的背后，一般也有腐败官员的魔掌和黑手。以天津忠证公司诈骗案为例，很多迹象表明，没有腐败官员的支撑，它不可能把

数千万元房款骗到手。

忠证公司2006年连资质年检都没做，但它却被有关方面推荐为"2006年天津房地产行业创建良好消费环境示范企业"，而且还被天津市房地产市场和天津市二手房市场交易中心推荐为"天津市百姓放心驻场机构"——这个大标牌至今还挂在天津市房地产大厦管理委员会的大门旁。这个公司就是靠有关管理部门给的这些名誉去欺骗广大对政府信任的百姓的。也是靠这些管理部门的支持，2006年忠证公司将连锁店发展到40余家，而且每个店门口都挂有"2005年天津诚信中介单位"，使百姓信以为真。其实这家公司因拖欠房款，在2006年6月就已被起诉到天津市国土资源和房屋管理局。奇怪的是该公司非法占用居民房款一事不仅没有受到惩处，而且国土资源和房屋管理局还派监察处工作人员陪同忠证公司老板到受害人家里去"道歉"。

相关管理部门对一个未进行年检的公司，如此吹捧扶持，爱护有加，而对70多户钱款、房产被骗的上访百姓，却冷若冰霜、推诿责任。这一正一反，不能不让人怀疑，这些管理部门怎么了？

为此，我建议要强化对房管部门的监督管理。应把国土资源和房屋管理部门作为审计和清查官商勾结的重点对象，以房产中介诈骗案作为反腐的切入点，堵上腐败黑洞，弘扬清廉之风。

（3）妥善处理已发案件，解决群众困难。房产中介涉及千家万户。其中小户型的二手房交易市场，多涉及中低收入家庭，他们中有很多人属于弱势群体，这些人的生活比较困窘，一旦受骗，就会超过他们的承受底线。

案发后的一个多月里，这70多户人家，心急如焚，跑上跑下，但得不到有关部门的回应。他们自然会产生一种哭天无路、投诉无门的失望感。

考虑到已发生案件对受害群众影响较大，打击严重，一些人生活愈发艰难，并且遭受到精神的摧残，建议政府对此要给予特别关注。一方面要责成天津市政府坚决有效地封存、清查诈骗作案公司的一切财产，尽量找回被骗资产，用以返还涉案群众；另一方面要采取有效措施，作为扶贫救灾任务，为失去房子、无家可归的群众解决住处问题，对因被诈骗房款造成困难的群众给予补偿，房管部门收缴的各种税费也应原数退回。此外，接待上访部门要恪尽职守，不得使受害群众求告无门。

第十一章　助推经济，负重致远

　　任玉岭对经济发展的研究成果体现在世界知识出版社2013年出版的《任玉岭谈经济》一书中。该书共分6部分，总字数78万字。该书分别对宏观经济、农业经济、城市经济、区域经济、企业经济、循环经济进行了全面论述，充分展示了任玉岭对经济发展的看法和意见。

　　主编任兴磊在这本书的编者按中讲，中国革命的历程充分证明，任何一次失败和挫折都与照抄照搬教条主义有关系，而每一次胜利和成功，都是因为坚持了马克思主义与中国实践相结合，这是不唯书、不唯上、只唯实的运作结果。他认为中国经济的发展，同样需要从经济理论上打破教条主义，使先进的经济理论与中国实践相结合。而这需要有任玉岭这样阅历广博、实践深厚、见解独特、真知灼见的"真正的经济学家"。

　　任玉岭的经济发展观点得到了很多人的赞同，有利于企业和经济社会的更好发展。

　　任玉岭在分管中国星火计划工作时，特别是在担任实施星火计划总工程师时，能够敏锐地发现中国经济的短板，并利用工作的便捷，组织和支持专家和企业联合起来，推出了中国第一瓶干红葡萄酒、第一瓶干白葡萄酒、第一瓶矿泉水、第一瓶格瓦斯、第一瓶椰奶、第一瓶中国可乐、第一瓶低度白酒等。

　　1983年在湖南长沙九部委参加的饲料工作会议上，任玉岭作为研究人员第一个报告了中国饲料工业的薄弱状况。他指出发达国家人均饲料占有量在200公斤以上，而中国当时不到0.3公斤。当他研究饲料工业发展不起来的原因时，发现我国没有饲料添加剂产业。为此，在国家星火计划出台后，任玉岭首先借助这个平台，推动广东顺德从加拿大温尼伯引进了中国第一条饲料添加剂生产线，由此促进了饲料产业和畜禽养殖业的发展。

如今用组织培养的方法生产香蕉种苗、马铃薯种苗等已经十分普遍，并带来了巨大经济效益。而在30多年前，为了使这项技术在中国得到突破和应用，任玉岭借助星火计划，推动中国科学院广东植物研究所的研究人员同广东新会县合作，建成了中国第一个组织培养香蕉种苗厂。

他在实施星火计划时，两次去日本大分县考察引进"一村一品"运动。他把在国外看到的几种"公司＋农户"的合作组织类型写成文章发表，并进行推广。

任玉岭在走访十几个发达国家的过程中，看到公司运行对企业管理的有效性、先进性。1984年他便写出组建公司的报告，并组建了中国味精技术公司。公司成立后他任董事长期间，进行了三项改革：一是进人不要档案，只要人担保；二是实行高工资，比社会上高三倍；三是在北京实行小汽车办公。此外，他还组建了公司的技术推广小分队，靠推广技术和创新盈利，当年就赚了600万元。他安排出一部分资金支持公司工作人员创业，为社会经济发展做出了贡献。

任玉岭的经济学思维和经济学观点都是有着丰富的实践依据的，是同中国的大发展融合为一体的。他在南方北方、东部西部，军队、地方，机关、学校、工厂、农村、研究院所，人大、政协，学会、协会等各种地方都生活过、工作过、学习过。特别是近20年来，任玉岭对国内20多个省的调研和先后对30多个国家众多大学、企业、研发机构和政府的考察，丰富了他的知识结构，改变了他的思维模式、管理导向。担任全国政协常委和国务院参事后，他为了能站得高看得远，对经济发展的建言把得准，广泛阅读《宏观经济学》《微观经济学》《房地产学》《物流学》《信息科学》《金融学》等书籍，进行了批判性的吸收。任玉岭认为，在中国把西方凯恩斯经济学思维作为经济发展的指导思想，而不从中国国情和民情出发，是搞不好中国经济的，特别是资本主义弱肉强食和纯粹的城市经济思维，是不利于坚持我们的初心和为人民服务的宗旨的。为此，他在补经济理论短板的同时，更加关注从国情出发，更加重视对马克思主义经典的学习。

大量的理论和实践，以及他坚信的"天下无难事，只要肯攀登"和"非学无以广才"理念，始终激励着他"干一行钻一行，边干边学"。他认为，要干成一件事，是必须要在实践中学习的。实践是获得真知的途径，边干边学是干成事业的保证。一定要像古人总结的那样，读万卷书，行万里路。只要善于扩大自己的知识半径和实践半径，就没有办不成的事情。

在全国政协和国务院参事室任职时，他能较早地提出"西部大开发""中部崛起""扶贫要总体推进"及"农民问题是中国一切问题中的大问题""小康建设要重视全面两个字""四省联手开发武陵山""解决三农实行三大战略十大突破""应对世界金融危机要加大建设投入""重视提高中国国际现代化进程中的自主性""需认真关注'七个不能持续，八个必须转变'"等建议，并得到广泛关注，都与他丰厚的阅历和广博而精深的知识分不开。

以下是他对经济问题的认识和部分观点。

一、"十一五"应着力转变"五重五轻"和"四轻四重"①

（一）转变"五重五轻"重视发展均衡

改革开放 20 多年来，我们的几个五年计划，基本上是围绕着一部

---

① 本部分发表于 2005 年 4 月《市场论坛》，收入本书时有修改。

分地区先富起来的思路推进的。在制订计划、安排项目、分配经费、人才配置和创造条件时，长期沿袭着"重城轻乡""重富轻穷""重工轻农""重效率轻公平""重锦上添花轻雪中送炭"的定式。改革开放初期，在如此效率优先的决策推动下，有限的财力和资源得到了更好发挥，增强了经济发展动力，促进了国民经济的快速发展。

邓小平同志当初提出让一部分人先富起来，让一部分地区先富起来，是为了让先富带动后富，实现共同富裕。一部分人和一部分地区先富起来的目标已经充分实现了，而作为目的的共同富裕，仍需更多努力。特别是城乡差距、地区差距和贫富差距越拉越大，以及由此带来的社会风险，不能不引起我们的关注和认真反思。

经济发展通常有两种理论：一种是赫尔希曼提出的"不均衡发展理论"，一种是诺贝尔经济学奖获得者缪尔达尔提出的"均衡发展理论"。在我国改革开放初期，根据国情，按照"不均衡发展理论"让一部分人和一部分地区先富起来是完全正确的。而今在差距越拉越大的情况下，如果政府不能及时地按照"均衡发展理论"加以推动，发达地区必然越来越发达，落后地区必然越来越落后。

当前，我国经济发展的不平衡主要表现在以下几个方面。

一是城乡收入差距。2005年的国际劳工组织数据显示，绝大多数国家城乡收入差距为1.6∶1，超过2∶1的仅有3个国家，中国是其中之一。

二是地区收入差距。2000年，中国人均GDP最高与最低之比为13∶1，而美国50个州的比例为2∶1，英国为1.68∶1。根据最近报道，我国100个富县和100个穷县相比，人均之比GDP为之比15∶1。

三是贫富人群的收入差距。我国贫富差距的基尼系数已经超出国际一般标准认为的0.40的警戒线，基尼系数达0.46。我国20%的富人同20%穷人的收入之比为12.66∶1，这个比值同20世纪80年代美国的7.1∶1和日本的4.3∶1要悬殊得多。我国20%富人的金融资产是20%穷人拥有金融资产的51倍。上个月我到广西河池去，看到这个地方很穷，大家收入很低，但是不同行业的收入差距也是很大的。我询问了两个23岁左右的女孩子，一个在宾馆工作，工资仅300元；而另一个因为在保险公司工作，工资高达2000元，二人相差6.6倍。

为了遏制和改变经济越发展三大差距越大的现状，近年来党中央连续提出了"西部开发""五个统筹""协调发展""工业反哺农业""城市支持农村"等措施战略，并把"三农"问题作为全党工作重中之重等，这些都充分体现了中国共产党全心全意为人民服务的宗旨。特别是关于"构建社会主义和谐社会"的重要指示，更加体现了人民群众的根本利益和愿望，也是遏制差距扩大，推进均衡发展的总动员。

因此，规划的制定，一定要坚持以人为本，要按照构建和谐社会的总要求，坚决转变"重城轻乡""重工轻农""重富轻穷""重效率轻公平""重锦上添花轻雪中送炭"的"五重五轻"的计划思维和计划定式。要用公平的规划、公平的机制、公平的机会、公平的环境、公平的条件，下大力气推动欠发达地区的发展，推动农村的发展，推动低收入阶层和弱势群体的发展。

（二）转变"轻面重点"扩大城市带动

既要看到城市是经济发展的产物，也要看到城市是经济发展的火车头。在中国城市化严重滞后于自身工业化水平和国际城市化水平的情况下，一定要高度重视城市化的推进。

我国是一个农业人口占世界农业人口1/3的国家，因为农业人口过多，城市型消费人口相对较少，这不仅抑制了国家的总需求和总消费的增长，也阻碍了农民劳动生产率的提高和农产品价格的上扬。这既是"三农"问题的根本原因所在，也是全社会第三产业总量上不去、就业难度大的背景。

因此，一定要高度重视城市化工作，而且要转变"轻面重点"的思维模式，狠抓量大面广的欠发达地区的城市发展。要把城镇的合理发展、健康发展和加快发展摆到突出位置，既要搞好城镇发展的规划和布局，又要搞好交通和项目的衔接。

第一，城市的规划，一定要重视一些首领城市的建设和城市群的大发展。很多地区的发展，是靠这个地区的首领城市带动的。珠江三角洲的发展是香港、广州带动的；长江三角洲的发展是上海、苏州、杭州带动的；渤海湾的发展是北京、天津带动的。中国约有13亿人口，是美国的7倍，是日本的10倍，加上国土辽阔，我们的经济发展不能像有些经济学家所讲的那样，仅靠珠三角、长三角和渤海湾三个城市群的带动就够了。中国要走共同富裕道路，要大力减少农业人口，要推动区域协调发展，就必须高度重视各区域首领城市的打造和与此相关联的城市群的发展。

为此，应在珠三角、长三角和渤海湾之外，以区域人口总量大的地方为重点，并视水资源的储量情况，重点推进郑州、武汉、成都、济南、沈阳、长沙、西安、合肥、昆明、太原、兰州等首领城市的建设，加速发展以郑州为首领城市的城市群、以武汉为首领城市的城市群、以成都为首领城市的城市群、以济南为首领城市的城市群、以沈阳为首领城市的城市群、以长沙为首领城市的城市群、以西安为首领城市的城市群等。时间将证明，这样做是十分必需的，是符合中国实际的。

第二，要高度重视中国县城的建设和发展。据统计，我国从农村分离出的1.7亿劳动力，有1.1亿分布在以县城为主的城镇中。因此，城市化的重点将落在县城上。为了推动农村发展，推动县域经济发展，一定要狠抓县城的建设和发展。"十一五"规划要加大对县城的投入，并通过对土地价格、工资水平以及税收标准等的调控，吸引一些产业向县城转移，吸引各方面的资金向县城投入。国家需加大对县城的公共资源配置，对建制仍为镇的县城，应尽可能按县级市的标准给予相应待遇，以加快县城发展。在平原地带要力争早日实现每个县城都能通高速公路，都能有互联网相连接。

第三，要尽可能降低农民入城留住和落户的门槛和条件。根据2000年国家统计报告，我们现在真正有城市户籍的人口，仅有2亿人；根据2002年中国城市发展报告，拥有总人口11.03亿的269个主要城市中，市区非农业人口仅有1.77亿人，其他地区非农业人口3.08亿人。虽然非农业人口占总人口的比例超过40%，可是真正有户籍和能享受市民待遇的人口仅占总人口的23%左右。如果城市化不能解决户籍问题，入城农民不能享受市民待遇，城市型的消费总量就上不去，分流农民的目的就达不到。为此，"十一五"规划一定要把农民落户城市的门槛降下来，解决好户籍问题和入城农民的各种待遇问题，以保证城市化的顺利推进。

第四，国家资源的配置要公平合理。一是工业布局，应该给欠发达地区多一些发展机会。例如，汽车工业几乎都布局在较为发达的城市，如北京。北京交通拥堵、水资源十分匮乏，已经有了两个汽车厂，还要再建奔驰车厂，这显然是不太合理的。类似这种情况，应在"十一五"规划中有所控制和调整。带动性大的产业，应在欠发达地区多布局一些。另外，由国家财政或政府支持的很多学校、机关、出版机构和媒体等，可否根据新的发展形势，进行必要的分散和重新配置。例如北京有100多所大学，基本上是国家出资兴办的，在我国很多管辖近千万人口的地市尚没有大学的情况下，应研究进行必要的搬迁和转移，支持欠发达地区的进步和发展。在德国，大学分散在各个城市中，就连媒体和一些国家机构也都分散在东、西、南、北、中不同地方。我国一直有着在党的领导下集中力量办大事的条件和传统，在城市化的推进上也应发挥这一优势。外国可以做到的，我们也一定能做到。

（三）转变"轻农重工" 狠抓重中之重

自党中央做出要把"三农"问题作为全党工作重中之重的指示后，我国的"三农"问题有了很大转机。特别是去年中央1号文件的出台及国务院采取的"减税""直补"等措施，为2003年的粮食大幅增产和农民大幅增收做出了重要贡献。但是，因为生产资料的涨价和农业基础薄弱的情况没有显著改变，所以新的一年粮食增产、农民增收的难度将明显增加。从长远来看，解决"三农"问题，要走的路还十分遥远，而且前进的征途上还会有很多问题和困难。

"十一五"规划一定要进一步转变"轻农重工"的思想，对农村形势估计绝不可过分乐观，更不能只有口号没有行动，也不能再走中央"请客"地方"买单"，而欠发达地区实际无人"买单"的老路子，要严防到头来"竹篮打水一场空"。特别是针对"工业反哺农业，城市支持农村"的方针，一定要有新举措，一定要在"十一五"规划中落实政策、落实项目、落实投入，包括农田基本建设、农村道路建设、农村教育建设、文化和公共卫生建设等，都应有实实在在的投入规模，给予大力加强和推进。必要时，应敲定城乡投资比例和工业反哺农业的份额，保证中央的政策落到实处。

此外，为确保粮食安全，一定要利用好东部各省的土地资源。东部不仅土质肥沃、雨水充沛，而且光照时间长，气候条件好，像珠江三角洲、长江三角洲这些地方，因单产高，复耕指数大，一亩田可抵北方五六亩。正是这个原因，日本20世纪70年代曾推出"南农北工"的列岛改造计划，为日本经济的腾飞做出了贡献。我们应该严把东部的土地闸门，严控抬高东部土地价格的行为，确保东部农田和粮食安全，并使产业和投资向中、西部转移。

种粮直补是国家的一项重要政策。但是对农民的增收，不能只看投入多少钱和农民增收的平均数。根据我们对广西、河南和湖北三个点的调查，能拿到直补的只有湖北的一个点，而且补贴的数量很有限。河南的一个点，补贴是拿到了，却是在纳税时减扣的。在广西一个村庄调查时，农民还没能拿到种粮补贴。因此，对国家下达的粮食补贴款，还要进一步规范，对补贴规模、数量、款额要张贴、公布，防止被挪用和截留。

农业科技的发展，仍是破解"三农"问题的一大关键。我们国家的科技投入这些年虽然整体大大增加了，但对农村的科技投入却减少了。农业科技不能走完全市场化的道路，应把农业科技作为公益事业，给予支持和投入，"十一五"规划应加大对农业科技网络建设的投资，要像重视教育发展那样，重视农业科技网络的发展。

发展畜牧业和农产品加工业，是解决农民就业和提高农民收入的重要途径。但因为农民缺乏创业资金，又得不到政府和金融部门的支持，所以很多农民只能是"老太太喂鸡，小打小闹"，不能实现集约化生产，如此造成多数农民"望富兴叹"，致富无门。"十一五"规划一定要解决农村金融改革问题，搞好对农村畜牧业和农产品加工业的集约化和产业化经营。还要放开发展农村经济合作组织，大力发展公司制的农业专业合作社，由农民入股，确保公司的发展和效益与农民利益紧密联结和挂钩。财政支持要与之对接，确保国家的支持和银行的贷款能使农民直接获益，用这种方式促进农村快速发展，促进农民更好增收。

（四）转变"轻三重二"助推服务经营

中国各地的经济观，长期以来存在重二产、轻三产的老习惯。由于经济结构中第二产业比重大、发展快，造成了我国经济发展的高消耗和高污染，我国国内生产总值占世界3.9%，但消耗的能源却占世界能源的12.1%，水消耗占世界的15%，钢消耗占世界的28%，水泥消耗占世界的40%。出现这种情况的原因，固然与我们不注重节约有关，但更与产业结构的不合理相关联。

在世界很多国家的产业结构中，第三产业所占比重在60%左右，美国则达70%以上。由于第三产业以服务业为主，一般情况下是以低投入、低消耗、高就业为特征。为了增加就业、降低消耗、降低污染，我们应特别重视产业结构的调整，大力发展第三产业。

我国的第三产业在改革开放以后虽然有较大发展，生产总值已经从1978年的860.5亿元增加到2003年的38885.7亿元，增加了44倍多。但从增长速度看，1983年至1993年的10年间增长近10倍，而1993年至2003年的10年间仅增长3倍，也就是说1993年之后，第三产业的发展明显放慢。

迄今为止，我国第三产业生产总值占GDP总量的31.8%，同美国相比低近40个百分点。31.8%实际是1990年的数据，1990年至2003年的14年中仅增长1.8个百分点。这些数据揭示出三个值得反思的问题：一是我国的第三产业所占比重为什么上不来？二是近十几年来第三产业的发展为什么明显转缓？三是在我国第三产业中的现代服务业包括银行业、保险业、电信业快速发展的年代里，为什么第三产业的总量却不升反降，止步不前？这很值得"十一五"规划的制定者认真研究和思索。

在国外，每万人拥有小企业的数量为45—55家，而我国每万人拥有小企业数量仅为八九家，不足国外的1/5。在城市化过程中，大量驱赶小商贩，已使1995年以前的3000万家服务商贩下降到2000万家，服务人员已从1995年的6000万人减少到4000万人以下。近10年服务业就业人数不仅不升，反而大幅下降。这不仅砍掉了数以千万计的就业岗位，而且阻碍了第三产业的发展。

2004年5月我在离北四环10公里的一个小区外做调查，那里一道短短的马路边，早上有很多摊贩，有卖衣服的、卖鞋袜的，也有卖食品的、卖花草的等。我走进这个地方时是早上7点40分，当我了解完这里的摊位数量和经营品种后，时间已经是早上8点了。突然，大家都收起摊子往外跑，有的甚至连买主的钱都不要了，一个劲地往外冲。这时，我发现原来是城管的人来了。没有跑掉的不仅商品被没收了，而且连手推车、三轮车也给拉走了。只见有人在那儿抹眼泪，原来是他们仅有的饭碗又被砸掉了。在北京，四环外10公里的地方尚且如此，其他城区当然就更不允许这种小摊贩生存了。据我调查全国有不少城市是和北京一样的，很多做小生意的和凭借手艺谋生的群体，

大多随城市的改造而被驱赶回家待业了。城市漂亮了，更多的人却失业了。

为此，应坚决转变"轻三重二"的惯性思维，高度重视第三产业发展，除了现代服务业，还要重视传统服务业的发展。因为中国大多数人的收入还很低，中国人口多，传统服务业还有巨大市场，这是一个就业的广阔天地，也是广大人民凭劳动服务，进行创业和致富的重要途径。我们一定要总结1994年以后第三产业发展明显放慢的教训，更多支持服务业的发展。

为了加快第三产业的发展，一要使城市加快吸纳农村人口，使农民进城安居，这样既利于扩大服务市场，又可以使服务业的从业主体增加。二要放开服务业的注册登记，可以不登记即可从业，可不限其经营范围和投入多少。如果登记，可以免除注册资本，可以用住宅作为登记地址。三要由银行给予支持，向从业者发放小额贷款。四要在城市改造中，给摊贩经营留出场所，创造宽松的发展环境。五要打击乱收费、乱罚款，改善收取过高摊位费和准入门槛过高的情况与现状。应通过努力使第三产业的比重在"十一五"期间上升到45%。

（五）转变"轻创重引"加速自主创新

技术创新是世界所有国家发展和进步的主要依托和动力源泉。我国的技术创新工作虽然在改革开放以来，取得了很大的成绩，但同经济发展实际相比，还有很大差距。

自主创新缺乏，知识产权不足，不仅使我国产品在世界上失去了竞争力，也造成出口产品虽不断增加，而企业效益却普遍较低的情况。真正效益好的高技术产品，75%是外资企业和合资企业生产的，国内企业仅占25%。创新缺乏还表现在我们很多设备与原部件的需求大多依赖进口，我国是世界上软件需求量最大的国家，但80%的软件靠进口，机电零部件市场也主要靠进口来满足，生产规模大、产值高的汽车、飞机、船舶以及高速铁路等行业的所需技术也主要靠引进。

我国自主创新缺乏和知识产权不足的主要原因有两个。

第一个原因是科学研究与生产实际相分离，形成了科研与生产的两张皮。很多科研工作者只重论文，不重成果。科技领域的评定工作、奖励工作也十分浮躁，问题较多，没能创造和培育出更多、更成熟且能够有效应用的好成果。作为生产企业，至今未成为科技创新的主体。中国97%的企业没申请过技术专利，这也严重制约了科技的自主创新和科技与生产的结合。

就拿引进装备和技术来说，改革开放以来我们为了追赶世界先进技术，投入了巨资，引进了大量的先进装备和技术。此时，其实我们应该组织技术队伍，加大应有投入，推动这些技术与装备的消化吸收，并在消化吸收的基础上进行模仿和创新。然而我们的科技工作者，很多人在文献缝里找题目，在论文上搞追赶，却极少有人利用这条追赶世界先进技术的捷径，重视消化吸收这些先进技术和装备，更谈不上模仿和创新。

从技术消化吸收的投入看，虽然我国科技经费近些年有了很大幅度的增长，但却没有消化吸收引进技术。韩国投入消化吸收的科技经费是引进装备技术费的8倍，而我国投向消化吸收的科研经费仅是引进装备技术费用的7%。

第二个原因是创新产品的国内市场问题。任何创新的技术和产品，都不是一次性地走向完美和高端的，往往需要实践—认识—再实践—再认识的过程。需要在应用、演练的实践中，发现问题，找出不足，然后才能在解决问题中提高，在改进不足中得以完善。所以任何一个高端的技术或产品，都离不开在本国市场应用中的培育和发展。

日本、韩国和美国有很多政策是鼓励本国技术推广应用的，特别是韩国，从机场、车站、地铁出入口到一些商店都有"身土不二"的广告牌，而且把"身土不二"印刷到商品的包装上。"身土不二"意

思是生在哪里，住在哪里，就要用哪里生产的产品，吃哪里生产的东西，在这种"国人用国货"的民族精神推动下，韩国的一些技术创新产品在国内得到了演练和实践，得到了提高和完善。当初韩国生产的轿车质量较低，难以销到国外，但是韩国马路上跑的全是韩国轿车，韩国轿车在本国市场的支持和关爱下，终于得到了发展。今天，韩国不仅汽车产品走到了国外，而且汽车生产技术也开始在国外立足，被引进到北京的"索纳塔"生产线就是一例。

而我国情况恰恰与此相反，不仅重复引进、连续引进，各行各业都引进，限制了自主创新产品走向国内市场，失去了实践、演练场地，难以发展和完善，而且缺乏支持自主创新产品推广使用的优惠政策。我在浙江横店调查了解到，那里有一个德邦电子公司，它生产的节能灯泡，耗电量仅相当于白炽灯泡的1/5，一只18W的节能灯按每天工作4小时，每年可节电120度。全国照明耗电每年为2000亿度，如全部推广这种节能灯，一年可省电1600亿度，正好相当于三峡竣工后发电能力的2倍。现在这个公司每年生产2500万只节能灯泡，90%以上出口美国，美国能源部专门对其进行销售补贴，为美国节约能源做出了贡献。而在我国，节能灯泡则因价格偏高，得不到政策扶植和补贴，没有很大的市场。

因此，要转变"轻创重引"的观念，力促自主创新。一方面要高度重视引进技术装备的消化吸收和模仿，另一方面要高度关注和开拓自主创新产品的国内市场。除了制定政策，加大投入外，还需鼓励政府、企业和国民更多采购拥有自主知识产权的技术和产品。不妨学一学韩国的"身世不二"，强化一下民族精神。如果13亿人都有了这种"国人用国货"的意识，我国的技术创新就一定会有大的推进！

二、中国经济需着力解决的三大战略

（一）需尽力推动"中部崛起"[①]

众所周知，"三农"问题是中国一切问题中的大问题，为了解决好农民、农村和农业问题，中央把解决"三农"问题作为全党一切工作的重中之重，得到了全国人民的拥护和赞成。中部6省有农民2.5亿人以上，占全国农民总量的33%。中部粮食产量占全国的28%、棉花产量占全国的34%、油料产量占全国的40%，而工业产值不到全国的15%，是典型的农业省区，也是人口压力巨大、农民比较贫困、生态快速恶化的地区。

1978年，中部同东部相比，人均GDP实际相差仅154元。到1995年，其差额扩大到3148元，差额增长19.4倍。1997年召开的党的十五大提出了缩小高收入与低收入差距的问题，但近几年差距不仅没有缩小，反而又有明显扩大。至2003年，中部人均GDP同东部人均GDP相比，差额已达到8534元。中部同东部之间的人均GDP之差，已经是改革开放初期的55.4倍。

2000年，中央实施西部大开发战略后，西部地区发展明显提速，相比之下，中部地区发展不仅落在了东部之后，而且也被西部甩到了后面。2000年到2003年，东、中、西部GDP增长速度分别为13.29%、10.53%、11.89%，中部成了发展最慢的地区。西部大开发以来，中部地区不仅相对发展速度更慢，而且在全国GDP中所占比重也明显下降。事实证明，中部正在"塌陷"，中部正在成为"经济洼地"。

邓小平同志曾多次指出："社会主义不是少数人富起来、大多数人穷，不是那个样子。社会主义最大的优越性就是共同富裕，这是体现社会主义本质的一个东西。"为了改变经济越发展，区域和城乡差

---

① 本部分发表于《郑州航空工业管理学院学报》《中州学刊》，后又收入经济出版社2020年版《任玉岭论"三农"》一书，收入本书时有修改。

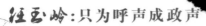
距越大的现状，我们十分需要增强"中部崛起"的紧迫感，需要继"西部大开发"和"振兴东北老工业基地"之后提出"中部崛起"的重要战略，将其作为"全面建设小康社会"和"构建和谐社会"的一部分，提上议事日程。

（二）需高度重视的"七个不能持续"和"八个必须转变"①

我国的改革开放已经走过了近30年的发展历程，在这近30年中，我们国家迎来了快速发展，发生了天翻地覆的变化。这是应引以为豪的。

但是，必须看到任何事物的发展，几乎都是波浪式前进、螺旋式上升的。我们的发展也不例外，它不可能在一个水平上永久不变。我们应该有不忘危机的意识，要时刻准备迎接我国经济发展中可能出现的节奏加快和放慢、高峰和低谷。尤其要从我国所走道路对公平、公正和共同富裕的要求，对我国经济社会发展中出现的这样和那样的新问题、这样和那样的新情况，给予必要的关注和调整。

根据我每年都走过的不少于22个省市的亲看、亲闻和对诸多资料、数据的收集和分析，再拿它同我几十次到发达与欠发达国家看到的情况相对比，我认为中国的经济出现了"七个不能持续"和"八个必须转变"。

"七个不能持续"是指：

（1）依靠国外市场，以产品外销为主不能持续；

（2）依靠农民工低工资，靠廉价劳动力参与国际竞争不能持续；

（3）产品技术落后，附加值太低不能持续；

（4）对国外技术依赖度过大，自主品牌过少不能持续；

（5）粗放经营，高消耗、低产出不能持续；

---

① 本部分发表于2011年1月《中国社会科学报》，后又收入到红旗出版社2012年版《任玉岭访谈录》一书，收入到本书时有修改。

（6）二氧化碳排放过高，能耗过大不能持续；

（7）污染环境，损坏生态严重不能持续。

"八个必须转变"是指：

（1）中西部发展滞后，区域经济差距过大必须转变；

（2）农村一家一户经营模式落后，城乡差距严重必须转变；

（3）城市化推进不力，城市化率过低必须转变；

（4）劳动分配比重过低，基尼系数过大必须转变；

（5）服务业发展缓慢，第三产业比重过小必须转变；

（6）社会保障滞后，公共服务不公必须转变；

（7）民生问题突出，住房、教育、医疗服务同百姓收入水平脱节必须转变。

（8）文化发展重视不足，文化产业滞后必须转变。

在我看来，"七个不能持续"和"八个必须转变"，是我们经济社会面临问题的总表现。这些问题不解决，就会愈演愈烈，一旦所有问题全部爆发，将会不可收拾，甚至会把我们的经济引向低谷。

为此，我们应该立足于科学发展、和谐发展，及早对这"七个不能持续"和"八个必须转变"给予特别关注，该调整的要调整，该改革的要改革，要使问题的解决走在问题爆发之前。

中国与很多发达国家最大的不同就是能够在中国共产党领导下，集中全国人民的智慧和力量办大事，这不仅是我们"两弹一星"的成功经验，也是我们同那些资本主义国家和地区的根本区别。因此，为了解决好"七个不能持续"和"八个必须转变"这样一个经济社会问题，我们就必须在党的坚强领导下，既要更好发挥多种"智库"的积极性，更多听取人大代表、政协委员的各种意见，搞好改革，又要充分调动全国各族人民的积极性和劳动热情，克服可能面临的困难。相信以上15个方面的问题，一旦引起全社会的关注和努力，就一定能得到妥善解决，我们的发展就一定能在改革与调整中更好向前。

（三）重视提高现代化进程中的自主性[①]

对外开放力度的不断扩大，大大促进了我国经济的发展，但必须看到我国在现代化进程中的自主性也在不断削弱。为此，我们应该关注以下几个问题，处理好扩大开放与提高现代化自主性的关系。

（1）解决好资源对国外的过度依赖。在农耕经济时代和工业化初期，我们曾以"地大物博"而沾沾自喜。但当工业化连续几十年的推进后，我们才发现，我们的资源十分有限。我国人均矿产资源仅为世界平均水平的1/2，人均森林和水资源不到世界人均水平的1/3，耕地面积不足世界平均水平的1/6，石油为世界人均水平的1/10，天然气为世界人均水平的1/20。随着我国生产建设的快速推进，2005年，我国石油、铝、铜、镍、钢、煤、水泥的消费量已分别占到全球当年消费量的7%、19%、20%、21%、25%、30%、40%。消费需求的增加与资源的紧缺已经成了我们发展过程中的主要矛盾。在这种情况下，中国的现代化更离不开国际化、全球化的大环境，某些资源的进口已经成了稳定发展的重要条件和保证。2005年，我国对铁矿石需求的50%、氧化铝原料的50%、铜原料的60%和原油的40%都必须靠进口来保证。迄今为止，中国已成为世界上的石油进口大国、铁矿石进口大国、钾肥进口大国、木材进口大国、飞机进口大国、大豆进口大国，甚至还出现了中国进口什么、什么就涨价的怪现象。为此，中国的经济要高度关注对国外资源依赖度加大的问题，以减少我国经济发展的潜在危机和风险。

（2）解决好技术需求对国外的过度依赖。由于对引进技术装备的消化吸收不够，我国技术需求对国外过度依赖。上海是我国技术研究开发单位最集中的地方，发表论文和创造科技成果都在中国居领先地位。但是上海的产业技术，2004年对国外的依赖度高达75%。同1993

[①]　本部分发表于2008年《科学与现代化》，收入本书时有修改。

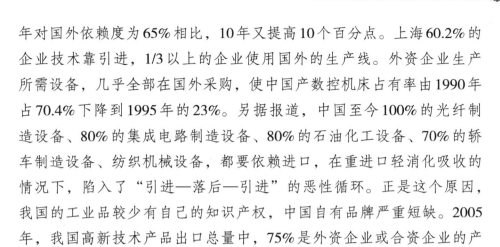

年对国外依赖度为65%相比，10年又提高10个百分点。上海60.2%的企业技术靠引进，1/3以上的企业使用国外的生产线。外资企业生产所需设备，几乎全部在国外采购，使中国产数控机床占有率由1990年占70.4%下降到1995年的23%。另据报道，中国至今100%的光纤制造设备、80%的集成电路制造设备、80%的石油化工设备、70%的轿车制造设备、纺织机械设备，都要依赖进口，在重进口轻消化吸收的情况下，陷入了"引进—落后—引进"的恶性循环。正是这个原因，我国的工业品较少有自己的知识产权，中国自有品牌严重短缺。2005年，我国高新技术产品出口总量中，75%是外资企业或合资企业的产品，本土企业的仅占25%。2007年外资企业已占中国进出口总额的57.7%，其中，出口占57.1%，进口占58.5%，外资企业出口交货总量高达50794.5亿元，占全国出口交货总量的69.5%。1991—2007年的17年中，全国外贸年增19.15%，外企年增30.2%。为此，需要警惕外企可能控制中国外贸的形势，探讨提高自主性的路径。

（3）解决好外商对中国市场控制趋严问题。2006年参加年检的"三资"企业共有274863户，总投资17076亿美元，其中外商出资7406亿美元，外商占股78.2%。这些"三资"企业中，分布于第一产业的总投入占2.1%，分布于第三产业的总投入占27.2%，由此看出外商投资的重点是第二产业。截至2006年，外商在第二产业办"三资"企业的有194284户，投资11667亿美元，占外商总投资的70.7%。在第二产业中，外商着力发展的是制造业，企业数目为187458户，总投资10412亿美元，分别占外商在中国注册户数的68.2%，占外商在中国总投资的61%。外商在这18万多户制造企业中所占股份高达79%。

迄今为止，中国的玻璃行业、啤酒行业、电梯行业、洗衣粉行业、化妆品行业、饮料行业、相机与胶卷行业、电池行业、炊具行业、医药行业、灯泡行业、轮胎行业、造纸行业、制鞋行业、冰箱行业、自行车行业、大豆食品行业、方便面行业、摩托车行业基本上为外资企业所掌控。另外，在电子行业中，通信设备的62.5%、集成电路的91.3%、计算机的72.7%、电子元件的56.7%、日用电器的75.7%、收音机的77.5%，都掌握在外资企业的手中。如此局面，固然带动了中国经济的总体攀升，但也要重视因此造成的我们对市场掌控的被动和掌控难度的加大。

三、企业发展需关注的几个问题

（一）企业发展需要银行思想再解放[①]

银行在一个国家的经济发展中，起着至关重要的推动作用，发挥着不可替代的调节功能。

改革开放以后，我国的银行事业高速发展。银行解放思想，实事求是，为我国的经济发展做出了巨大贡献。但是，由于市场经济大潮的冲击，一些银行的管理人员或因管理经验不足，或因受个人利益的驱使，银行资金被骗、被卷、被赖账等现象时有发生，造成银行资金大量流失，出现巨额不良资产。为了改变这种状况，扭转这种局面，对银行进行大力度的整顿是必要的，也是正确的。尤其是对那些贪污、受贿、不尽职尽责的腐败分子进行惩处或诉诸法律，都是应该的。现在的问题是，由于整顿金融秩序和惩处腐败分子，银行从一个极端走向另一个极端。

因为"怕井绳"，所以银行贷款出现了两种倾向：一是因为过去没有抵押，贷款出现了损失，所以今天贷款就非有抵押不可，不管是什么情况，"不见兔子不撒鹰"，不见抵押绝不放贷款；二是因为过去给个体户、私营或集体企业贷款时，拿了回扣、佣金，受了贿赂，犯了错误，所以今天贷款就绝不贷给个体、私营和集体企业。

以上两种倾向的出现，导致一些高新技术产业的创业者拿不到贷款，得不到发展；一些企业因为尚有债务未还，即使有市场、有原

---

① 本部分发表于1998年8月《人民政协报》，收入本书时有修改。

料、有效益，可以打"翻身仗"的好项目也得不到贷款；私营企业、集体企业或者国有小企业的技术改造无法进行；一些国家科技部认定的"火炬"计划项目无法实施；一些能出口创汇的项目被外商挤占。总之，这种做法导致了很多企业资金困难，失去了发展良机，从而影响了整个国家的经济发展。

深圳中坚实业公司，拟生产的SPW白细胞生长仪是高新技术项目，被列入1999年国家科技部"火炬"计划，戴帽下达1500万元贷款。但地方银行以该公司欠银行160万元未还为由，拒付新的贷款。后来中坚公司用高利息借款归还了160万元旧账，但因拿不出1500万元的抵押，银行仍然不贷。

成都绿色食品厂，拥有世界一流的速冻设备，有先进技术，有原料基地，可年产1万吨速冻松茸、蘑菇和草莓，国外市场大、用户多、利润高，仅1吨速冻松茸即可获利20万—30万元。但银行不能为其解决流动资金的问题，甚至把外贸公司支持的预付金加以截留，致使企业失去盈利和出口创汇机会，生产难以为继。由于该厂缺乏资金不能运作，只好让外商拿出资金，在当地购买松茸，送到该厂速冻，厂方只能收一点微薄的加工费。

北海喷施宝公司生产的"中华肥王"喷施宝，用途广、市场大、效益好，而且可以出口创汇，但一直得不到流动资金。据该集团负责人讲，如果能得到贷款支持，仅1999年就可以增加1.6亿元的产值。但因无法获得贷款，该公司只好走与外商合作的道路，虽取得了发展资金，却受到了外商的诸多约束。

类似的例子比比皆是，不胜枚举，具有一定的普遍性。据四川省经贸委统计，仅四川就有2335户企业虽然拥有有市场、有原料、有效益的产品，但皆因得不到银行的贷款，以致萎缩、停产，甚至倒闭。据报道，1998年6月以来，在与工商银行有信贷关系的35万户中小企业中，国有企业有122970户；私营企业只有9016户，占2.58%；三资企业9477户，占2.71%。该行的贷款余额，国有企业为6749亿元；

三资企业为526亿元，占5.21%；而私营企业只有94亿元，仅占0.93%。

出现这种情况的原因，我想不是银行没有钱，恐怕主要是金融管理部门的头脑中有了"紧箍咒"。这种"紧箍咒"使很多银行谨小慎微，同时也使某些贷款规定脱离了中国企业的实际，使银行丧失了应有的作用和活力。

例如，北海市的银行，如果要贷款30万元，要报到首府南宁去批准。试想这样一个国务院最早批准开放的沿海城市还怎样前进？怎样发展？贷款的严格程序已经造成一些地方固定资产投资的不断下降，并影响外资的引入。据统计，广西上半年引进外资已经下降24.6%，其中南宁下降55%，桂林下降68%，钦州下降77.1%，防城港下降90.5%。面对这种情况，我们确实应该研究一下银行的资金投放思想、投放方式和投放布局了。

为此建议如下。

（1）银行要解放思想，资金的投放要像国债的使用那样，进行定量切块，合理布局。

（2）银行要转变观念，真正认识到私营企业是国家经济的重要组成部分，要切出与民营企业所占GDP比重相应的资金份额（即总份额的1/4），贷给民营企业。

（3）银行要认真对待东西部差距在进一步扩大的事实，切实解决贷款政策上的"嫌贫爱富"，保证将足够份额的贷款放在中西部地区。

（4）银行要高度重视对"三有一无"企业的支持，转变热衷于"锦上添花"、不愿"雪中送炭"的作风，对那些存在于小企业或较困难企业中有原料、有市场、有效益的好项目，要积极贷款扶持。

（5）银行要调整政策，利用自身的庞大机构，多联系群众，多深入实际，培植个人信用关系和企业信用关系，通过信用关系发放部分用户必需又有把握归还的小额贷款。

（6）银行内部也可设立适量风险贷款，健全风险贷款制度，对国家科技部等有关方面认定的高新技术项目，提供贷款简化手续。

（二）改革上市公司管理体制和加强对上市公司的监管①

（1）上市公司问题严重，令人触目惊心。中国股市是中国资本市场的金库和粮仓，也是广大股民的生命线。金库如果丢了钥匙或是粮仓遭了鼠害，受损的不仅是国家资本，还有广大股民。

最近曝出的很多上市公司的黑幕和高管人员的犯罪行为，虽是冰山一角，但已经血淋淋地展示出了上市公司管理与监管中的阴影和黑洞。

享有"中华珠宝第一股"荣誉的达尔曼公司，靠虚假陈述骗取了22亿元资金后，相关涉事人员卷款潜逃。银行欠款高达11.4亿元的酒鬼酒公司负责人神秘失踪，而且4.3亿元的股权转让金不翼而飞。作为证券旗手和股票元勋的南方证券曝出挪用个人保证金和欠债共200亿元的信息后，轰然倒下，让人无限怅然。

此外，还有格林柯尔问题、三九药业问题、伊利股份问题、安民证券问题、五洲证券问题，以及发生于此前的德龙13家控股上市公司问题等，真是让人触目惊心，也使上市公司的形象在人们心目中大打折扣，使广大股民对股市丧失信心。

（2）证券管理存在腐败，监管严重不力。在贿赂腐败之风缠绕于社会的今天，上市公司与证券管理机构也不是一片净土。事实证明凡是有暴利的行业，多是贿赂严重的行业。正因为多数上市公司都是本小利大，暴富迅速，所以难免有少数素质低下者对管理层进行贿赂。这种情况下一些证券管理人就难逃"糖衣炮弹"，最终陷入腐败泥潭。

前面所列举的一些上市公司高管人员潜逃、失踪等问题，造成的损失之所以那样巨大，后果之所以触目惊心，一个重要原因就是没有人对股民负责任。在证券监管形同虚设、过于无力和松散的情况下，一些上市公司管理也十分混乱，这为"硕鼠"和"盗贼"提供了方

---

① 本部分发表于2006年5月16日《中国企业报》，收入本书时有修改。

便，这正是国家财产和股民资产大量损失的重要原因。

（3）上市公司"辅导"和"包装"后患无穷。我们的股份公司上市前往往要由证券公司进行"辅导"和"包装"。说穿了有不少"辅导"是在"圈钱"。有的公司因此上当受骗，钱被卷走，无果而终。关于"包装"就更成问题，编假情况、做假账、虚假陈述、虚构业绩。一位在国家会计学院工作的教授，曾经在会计师事务所工作过多年，他在向各方学员讲课时说，为了上市很多会计师事务所会做假账。资深业内人士介绍，虚假陈述、虚构业绩是很普遍的。

我亲眼看到，某国有企业，长期管理混乱，投资担保失控，投资经营效益低下，企业名存实亡，贷款本息和对外担保高达60多亿元。就是这样一个不断收到十几个省30多家法院的传票、涉诉案件达200多起的公司，竟然也能同系统内的下属公司联合包装出一个上市公司。上市后这个国企占总股份的40%，募集资金近5亿元。由于弄虚作假，公司刚上市，全部股权就因欠别人债款而被执法单位全部冻结，等于这个"包装"上市的公司一点股份也没有。而且至今还在履行自身"没有股份"的控股权，垄断着上市公司的一切权利。由于大部分股本被冻结，公司长期被"ST"，至今未能正常运转。公众认购5亿元股金，至今无任何回报。而且这笔钱正在被浪费、被吞噬、被侵占，越来越少。

（4）上市公司的管理体制需要改革。上市公司问题严重，不仅与证券管理公司监管不力有关，也与公司的管理体制不合理脱不了干系。为克服上市公司的多种弊端，需对其管理体制进行认真改革。

一是改革申请上市公司的一股独大和垄断管理权利。我了解的一家上市公司，脱胎于某国有企业，因该国企占了大股，所以就理所当然成为董事长单位。公司总共7名董事，由第一大股东推荐4名；独立董事4名，由第一大股东推荐2名；监事会副监事长由第一大股东担当。9名监事中，第一大股东推荐3名；另外3名职工监事，也因公司由原国企脱壳而出，所以职工监事也就不可避免地由原国企"派送"，被上市方所控。

诸如上面这样的情况，董事会、监事会不可能吸收不利于控股方的建议。实际上，第一大股东垄断了董事会大权，也同时控制了监事会。如此这般，有谁还能替其他股东讲话，股民的权利由谁代理呢？因此，应改革一股独大问题；或扩大小股东的权利，扩大董事会和监事会名额，以稀释和弱化上市单位对上市公司的管理权，从而打破控股方的垄断，保证上市公司合理运转。

二是公司股权应按总金额重新划分，增加小股东和公众股民的话语权。上市公司募集资金后，原股东的权益应按股民和小股东所占份额，在公司按比例设董事席位。这些席位可叫"独立董事"，但不能由大股东推荐。应由证监会选派候选人，让股民投票竞选。独立董事需恪守岗位尽职尽责，代表监事会和广大股民行使监督权利。

三是对虚假陈述、虚构业绩而上市的欺骗股民的公司，要取消其控股资格。例如前面所讲到的，在刚上市后控股方资产全部被冻结的情况下，应该对控股公司按冻结资产价值，减除所占股份，按比例降低控股公司一切权益，除此之外，还要对原公司进行通报和严惩。

四是在公司因故停止运营情况下，不得动用发行股票的集资款。在此期间，领导层不得拿高薪、全薪，更不得用发行股票集资款发放补贴、奖金和购置高档办公设备及车辆等。

五是对公司进行财物审计的审计事务所，不得由公司自聘自选，特别是在一股独大垄断管理权的情况下，要坚决杜绝这种做法。审计事务所应由证监会选派，而且不能一成不变，应依需要进行更换。

六是统一监事会的职责，放宽监事会的权利，加强对上市公司的一线监督。监事会应代表国家利益、股东利益来行使权利，从而确保国家与股民利益不受侵害，促使中国股市更加健康、活跃。

（三）承担社会责任，是企业可持续发展的重要保证①

前些年哈佛商学院教授迈克尔·波特曾经在北京大学这样讲道，"一定要使企业认识到，企业的健康需要社会的健康来保证"。在他看来，只有社会健康发展，才有企业的更大成功。

2009年，日本企业家稻盛和夫在北京大学说，他之所以能够创办两个世界500强企业，两个重要的原因就是社会各方面提供的支持和员工对公司的热爱及付出。他认为每个人的生存都要依靠周围环境和获得他人的支持，他主张企业要感恩社会，要以"亲切、同情、和善、慈悲之心去待人接物，利人才能利己"。在2008年国际金融危机中，他的两家公司没有裁掉一名员工，这不仅调动了员工的积极性，也使公司在战胜危机方面走在了日本前列。

改革开放30多年来，我国有数以万计的企业，从无到有、从小到大、从弱到强，这主要得益于国家的改革开放。没有改革开放的好形势，就不会有民营企业、国有企业，以及外资企业在中国的蓬勃发展。因此，不论过去和将来，所有企业的发展都离不开国家发展的大环境。为此，企业一定要关注和爱护国家的大环境，一定要使企业本身的发展与国家宏观政策相适应。

在西方，一些宗教也倡导企业承担社会责任。我在天主教堂内，就曾看到做生意要诚信的信条，实际这就是把"诚信"当作了企业的社会责任。随着工业化的推进，企业的社会责任又逐步扩大到劳工权益、慈善捐助与环境保护等。我国提出企业社会责任问题是从20世纪初开始的，自实行SA8000（社会责任标准）开始，企业社会责任越来越引起社会关注。我们姑且不谈SA8000能否作为企业进入国际市场的通行证，但是，SA8000作为企业的社会责任标准，的确成了世界上很多国家关注的一个命题。企业承担社会责任，总的来说，是有利于企

---

① 本部分发表于2010年4月14日《中国外资》，收入本书时有修改。

业和社会的可持续发展的。在这次美国次贷危机引起的国际金融危机中，有人责怪包括格林斯潘在内的一些金融界人士，抱怨他们缺乏应有的社会责任。这些金融界人士是否应当承担责任暂且不做定论，但是我相信，这次国际金融危机后，各国会更加重视企业的社会责任。

当前，在我国，从上到下都在认真落实和践行科学发展观。科学发展观是马克思主义与时俱进的科学理论，是我国经济社会发展的重要战略思想和指导方针，第一要义是发展，核心是以人为本，基本要求是全面协调可持续，根本方法是统筹兼顾。贯彻科学发展观，就是要确保社会又好、又快发展，要构建和谐社会，就要把民生问题作为发展、改革和稳定的结合点。要做到这一点，必须有企业的参与和协作。社会与企业是相互依存的，企业的发展是离不开社会的。企业与社会的关系，就如同汗毛与皮肤、头发与脑袋的关系。如果皮肤和脑袋出了问题，汗毛和头发也将不会存在。有的企业一味追求利润最大化，而不惜偷税、漏税，制造假货、浪费资源、污染环境、压低和扣发工人工资，甚至置工人的健康于不顾。这样做不仅无法落实可持续发展观，构建和谐社会，而且也不利于企业的长远发展、持续发展。因此，企业也要学习和践行科学发展观，强化自己的社会责任感，只有企业把更多的社会责任担起来，才能获得企业与国家的双赢，实现共同繁荣与发展。

在2007年，我曾经就企业要承担怎样的社会责任提出过8条建议，这里进行简要介绍。

（1）承担起又好又快发展的责任。国家的发展建立在企业发展的基础上，只有企业发展了，国家才能有发展。因此，作为企业，必须要承担起发展的社会责任，把发展作为第一要义，坚持发展是硬道理。当今中国解决一切问题，都离不开发展的推进。无论是增强国力，还是提高国民收入，改善人民生活，保障社会稳定，没有发展都将无从谈起。为此，广大企业一定要以发展为中心，以发展为前提，切不可三心二意，或像前年东莞的某些企业那样，把发展的资金挪去炒股票，以致企业破产和倒闭。企业的发展一定要以科学发展观为指导，坚持以人为本，搞好全面发展、协调发展和可持续发展。

（2）承担起缴纳税款的责任。税收，是国家财政的保证。没有税收做国家财政收入来源，政府就难以运行，国防就难以安全，国家就难以发展。企业作为主要税源，肩负着为国家纳税的重要任务。因此，企业一定要有纳税的责任心和使命感，积极承担起缴纳税款的社会责任，确保国家财政收入的稳定增长和国家的正常运行。有些企业为了偷逃税款，做假账、做两本账，这不仅对企业本身的发展是极其有害的，也是不利于国家发展的，因此，必须予以严厉打击。

（3）承担起节约资源的责任。我国的可持续发展，正面临资源的有限性、稀缺性和耗竭性的矛盾和困难。我国人均森林面积是世界平均水平的1/3、人均水资源量是世界平均水平的1/3、人均矿产资源是世界平均水平的1/2、人均石油占有量是世界平均水平的1/10、人均天然气占有量是世界平均水平的1/20。在这种情况下，在生产方面，我们对资源的浪费仍然十分严重。2005年我国GDP仅占世界4%，而消耗的石油、铝、铜、镍、钢、煤、水泥却分别占到世界7%、19%、20%、21%、25%、30%、40%，我国单位GDP能源消耗是世界平均水平的5.9倍，是美国的4.3倍、是日本的11.5倍。我国资源消耗占国民收入的比重是日本、法国、韩国的100倍，是德国、意大利、瑞典的30倍。投入高、产出低的情况既普遍又严重。企业作为资源消费的主体，为落实科学发展观，一定要承担起节约资源的社会责任，降低成本、提高产出，确保可持续发展。

（4）承担起保护环境的责任。随着工业的发展，我国环境污染也愈发严重。目前我国农药污染、二氧化硫污染、汞污染、有机物污染指数均排世界前列。水体污染、大气污染、垃圾污染、噪声污染、食品污染等也已经严重影响了人民生活水平的提高和社会的和谐发展。我国工业废物的排放密度是德国的20倍，是意大利、韩国、美国、日本的10多倍。空气污染是法国、加拿大、瑞典的7倍，是英国、澳大利亚的4倍。另外，水作为生命之源，其污染更为严重。由于水质污染，我国有3亿多人面临饮水不安全的问题。酸雨和二氧化硫污染，使一些城市肺癌发病率比20世纪70年代增加了8—10倍。所有这些问题，都与企业技术水平偏低和环境保护意识不强有关。因此，企业必须承担起保护环境的社会责任。大力进行科技创新，发展循环经济，减少废物、废水、废气的排放，搞好"三废"的回收与处理。

（5）承担起保护职工权益的责任。人力资源是社会的宝贵财富，也是企业发展的强大支柱。保障职工的生命安全、身体健康是企业更好发展的重要条件，也是社会和谐发展的重要方面。一些企业由于不重视保护职工权益，致使职工的生命健康不断出现问题。曾有报道，我国每年有上万名工人出现工伤，死于工伤的人数也很多。有的单位因不注意劳动保护，大量工人患上硅肺病。河南郑州出现的"开胸验肺"事件就说明一些企业缺乏社会责任。另外，无限延长工人工作时间，极度压低和克扣工人工资现象也十分普遍。这些问题不解决，不仅企业难以长久，社会也会不稳定。因此，无论从企业利益还是从国家利益考虑，企业都应该切实承担起保护职工权益的社会责任。企业要遵纪守法，爱护企业员工，搞好劳动保护，不断提高工人收入水平。此外，一定要多与员工沟通，充分调动企业员工的积极性。

（6）承担扶贫济困和关心慈善事业的责任。我国是一个拥有13亿人口的大国，发展的不平衡和其他因素，导致社会上仍有很多人生活困难，需要救助。比尔·盖茨在2003—2007年的4年中向慈善事业捐款高达283亿美元，占其资产的37%。与此同时，他的生活却十分简朴，经常是轻车简从。2008年汶川地震后，一些企业表现很好，但也有一些企业不仅自己捐款很少，还限制职工捐款，为此受到网民的唾骂。我想企业家应引以为戒，更多地学习国内外一些企业的好做法，把扶贫济困的社会责任担起来。

（7）承担起明礼诚信，确保产品货真价实的责任。当前，一些企业诚信缺失，为追求利润最大化不择手段，不顾人民群众生命安全的

事件不断出现。以三聚氰胺事件为例，这实际是安徽阜阳"大头娃娃事件"的继续。大头娃娃的出现是因为奶粉造假，添加的蛋白质不足，使一些孩子缺乏蛋白质。这一事件曝光后，其他企业没有从中接受教训，反而把化工原料的三聚氰胺拿来添加在牛奶中，来提高检测时的蛋白质检测值，以致造成29万多婴儿得上了肾结石，同时也使一个经营了50多年的大公司轰然倒下，相关负责人也因此锒铛入狱。又如房地产行业，一些企业无休止地追求暴利，以致房价脱离了广大群众购买能力，这不仅使一些企业面临倒闭，也给银行带来了风险。因此为了国家安全、人民健康、百姓福祉，我国企业必须要承担起应尽的责任。

（8）承担起加大科技投入，进行技术创新的责任。改革开放后，我们引进了大量的国外设备和技术，对我国科技水平的提高起到了巨大的推动作用。但是由于对国外技术依赖过大，造成我国出口企业的利润极低，同时也使我国企业发展失去了自主性。上海是中国科技力量最强、创新能力最强的城市，但是，2004年，上海企业对国外的技术依赖度却高达75%，同1993年相比，技术依赖度又增加10个百分点。因此，为了提高中国企业的生产效率和效益，提高中国经济的自主性，我国广大企业一定要肩负起技术创新的社会责任，要像武钢、奇瑞那样，拿出足够多的资源投入科技研发，搞好科技创新。

总之，企业的发展，离不开社会的健康发展。企业承担社会责任是企业发展的重要条件。

第十二章　建言科技，披肝沥胆

　　科技工作是任玉岭的老本行，他在大学学的是生理生化专业，细分方向是微生物专门化，在20世纪50年代这个专业属于科技的前沿。任玉岭在学生时代参加了中国科学院的燕山植物考察队，植物考察本身就是研究工作的一部分。1960年任玉岭提前毕业留校任教时，还兼着链霉素的研究。1962—1982年这20年中，他曾工作于天津工业微生物研究所、第一轻工业部食品发酵工业科学研究所、中国科学院微生物研究所。他承担的研究课题，有地方、部委和国家攻关任务。他牵头或参与的很多项目，都取得了重要成果。比如，他牵头完成的国家"十二年科技规划"任务之一的发酵法味精生产成果推广后，全国建起210家味精厂；他还参与了中国第一个酶法制葡萄糖车间及第一个甘露醇生产车间的筹建、试车、投产。

　　1982年后，他调任到国家科委新技术与基础研究局工作，推进农业、工业、食品和石油、矿业、环保行业的生物技术的研发。他还参加了中国生物技术中心、中国—欧洲共同体生物技术中心、中国星火总公司和中国味精技术公司及广东江门中国生物工程基地的筹建。中国星火计划正式实施后，他分管酒类和生物技术产业、饮料及食品产业、饲料及饲料添加剂产业、医药与保健品产业、蘑菇等食用菌产业及发酵设备与传感器产业的立项和推动。到北海市政府工作后，他除了分管规划、土地、城建、房地产、招商引资、开发区管委会及驻外机构外，还一直分管科技、海洋、地震与知识产权等方面的工作。

任玉岭从事研究工作期间，牵头翻译出版了三部共五册科技专著，因此还患上了颈椎病。为了减轻颈椎疼痛，在国家科委工作期间，他用砖头将办公桌垫高8厘米左右。此外，他还发表了不少科普文章，并参与了《跨世纪科技》《科学技术的今天和明天》以及《大百科全书》生物卷等的撰稿。由他撰稿的《人类的敌人和朋友》制作成科普电影后，还获得了文化部的相关奖项。

1979年中国科协在上海浦江饭店举行了第一届全国科普大会，任玉岭应邀出席了会议。在那里，他结识了高士其、刘述周、茅以升、于光远等老前辈。回京后，任玉岭被吸收为第一批中国科普作家，接受了编辑《高士其科普选集》的编选任务及《家庭卫生》一书的撰稿工作。

他在科技领域的诸多经历，使他不仅熟悉科技工作，而且也更加热爱科技工作。1993年他担任全国政协委员后，被推选为科技专业委员会委员，为国家科技发展做了不少建言。他在"开发区二次创业""资本市场创业板的出台""大飞机制造""高科技产业化""循环经济发展"等方面的建言都引起了有关方面的高度重视，为科技发展做出了贡献。

以下是任玉岭科技建言的部分内容。

一、关于促进高科技产业化的八点建议[①]

（一）高科技选题要重视应用和市场

据调查，很多高科技成果难以产业化的一个重要原因在于，科技工作者没能重视应用和市场。不少科研工作者常以发表文章论英雄，科研与生产两张皮，导致在研究项目取得成果后，不能被市场接受，也就无法投入生产。与此相反，一些与市场紧密结合的项目、市场容

---

① 本部分发表于2003年11月《中国高科技产业》，收入本书时有修改。

量较大的产品投入生产后，因能够创造较大效益，所以往往是成果在转化过程中，生产厂家就已经到研究单位登门求购。例如，20世纪60年代我们承担的"十二年科技规划"项目之一，用生物技术生产味精，是当时赶超国际先进水平的应用课题。该项目从一立项，就明确在培养液中蓄积谷氨酸量要达到4%以上，才算成功。按此目标完成这一攻关任务后，因其用粮量由32吨下降到5吨，用粮品种由小麦转成了薯干，生产条件大为改善，成本大为降低，所以推广起来十分容易，不到5年的时间就在全国建起210家味精厂。因此，高科技的研发工作，绝不能只考虑论文，而忽视实际应用。一定要从实际出发，从国情出发，在研究选题时就要防止科研、生产两张皮，要更多关注它的应用和市场。

（二）高科技的研发要重视成果的成熟度

如同树上的果子一样，不成熟的果子，又苦又涩，是不会受市场欢迎的。高科技成果也一样，刚一结了果，就以为万事大吉了，就去评成果、报奖励，这是成果难以转化的根本原因。根据我的体会，高科技研究要育出成熟的果实是十分艰难的。要进行产业化的高科技项目，应是以其产业化后的经济效益作为最终目标的。如果科技成果的经济技术指标达不到要求，进入生产后，由于投入过高，产出过低，反而不能在市场赚钱，取得经济效益，这样的高科技成果是不成熟的。我们国家在20世纪六七十年代，对一些应用性科技的研究开题立项时，即按生产需要制定出明确的经济技术指标，规定的指标达不到，就不能报成果，当然更不能获奖励。我认为，在今天发展高科技时，仍应立足于产业化的要求，从开题立项之时，就应该从生产和市场实际出发，明确其经济技术指标，把目标的是否实现，作为其是否可以定为成果的标准之一。只有达到相关经济技术指标的，其成果才有意义，这样的成果转化起来，才会更轻而易举。

（三）高科技的成果评定与奖励应该从严掌握

多一些奖励，固然有利于鼓励广大科技人员的进取精神，但是，奖励过多、过滥，就会导致浮躁现象的产生。本来产业化是硬碰硬的指标，没有过硬的技术，就不可能实现产业化。作为应用性的高科技，其成果的申报或授奖一定要从严掌握，否则就会出现成果转化率很低的现象。当今，有些高科技研究，刚有一些苗头，或是作为科学上的发现，在国外刊物上发表文章了，就被认定为是成果了。当然，有一些发现从基础理论来衡量，说它是成果也无可厚非，但是把它同技术上的成果等同起来是不合适的。事实上很多科学现象的发现，离技术上的创造还有一个遥远的过程，还需要做大量的工作。例如，在自然界发现某种微生物可以产生某种氨基酸，是相对容易的，而要将这种微生物产生这种氨基酸的能力提高到符合生产要求，并能形成很好的经济效益，是艰难得多的。因此，在评定成果和授予奖励时，应该把发现和创造相区别，对技术性成果既要从严把关，又要更多地支持和重视应用性研究和技术性创造。这样，才可能提高高科技成果的转化率，高科技产业化的目标才容易实现。

（四）高科技产业化需要政策的引导和激励

近年来，我国高科技产品出口有了大幅度的增长，2002年占我国出口额的20.3%，应该说这是了不起的成绩。但是，需要指出的是，中国高科技产品出口的主体却不是国有企业和国内的科研院所。1999年，外商独资企业占全国高技术出口额的44.5%，中外合资企业占29.0%，合计占73.5%。因此，真正的国内企业或国有品牌仅占26.5%。出现这种情况的原因既与国内高科技成果不过硬有关系，也与我们的政策导向相关联。以汽车为例，在国家实行进口汽车高关税政策时，生产汽车成了国内的暴利行业，各地争先恐后地兴建汽车生产线。因为当时进口车有高关税，国产车在进口车价格甚高的情况下，一直有着较高的利润空间。这样，很多企业就满足于效益而不去组织技术攻关和吸纳高新技术成果，这就抑制了我国汽车技术的提高和发展。为了推进中国高科技的产业化，一定要接受这一教训，要有适宜的政策和产品价格引导来激励广大企业吸收和应用高科技成果，促进企业的创新和发展。

（五）高科技产业化需要提倡"身土不二"精神

任何高科技的发展都离不开市场的推动，离不开应用和实践。技术是在应用与实践中不断总结经验得以提高的。因此，要推动中国高科技的产业化，就一定要鼓励国内企业采用国内技术，更需提倡中国公民多用中国产品。韩国到处贴满了"身土不二"的广告和宣传标语，很多产品的包装上都印有"身土不二"四个字。"身土不二"就是生在哪里，长在哪里，就要吃哪里的东西，用哪里的产品，是"国人要用国货"的同义语。韩国当年的汽车质量并不强，但在韩国的马路上却很难看到外国车。"身土不二"的精神为韩国汽车开辟了市场，也给韩国汽车提供了提高与发展的演练场地。我国的高科技产业，需要学习韩国这种"身土不二"的精神。例如，中国要发展自己的大飞机，不提倡这种"身土不二"的精神，恐怕将永远发展不起来。又如，我国农副产品加工设备，到各地有关的大企业看一看，设备几乎都是从国外引进的。

（六）高技术的研发应力争做到以企业为主体

高科技的研发成果最终大多都是要通过企业应用于国防或工农业生产的。因此，高科技的研发应该力争做到以企业为主体，这样，高科技成果的转化就会直接得多、容易得多。所谓以企业为主体有两种模式：一是企业出资金，企业选项目，委托大学和研究院所去研究；二是壮大企业的研发机构和研发力量，企业根据生产的实际需要组织研发，资金由企业划拨和国家适当补助。这两种模式在美国、日本等国家是较普遍的。我在美国哥伦比亚大学考察时，发现其每年2.5亿美元的研发费用中，有1.5亿美元是由企业支出的。我在日本三得利集团考察时发现，其研究院经费开支占到企业利润的15%。正因为国外企业是高科技的研发主体，所以其研发目标比较明确，所得成果就很容易转化为生产力。我国的科技研发，号称研发投入已经占到企业投入的60%，而深入了解后发现，我国某些企业，在研发方面的投入都还未到营业额的1%。由于高科技的研发依然以国家投入为主，而且又主要投入到研究院所与高校，所以科研的目标，还多是瞄准发表文章和获奖。在这种情况下，就难免出现学术文章成果虽然很多，但能最终转化为生产力的成果却很少的不对称现象。所以中国要推动高科技产业化，就要从体制上入手，要么改革研究机构，减少对其投入，使其真正企业化；要么通过政策和经费扶植企业研发机构的建立和壮大，最终做到高科技的研发能以企业为主体，从根本上破除高科技实现产业化的障碍，化解高科技产业化的难题。

（七）高科技的研发要重视为传统产业的改造服务

高科技的发展固然开辟了很多新兴产业，但是，事实证明，传统产业依然是高科技施展才干的广阔天地。社会是由人构成的，而人们的衣、食、住、行大多还要靠传统产业来支撑。因此，我们发展高科技产业的同时，还要重视对传统产业进行改造，只有把更多的注意力放到对传统产业的改造上，高科技产业成果才能有更广阔的天地，才能更容易转化为生产力。例如，生物技术的研发作为我国高科技支持的重点领域，20年来取得了很大进展。但是不能不看到虽然我们对开辟新药的生物技术研究是十分重视的，却对传统生物技术产业，如抗生素、氨基酸、有机酸、维生素、酒精、丙酮、丁醇、酒类、酱油、醋等的改造研发十分欠缺。这些传统产业的工厂星罗棋布，其产值高达2000亿元左右，但是，这些产品的生产菌种、生产工艺、生产设备迄今为止还要从国外大量进口。就以汽车乙醇（酒精）的生产为例，为了消化库存，也为了解决石油的紧缺问题，在吉林市和南阳市分别建设了60万吨和30万吨乙醇厂。我在吉林乙醇厂考察时，发现菌种、工艺和绝大部分设备都是从国外引进的。我们国家在100多年前就有了酒精厂，但作为一个酒精生产大国，却没有先进的技术来扶持它。类似的情况还有很多，例如剃须刀，都进入21世纪了，我们连一次性剃须刀还生产不好。20年前我在国外的地摊上买的一次性剃须刀，可以干刮，连续用半个月都没有问题，而我国高级宾馆的房间内的国产剃须刀，干刮还刮不动。如此常用的东西，又有巨大的市场，却没人去关心。又如心脏支架，在国外只需300美元左右，而到国内卖到近3万元，主要原因是国内不会生产。因此，高科技的研发，如果多关注这样一些领域，其成果也会极易转化，推广起来也会容易得多。

（八）高科技"孵化器"需加强和完善孵化功能

为了促进高科技产业化，我们的一些高科技开发区都建有高科技转化的"孵化器"，旨在通过孵化器提供中试基地，使科技成果能从"鸡蛋"孵化为小鸡。美国在20世纪80年代初就采用了这种办法，促成了很多科技思维向科技成果的转化，并孕育出一批科技企业。我们很多高科技开发区的孵化器，也为科技成果的转化和科技企业的创立提供了很好的条件。但是，一方面，现有的孵化器数量十分有限，远不能适应每年大量产生的科技成果转化的需要；另一方面，孵化器的功能十分有限，很多科技成果在这里难以找到转化的中试条件。科技成果门类甚多，所要求的中试条件比较多样，现在的孵化器除能满足部分IT和医药成果的转化需求外，是不具备更多产业成果的转化条件的。因此，要促进高科技的产业化，还要加强和完善孵化器的功能，国家应加大对科技成果转化的中试投入，对孵化器应具备的功能提出进一步的要求，特别要适应国家振兴装备制造业和农产品加工业的形势需要，使孵化器能为推动科技成果的转化提供更全面的服务，为高

科技产业化做出更大贡献。

二、关于狠抓"军民结合"、突破"大型民用飞机"的建议①

大型民用飞机，是当今人们远程旅行最主要、最快捷的交通工具。伴随经济全球化和旅游业的高度发展，人们对飞机的依赖度与日俱增，大型民用飞机的需求量越来越大。

我国有13亿多人口，国土面积辽阔。随着改革开放的发展，人们的经济收入逐渐增长，民航事业蒸蒸日上。特别是近几年来，我国对大型民用飞机的需求量迅速增加，每年都需要花费上百亿美元，确保数十架飞机的进口和增添。

尽管如此，我国民用飞机的拥有总量，还赶不上美国一个航空公司，民航飞机的总数量还不到美国的1/5。广州白云机场是我国最繁忙的机场之一，年旅客吞吐量有2032万人，这同曼谷机场年吞吐量3796万人相比还有差距。从长远看，中国对民用飞机特别是大型民用飞机的需求量还会成十几倍的增长。国内对大型民用飞机的需求，除了新增旅客的需求外，旧机的更换任务也越来越重。为了改变民用飞机对进口的依赖度，我国于20世纪90年代在上海开展了与美国麦道飞机公司的合作。曾指望通过这一渠道，促进我国民用飞机的发展，但是由于合作方的保密与不配合，我们一无所获。这不仅弱化了我们自主开发民用飞机的紧迫感，增加了对国外的依赖度，而且还耽误了我们十几年的宝贵时光，推迟了我国大型民用飞机制造业的发展。

历史的经验证明，我国的最大优势，就是能在党中央、国务院的领导下，集中力量办大事。在新中国成立初期，国力十分微弱的情况下，我们成功研制了"两弹一星"。改革开放以来，航天技术飞速发

---

① 本部分选自《任玉岭：政协委员履职风采》，中国文史出版社2018年版，收入本书时有修改。

展，成功发射了"神五""神六"载人飞船，我国的航天事业走在了世界前列。因此，我们完全有可能、有理由、有条件，集中力量进行大型民用飞机的制造。

大型民用飞机的制造，涉及上千种元件和材料，是一个产业链极长、科技需求极大的产业，但同时也可以带动很多新材料、新原件、新技术、新行业的发展。将大型民用飞机作为龙头，一定会纲举目张，在一个宽领域、大范围内牵引一批技术的自主创新和发展，最大限度地调动起一大批多学科技术专家的积极性，为建设创新型国家做出贡献。

为了带动经济发展，培植新的经济增长点，我们必须改变我国大型民用飞机生产的空白现状，加快推进大型民用飞机的研制和生产，一定要狠抓"军民结合"。

对飞机有研发生产能力的单位和企业，现在多分布于军工行业，而与此相配套的各种新型材料、设备等，又绝大多数分布于民口企业中。因此，要研制大型民用飞机，必须要高度重视整合和调动军民两方面的积极性，使两方面的力量都能得到充分发挥。

在军民结合方面，在改革开放后的20世纪八九十年代，军工利用自己的设备生产民用产品，军工单位和企业通过发展民用产品找饭吃。走的是一条"靠民养军、军用优先、常备不懈"的道路。而今不同了，在军工经费供给比较充分的情况下，实际已不存在"靠民养军"找饭吃的情况。这时如果不从更高层次上理解和推动军民结合，我们就会贻误时机，浪费资源，影响军民两方面的互动和发展，也影响自主创新的推进和创新型国家的建设。

因此，我们必须把"军民结合"提升到战略高度，重视对军民结合的促进和发展。在2005年的全国科技工作会议上，党中央提出了"军民结合、寓军于民"的国防科技创新体系。我们应该借鉴国外在国防工业转型方面淡化兵种分类、淡化军事行业的做法，通过对民用技术、民用工业等的支持和扶植，使更多的军用装备能在民用工业领

域进行制造和生产。

在推动大型民用飞机的研制与生产方面，同样要按照"寓军于民"的战略，转变观念，解放思想，整合好军、民两方面的技术资源和力量。

针对民用大型飞机研制与生产的需要，提出如下建议。

（一）建议在陕西建设中国航空工业开发区

陕西军工门类齐全，航空、航天优势突出，是我国飞机总体设计、生产制造、试验、试飞、适航审定、产品支援、教学服务最完备的地方。应该像建设天津滨海新区那样，在陕西划定一个航空产业开发区，以陕西现有的力量为基础，以开发大型民用飞机为目标，在国家财政和政策的支持下，聚集国内外的技术、资金和人才，全面推进航空技术的系统集成和创新，确保形成大型民用飞机的研发、生产一条龙。

（二）打破现有管理体制的束缚，推进军工经济与地方经济的融合

当前亟须打破民用飞机产业发展由军工集团控制和主导的管理模式，以及因条块分割造成的各自为政、缺乏力量整合和技术集成的体制弊端。因此建议，航空产业开发区的建设应在中央指导下，实行地方政府管理。国家下拨大型民用飞机的研制费用，不宜向各军工集团分散，而应"戴帽"下达开发区各有关企业。为强化领导，加强管理，还需强化地方的调控权，应在国家发改委、科技部和国防科工委的共同指导下，由地方政府指导企业的力量整合与招商，大力推进军工企业之间、军用与民用企业之间、本地与外地企业之间、中国企业与外国企业之间的互助与合作。

（三）加快建立"寓军于民"的国防科研生产体系，引导和带动社会资源参与大型民用飞机的研发与生产

为了广泛动员社会力量参与大型民用飞机的研制与开发，建议国家有关部门根据党的十六大和国务院〔2005〕3号文件精神，研究出台关于鼓励支持和引导非公有制企业参与军工产品和大型民用飞机所需材料、部件的研制与生产的有关政策和办法。应通过进一步解放思想，完善政策、法规和制度，放开搞活军工生产，使更多的民营企业、民间资本和民间技术力量为军工和大型飞机的研制做出贡献。

（四）认真解决投入问题，把大型民用飞机的研制开发基地建成"军民结合、寓军于民"的示范区

从1994年税制改革以来，我国普遍存在事权下放、财权上收问题，很多好的企业、好的部门收归国有，而破产企业问题和失业人员留给了地方。在地方财政困难的情况下，一些民口的军工研发和生产单位缺乏资金的支持和扶持，设施条件差，人员工资低。低水平的操作和严重的人员流失，直接影响了研发和生产。我们在汉中视察完"陕飞"公司后，虽然看到了它们那种因陋就简、克服困难的创业精神和为大型货机的生产做出的重要贡献，但是"陕飞"的生产装备和生产条件很不尽如人意。因此，为了大力推进大型民用飞机的开发，一定要对这样的企业加大投入，在更好地发挥他们的创业精神的同时，要尽快使这种大型民用飞机的生产进一步规范化、数字化、标准化。对陕西中国航空工业开发区的建设，更是需要集中财力加大投入，进行总体突破，严防投入分散，利益均沾，削弱主体。例如各种贵重金属材料的研制和生产，应该集中财力在一个点上，建设"小锅工程"，确保各种贵重金属材料的生产和供应。

（五）进一步推进资源共享，使国家科技资源为大型民用飞机开发更好服务

应该说，经过几十年的建设和发展，我国不论是国防科研资源还是民用科研资源，都已经拥有了雄厚基础。各种检测设备、计量站点、测绘机构，不仅拥有大量的技术和装备，而且积累了大量的数据

和资料。但是，由于体制弊端，管理分散，在自立门户、各扫门前雪的情况下，重复购置、重复建设，造成了科技资源的严重浪费。因此，为了大型民用飞机的研制与开发，应该进一步促进科技资源的共享，使可能利用的科技资源都调动起来，以降低研发成本，加快研发进度。

三、关于加快嫦娥工程立项与落实资金的建议①

这里我受国防科工委栾恩杰同志的委托，就嫦娥工程的研发工作谈一点建议。

国防科工委曾经提出和上报了嫦娥工程项目的申请报告，以绕月、探月为内容的嫦娥工程，是重要的航天事业发展领域，现已经过专家的论证。专家认为工程上马的时机已经到来，这不仅因为中国的经济水平已经上了一个大台阶，有了开展这项工作的实力和条件，同时因为我们的航天事业这些年取得了很大进展，先后几次神舟飞船的成功发射及顺利回收，都给我们实施嫦娥工程打下了坚实的技术基础。我们已经完全具备了绕月和进一步探月的条件。

但是由于种种原因这一项目的申请报告报出后，没能获批，据说拟放到2005年制定科技长远规划时统筹考虑。而鉴于日本、印度都在做绕月和探月的研发，如果拖到两年以后再考虑安排，我们的绕月与探月就很可能会落在日本和印度之后。对于作为一个在航天方面这些年步伐迈得较快、取得成就相对较多的国家，显然嫦娥工程是需要认真对待、认真研究的。

为了不使我们的绕月工程落在日本、印度之后，很有必要对这一项目实行特事特办，不必再等长远规划统筹安排。经嫦娥工程筹备办公室的估算，该项目总需资金19亿元，他们也曾考虑尽量利用原有的

---

① 本部分为2003年任玉岭在一次座谈上的发言，收入本书时有修改。

一些条件，但至少也需要17亿元。恳请相关领导能够对国防科工委原先的报告重新定夺。

四、早日催生资本市场创业板的建议①

应尽快把我国资本市场的创业板搞起来，为我国经济的跨越式发展做出贡献。为此，我向全国政协会议提交了《关于催生资本市场创业板早日出台的建议》提案。

美国一直处于世界领先地位，这得益于它在信息技术方面的突破和发展，而这些突破和发展又得益于纳斯达克这一资本市场的创业板支持。甚至印度的一些软件、中国的某些网络公司取得意想不到的快速发展，都得益于纳斯达克创业板资本市场的支持和影响。同时，韩国的创业板市场对韩国较快走出金融危机，对经济发展起到的促进作用也值得我们借鉴。为此建议如下。

提高对创业板资本市场的认识，增强对创业板出台的紧迫感，有关方面要早日上报创业板报批文件，争取早日获全国人大常委会审批。

尽快对《公司法》中有碍创业板出台的有关条款进行调整和修订，如股份公司上市必须要有三年赢利的要求，必须做出修改和完善。对股份公司在创业板上市，要从实际出发，做出需要两年活跃业绩而并不需要赢利的规定，以保证创业板上市工作的开展。

为了防止炒作和投机，要制定相关的运作法规和条件，尤其要高度重视技术的审核和会计的监管，一方面要建立各专业的技术专家委员会，规定专家的权利和法律责任，以确保上市公司提供的技术及其技术含量和效益的真实可靠性；另一方面需要严格要求会计师事务所加强财会、会计监管工作，并明确会计师事务所承担的法律义务和责任。

---

① 本部分发表于2003年3月《科技日报》，收入本书时有修改。

五、科学家经济学家都来学习任正非[①]

很高兴，应第四届中国科学家与经济学家年会的邀请，在这里同各位科学家和经济学家们就中国的创新发展进行探讨和交流。

大家知道，美国挑起的中美贸易战，不仅成了我国各方面关注的热点问题，而且成了世界各国关注的热点问题。

此中有一个热点的热点，就是美国对中国华为公司的打压，它们不仅在加拿大逮捕了任正非的女儿孟晚舟，而且把华为列入实体清单，下令美国公司对华为进行芯片等元件的"断供"，企图打垮华为。

在这种情况下，有很多人担心美国对华为的打压，会造成中国5G技术研发的中断、搁浅，而致军民信息的掌控权完全落在他人之手。欧洲一些国家也因此准备停止与华为的合作。社会上各种各样的传言此起彼伏。

但在今年1月，世界几大媒体陆续刊出对任正非的采访报道后，使人们了解了华为的真实情况。华为的水平和实力不仅增强了我们的信心，也使很多国家开始对我们另眼相看。欧美各国公司与华为合作的继续，包括美国谷歌公司又恢复了对华为的芯片供应，都说明了华为的真实能力和水平。

那么，为什么会出现这种形势的逆转？根本原因还在于华为对今天贸易战的"断供"早有准备。早在进入21世纪时，华为就已经有了做"备胎"的打算。今天的华为，不是美国政府靠控制谷歌对芯片的断供，就可以被打倒的。华为早有了自己的芯片，而且价钱比谷歌的产品还低得多，但华为每年一半的芯片是购买美国的。正如任正非在采访中提到的，华为不能孤立于世界，应该融入世界。

[①] 本部分为任玉岭2019年6月在"第四届中国科学家与经济学家年会"上的发言，收入本书时有修改。

华为之所以能够有今天的逆势上扬，能够为国家争取来主动权，一个重要原因是华为有一位高明的掌门人。根据相关信息，我将他的家国情怀与精神归纳为以下五点。

（一）"不忘初心、牢记使命"的高尚情操

华为有"中华有为"之意。如今的华为约有 19 万名员工，是世界第一大通信设备供应商，业务遍及 170 多个国家和地区，服务 30 多亿人口。

任正非常告诫自己的员工不要空喊"爱国"口号，这出自他对国家的无比热爱和为国家强大而担当的责任心。

任正非出生于 1944 年，新中国成立初的艰难困苦使他深有感触。他后来进大学读书、参军，并担当国家重大建设项目的建设者，内心深处早已埋下了对党和国家的感激和热爱。正是这样，改革开放后，他响应号召，转业地方，走进深圳，担当起要实现"中华有为"的责任。

从 1987 年至今，30 多年中，任正非顺应改革开放的历史大势，抓住历史变革的时机，奋发有为、锐意进取、艰苦奋斗、披荆斩棘、实事求是地干出了一片新天地，谱写出一曲感天动地的赞歌，绘就了一幅气势恢宏的画卷。正如任正非所说，"任何一个国家，任何一个民族都必须把建设自己祖国的责任心和信心，建立在信任自己的基础上。只有在赢得独立自主的基础上才能获得平等和尊重"，"我们牺牲了个人、家庭，牺牲了陪伴父母……这些都是为了一个理想——站到世界的最高点"，这就是任正非的初心和情怀。

（二）立足中国，放眼世界的宽阔胸怀

华为从开始经销程控交换机，到生产程控交换机，一直到生产手机和开发 5G 技术，任正非始终坚持既看眼前，又看长远，既立足国内，又放眼世界。为了把华为生产的程控交换机向国外销售，他就认真了

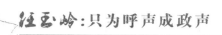

解和学习我国的外交政策，使华为产品与外交政策的方向相适应。

华为之所以能在中美贸易战打响后，取得主动，同样是与任正非立足中国、放眼世界的胸怀分不开的。当华为的创新程度达到世界高度时，任正非预测到可能会出现争锋的恶战，所以不失时机地于2004年年初聘请一位叫何庭波的工程师，去研究开发华为自己的芯片。也正是因为有这样的战略思维和宏图大略，华为才有了在15年后的今天应对美国白官对其进行"封杀"的能力和本钱。

在技术创新方面，任正非认为在科学技术高度发展的今天，很多创新光靠自身的力量是很难完成的，所以不能过分强调自主创新，要通过你中有我、我中有你的大合作，才能在创新中出奇制胜，领先世界。任正非是这样讲的，也是这样做的。华为不仅在全世界创建了26个研究中心，而且还吸引了很多外国专家参与研究和创新。任正非始终把开放摆在前头，他认为要创新必须搞好开放，没有足够的开放就搞不好创新。华为的约19万名员工遍布世界各地。我前几年到土耳其、以色列、迪拜、阿布扎比出差时，都见到了华为人，他们的开放意识和对市场信息的及时传递，应该说是把华为的发展放在了整个世界的平台上。

（三）创新竞争的强大意识

习近平总书记指出，"惟创新者进，惟创新者强，惟创新者胜"。华为真正成为中国第一大智能手机生产商和5G技术的世界领航者，从无到有，由小到大，都与任正非创新竞争的强大意识直接相关。

任正非始终把创新摆在公司发展的首位，公司形成了研究、开发、销售一条龙，早在2000年销售额就达到了220亿元。华为85%的员工拥有大学本科以上学历；而且华为很早就决定把年销售额的10%用于研发投入，这在当时国内的企业中并不多见。2002年我在中关村开发区调研时，那时在研发方面投入达到销售额1%的企业都屈指可数。从这点来看，任正非的创新意识是很强的。

为了搞好纵深发展，任正非绝不跨行业投入。在房地产行业火热，很多企业都把资金投向房地产时，任正非认为这样做是无益于创新的。华为每年将10%以上的销售收入投入研究与开发，其研发的产品，涵盖了交换、接入、传输、移动通信、智能网、支撑网、ATM、接入服务器、路由器、以太网交换机、移动网、数据通信网等的全方位解决方案。在移动通信和宽带领域，特别是5G技术的研发方面，华为处于世界领先水平。

任正非认为，要创新，必须克服因循守旧的观念。他打比方说，爷爷菜刀打得好，孙子继承了爷爷的手艺，在方圆几十里很出名，曾经有较好的收益、高枕无忧；今天经济全球化了，人家的碳纤维刀削铁如泥，比钢刀好多了，这样祖传的技术几秒钟就被打得粉碎。任正非还认为，在今天瞬息万变的社会中，在知识爆炸的时代里，高科技以往的成功，也可能会成为失败之母，唯有惶者，才能继续生存。

任正非正是有着强大的创新意识，并能够永做惶者，所以华为在创新方面会永不停歇。任正非十分重视选定成功关键的战略生长点，并在已确定的生长点上配置远强过对手的资源，集中人力、物力、财力，实现重点突破。这正是华为创新的秘诀所在。

（四）靠人才取胜的坚定理念

在中美贸易战打响后，华为5G技术的研发与应用没有受到影响，除了与此前投入的大量资金、技术有关系，更重要的是汇集了大量的人才。任正非靠人才取胜的坚定理念，是华为取得今天成就的重要原因。华为5G容量高出4G 20倍，耗电量下降10倍，并使基站的装置压缩到20公斤，华为5G技术提供的高清视频可使宣传费下降100倍，这些都凝聚了华为员工的辛勤汗水。为了研发的推进，华为汇集了700多名数学家、800多名物理学家、100多名化学家、6000多名基础研究专家。华为有1万多名博士，有6万多名工程师。任正非认为仅这些还不够，他指出，中国要踏踏实实在数学、物理、化学、神经

学、脑科学……各方面努力去改变，才可能在这个世界上强起来。与此同时，任正非还把眼光投向世界其他地方的优秀人才。为了吸引人才、留住人才，华为在很多国家和地区建有研发中心，汇聚全球优秀的人才。此外，任正非认为用人一定要舍得给予更高的工资和回报。据报道，华为年薪在100万元的人数超过1万人，年薪在500万元的人数超过1000人。

华为的创新实践表明，人才决定胜负，人才决定未来。任正非提出，我们国家要想和西方竞争，唯有踏踏实实搞好教育和制定好开放政策，培养和吸引更多的人才，才能使中国更快强起来。

（五）艰苦奋斗的精神作风

中国有句谚语"成由勤俭败由奢"。华为的成功，与任正非勤俭和艰苦奋斗的作风紧密相连。

正如唐朝政治家、书法家褚遂良向唐太宗的谏言"奢靡之始，危亡之渐"。企业也是一样，一旦奢靡之风盛行，企业也将危在旦夕。改革开放以来，一些企业老板手中有了钱财之后，便沉迷于铺张浪费、挥霍无度、骄奢淫逸的生活，像这样的企业家在我们身边并不少见。而任正非可以说在这样的大环境中出淤泥而不染。他作为一名老共产党员，处处严格要求自己，几十年艰苦奋斗。

任正非个人的生活简朴得令人难以置信。他用的手机是老牌的，穿戴的衣服是普通的，甚至出差往来，他都不要车接车送，常常是自己前往。

"善禁者，先禁其身而后人"。任正非这种艰苦奋斗方面的精神，也感染着华为的每一个人。华为的成就是靠艰苦奋斗得来的，离开了这种精神就不会有华为的今天。这种精神永远值得学习和弘扬。

第十三章 社会治理，大胆建言

任玉岭的丰富阅历，特别是在地方政府工作的10年，使他对社会治理的复杂性、重要性体会深刻。

任玉岭认为，社会治理就是对社会构成的各方面、社会生活的各领域及社会发展的各环节，进行组织、协调、监督、推进与应急调度的行为过程。它包括了协调社会关系、关注社会民生、规范社会行为、推进社会保障、化解社会矛盾、促进社会公正、应对社会风险、保持社会稳定等，其目的是要满足人民对美好生活的向往，实现、维护和发展好最广大人民的根本利益，做到社会发展稳定、社会秩序和谐、人民安居乐业。

基于这样的认识，任玉岭特别重视社会治理，而且总是把为人民谋幸福作为社会治理的目标。任玉岭有很多建言是从身边的案例开始的。例如，他关于修改收容法的建议，就是根据邻居的亲戚等人身上发生的真实情况提出的。

任玉岭牢记着一句话"尽信书不如无书"。这句话不仅指导他在研究工作中取得了创新成果，而且使他在认识社会事物方面也与众不同。在一次全国公安系统领导出面接访取得的成就报道中，安徽省公安厅仅用13天就侦破了一起13年前杀害兄弟两人的案件。一般人看到这样的报道，大多都会赞扬。而任玉岭不这么想，他认为既然13年前的杀人案能够用13天破案，就说明侦破这个案件并不难。但这13年中，被杀兄弟两人的父亲从乡到县、从县到省、从省到中央，跑了13年也没有人过问和立案。这不正说明我们有关方面的不作为，造成

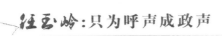

了案件的累积和上访人群的越积越多吗?

为此,任玉岭以这个案例为中心,写下了《社会要稳定,信访要畅通》的建言。他在另一篇《关于从校园之外构筑校园平安》的建言中,也提出了重视社会矛盾化解工作的建议。

任玉岭在北海工作时,几位市领导轮流负责接待上访工作。一天他值班时,政府门口来人较多,工作人员叫他不要露面。但任玉岭认为,这样不利于问题解决,他坚持与上访人员见面。当了解到上访人员是因为不理解、不同意村中土地被征而来时,任玉岭向他们讲述了北海的发展规划和发展前景,以及他自己为什么要到北海来工作、为什么要招商引资,外来投资征土地搞项目会给北海带来什么变化、给大家带来什么样的好处,大家便很通情达理地离开了。为此,任玉岭对东汉贾谊所讲的"故有不能治民之吏,而无不可治之民"这句话有了更深刻的理解。也正因如此,任玉岭提出了信访工作需坚持亲民爱民的原则、坚持依法用权的原则、坚持疏导为重的原则。他认为只有坚持这三个原则,才能更好化解矛盾,搞好社会治理。

以下摘录的任玉岭关于社会治理的建言,可以说都是他根据在"宇下"和"草野"的调研写出的,充满了对人民的深情。

一、社会治理需要在宏观上处理好十大关系[①]

(一)处理好效率与公平的关系

社会治理要以人为本,促进公平。发展不讲效率,不利于扩大积累和增强发展后劲,也不利于国力的增强和人民生活的改善,更不利于欠发达地区加快发展。所以,重视经济发展的效率仍是必要的,但要改变忽视公平或使公平边缘化的问题。社会治理要坚持在全国人民利益根本一致的基础上,妥善协调各种具体的利益关系,正确处理个

---

① 本部分发表于 2004 年 5 月,收入本书时有修改。

人利益和集体利益、局部利益和整体利益、当前利益和长远利益的关系。并建立以权利公平、机会公平、规则公平和分配公平为主要内容的公平保障体系。要尽一切力量将改革发展中利益照顾不到的人数减到最少，把发展好、维护好、实现好最广大人民的根本利益作为发展的出发点和落脚点。

（二）处理好速度与效益的关系

对中国来说，经济增长速度低了不行，过高也不行。落实科学发展观，就是要寻求速度与效益的统一。要在速度与效益的双赢中加快发展，这就是中央提出的又好又快发展。"好"放在"快"的前面，"好"是"快"的前提和条件。

当前，从我国总的情况看，经济效益不容乐观。例如，我国创造1美元GDP所耗能源是世界平均水平的5.9倍，是美国的4.3倍，是日本的11.5倍。由此看出，我国的产业结构还不合理，资源投入效益较低。世界500强的企业中，在经济效益与劳动生产率的前50名中，一家中国企业也没有。如何解决粗放式的发展，这是我们面临的主要问题，也是今后发展中需要致力解决的最大难题。因此，落实科学发展观，一定要调整产业结构，改变粗放式经营，在煤、电、油、运等资源均紧张的情况下，挖掘潜力，提高效益，处理好速度与效益的关系。

（三）处理好经济发展与社会发展的关系

发展是执政兴国的第一要务。但是，只有经济发展是不够的，除了重视经济发展，还要重视社会发展。经济与社会的发展是互为条件、相辅相成的。社会发展跟不上，不仅人民群众的发展需求无法满足，经济发展本身也会停滞不前。重视社会发展，就要重视各项社会公共产品的建设，包括文化、教育、科技、医药卫生、社会保障、公共服务等，这些都要与经济发展同步推进。

此外，在社会发展中，还要实施扩大就业的战略并深化收入分配

制度的改革。就业是民生之本，要不断完善就业机制，扩大就业规模，及时帮助零就业家庭解决就业难题。在分配制度改革方面，要提高居民收入在国民收入分配中的比重，要提高劳动报酬在初次分配中的比重，提高扶贫标准与最低工资标准。要大力整顿分配秩序，逐步扭转收入分配差距扩大的趋势。

（四）处理好城市发展与农村发展的关系

迄今为止，中国还有8亿农民在农村。由于长期以来的工业化和城市发展以牺牲农民利益为代价，形成了城乡二元经济结构，拉大了城乡差距。

为了解决中国"三农"问题，一方面需要减少农民、分流农民，大力推进城市化，在城市化方面要大、中、小城市和小城镇协调发展；另一方面需要加大对农村的投入，对"三农"要"多予、少取、放活"，建设社会主义新农村。落实科学发展观，一定要转变"重城轻乡"的观念，要始终把解决好"三农"问题作为全党工作的重中之重，加快农村发展。农村发展，既要坚持"以工补农""以城带乡"，把基础设施建设的重点转向农村，把更多的财力用于农村，支持农民专业合作组织的建立和发展，支持农业产业化经营和龙头企业的创建，为农村劳动力转移和农民增收创造条件；又要在城镇降低农民入城的门槛，消除体制障碍，统一城乡的户籍、就业、教育等制度，形成城乡互动、城乡统筹发展的体制和局面。

（五）处理好发达地区发展与欠发达地区发展的关系

改革开放后，中国各地都有了很大发展。但是，因各地资源禀赋不同，给予的条件和政策不同，所以发展的进度也不同，造成地区差距明显扩大。落实科学发展观，重要的是要立足缩小地区差距，支持欠发达地区发展。为此，中央提出了推进西部大开发、振兴东北老工业基地、促进中部崛起的战略。一方面，要缩小区域发展差距，还必须注重实现基本公共服务均等化，引导生产要素跨区域合理流动。其目的在于扭转区域差距扩大的趋势，加速欠发达地区实行跨越式追赶。另一方面，为了保证全局的快速发展，还要鼓励发达地区加快发展，以便增强国家财力，提供支持欠发达地区发展的资金供给、物质保证以及科学技术等。通过发达地区与欠发达地区的合作互动、优势互补，相互促进，搞好区域统筹发展。

（六）处理好近期发展与可持续发展的关系

早在20世纪70年代，美国麻省理工学院的学者发表了《增长的极限》报告，认为地球是有限的，人类生活空间是有限的，资源供给是有限的，地球接纳污染是有限的。这种极限理论虽然遭到一些人的反对，但诸多发展问题还是给人类敲响了警钟。

据了解，中国的人口占世界约21%，但耕地面积仅占世界约7.1%，水资源仅占世界约7%，石油资源仅占世界约2.34%，天然气资源仅占世界约1.2%，煤炭资源占世界约10.97%，这就是中国资源储备现状。我们的发展需要时时刻刻从这一现状出发，处理好近期发展与可持续发展的关系。中央提出了坚持节约资源和保护环境的基本国策，要把建立节约型社会、环境友好型社会，放在工业化、现代化发展战略的突出位置，统筹人与自然的和谐发展，其目的就是要搞好环境保护、搞好生态文明、珍惜自然资源、提高资源利用效率，确保可持续发展。

（七）处理好发展国内市场与对外开放的关系

统筹国内发展和对外开放，是科学发展观的重要内容。我国改革开放后的大发展，其动力就来源于对外开放。对外开放不仅引进了国外的资金和先进技术，更重要的是使人们看到了世界的发展和变化，转变了故步自封的落后观念，增强了加快发展的自觉性和紧迫感。

在今天，要加快发展步伐，更要扩大对外开放，特别是欠发达地区在扩大对外开放方面还有很艰巨的任务。要使我们的发展适应经

济全球化和我国作为世界贸易组织成员的新形势，并需要在"引进来""走出去"、参与国际合作和加强对外贸易方面扩大范围，拓展内容、提高层次、上升水平。

但是，今后的发展更需要关注和利用好国内的市场。充分发挥自身的比较优势是加快发展的重要条件。中国作为发展中大国，内需有着极大潜力，要坚持扩大国内需求特别是消费需求的总方针。通过扩大内需，实现更大发展。随着科学发展观的落实及公平的逐步推进，相信占绝大部分比重的低收入阶层，收入将会增加，购买力将得到提升。特别要加大惠农、支农政策，通过增加农民收入，促进内需的增长。

（八）处理好技术引进与自主创新的关系

任何国家、任何地方和企业，都要重视收集科技信息，学习、引进和利用先进技术，这样才能促进自身发展，推动民族振兴。改革开放后，我国在国家经费极为困难的情况下，仍然拿出外汇，不仅引进设备，而且引进技术、引进人才，这为我国经济发展起到了不可估量的作用。但是，时至今日，如果我们仍然一味地靠引进装备和技术来发展经济，不仅会加大对国外技术的依存度，而且会降低经济效益，更会降低商品在国际市场上的竞争力。我国很多制造业的生产线都是靠引进装备发展起来的，彩电如此，汽车如此，化纤、炼油也如此。我经常在全国各地考察，从东到西，从南到北，很多工厂几乎都是国外生产线的"博览会"，就连生产肉制品、饮料、葡萄酒，甚至鸡蛋的分拣包装生产线也大多是由国外引进的。上海是中国科技人员较多、科技较发达的地区，尽管如此，2003年上海对外技术依赖度较1993年提高了10个百分点，达到了70%。

据了解，日本、韩国一般对一种设备只引进一次，它们在消化吸收再创新方面的投入是引进技术装备投入的8倍左右，而我国对引进技术与装备消化吸收的投入仅是引进投入的7%，可见我国对引进装备、技术的消化吸收能力存在不足。另外，我国企业对科技的投入也很低。国外企业对科技投入一般占企业销售额的3%—15%，低于2%意味着这个企业将被淘汰。而我国至今，大中型企业的技术投入仅占企业销售收入的0.75%。这种情况严重抑制了我国企业自有知识产权的增长和很多商品经济效益的提高。因此，落实科学发展观，需要处理好技术引进和自主创新的关系，要更加重视自主创新。胡锦涛同志指出，"自主创新能力是国家竞争力的核心。一个国家、一个民族要真正赢得发展、造福人类，必须注重自主创新"。我们需要在引进、跟踪技术的同时，大力加强消化吸收和自主创新，努力提高中国知识产权的竞争力。

（九）处理好政府行为与市场行为的关系

在社会主义市场经济条件下，经济的发展无疑要靠市场机制来推动。我们应主要运用经济手段和法律手段，推进经济的发展，维护公平竞争，在更大程度上发挥好市场在资源配置中的基础作用。政府要努力做到绝不直接干预企业的生产经营等活动。

但是，市场经济并不意味着可以削弱政府的作用，特别是在中国市场经济体制尚不完备、市场经济引发的利益矛盾和利益冲突层出不穷的情况下，政府面临的任务还很繁重。政府除了在宏观调控方面需要调节经济发展速度、确保就业安置、保障物价稳定和国际收支平衡工作外，还要加强市场监管、搞好社会管理和公共服务等。政府要保持经济的快速增长，成为经济和物价的减震阀和稳定器。在发展速度上，既要防止过快，又要防止过慢；在物价管理上，既要防止通货膨胀，又要防止通货紧缩。在市场监管与社会管理方面，政府需要针对市场上暴露出的各种问题，制定政策和法规。依法管理和规范社会组织、社会事务，还包括化解社会矛盾，调节收入分配，维护社会公正、社会安全、社会秩序和社会稳定等。

为落实好科学发展观，政府尤其要从中国的实际出发，增加对公

共产品的供给，做好公共服务，包括加强城乡公共设施建设、发展社会就业及社会保障服务等。

（十）处理好落实科学发展观与创造政绩观的关系

政绩是表彰先进、晋升干部的重要依据，各级政府和干部都十分重视政绩。鉴于各级政府是发展的主要推动者和管理者，所以各级政府领导干部的政绩观对落实科学发展观有极大的影响。因此，各级政府和领导干部，一定要树立起正确的政绩观，方能保证落实科学发展观。各级政府和领导干部都要深刻认识我国国情，坚持积极进取和科学求实相结合的态度，用发展的观点、造福人民的观点创造政绩，用实践的观点、群众的观点看待政绩。既要看到当前的发展，还要看到可持续发展；既要看投入，又要看产出；既要看发展，又要看环境；既要看经济增长，又要看社会稳定。

总之，衡量政绩，不能仅用GDP的高低论英雄。过去有些地方、有些人，为了追求政绩，不顾一切追求GDP，甚至做表面文章，搞"形象工程"，虚饰浮夸。落实科学发展观，一定要扭转这种用GDP一锤定音的政绩观。正确的政绩观一定要以人为本，看政绩一定要看是否维护好、实现好了群众的根本利益。群众拥护的、赞成的就是政绩；群众不高兴、不答应的，不能作为政绩。广大干部要淡泊名利，视人民利益重如山，视个人利益淡如水。只有这样，科学发展观才能得到贯彻和落实，才能做到以人为本、全面协调可持续发展。

二、社会治理是党政机关的重要使命

（一）关于党政机关带头发扬艰苦奋斗传统的建议[①]

应该看到，我们一些党政机关在用钱上大手大脚和铺张浪费的现

---

① 本部分为任玉岭2006年两会的提案发言，收入本书时有修改。

象是非常严重且令人触目惊心的，这不仅同节约型社会格格不入，而且也因行政管理费用的增长过快和管理过宽、随意性较大，滋生腐败。一些政府部门不惜占地几百亩、上千亩建设办公大楼，并用大广场、人工湖、花坛、假山、林木，打造舒适环境。大楼内更是宽敞豪华，甚至是雕梁画栋。一些市（县）长和部门领导的办公室也分出了会议室、内外间，有的还设有盥洗室、桑拿间等。

党政机关的会议费和招待费也存在极大的浪费。很多行政单位，自己建了豪华办公楼、豪华会议室往往闲置不用，却要跑到郊外的培训中心、招待所、温泉城等以每人每天数百元，甚至上千元的消费去开会。更有甚者，一些单位和部门本来有办公大楼和会议室，却要把一些会议放到外地去，甚至要到几千里外的风景区去开本单位的研讨会。

在招待方面更是问题多多，五花八门的调研考察，各种各样的会议、论坛和说不清的联系，产生大量的招待费。使会议旅游、考察旅游，统统穿上了合法外衣。财政规定、出差标准早已被束之高阁。上面超支下面补、客方超支东家补、私家客人公款待、私人消费公款报……招待费有时还作为"公关费""跑部费""干部考研费""读书费"等虚列，五花八门、无奇不有。此中浪费有多大，黑洞有多深，尽可以想象，但不可以低估。

从改革开放初期的1978年至2003年的25年间，我国行政管理经费已增长87倍，分别比同期财政收入增长21倍，GDP增长31倍，分别高出66倍和56倍。行政管理经费占财政总支出的比重在1978年仅为4.71%，到2003年上升到19.03%。这个比重比日本的2.38%、英国的4.19%、韩国的5.06%、法国的6.5%、加拿大的7.1%、美国的9.9%分别高出16.65%、14.84%、13.97%、12.53%、11.93%、9.13%。

更值得注意的是，近年来行政管理费用还在大幅度上升。将2003年行政管理费用同2000年相比，3年内增长1923亿元，平均每年增长23%。我们看一下历史数据，发现在2000年至2003年的3年中，行政管理费用的增长量高出1960年至1970年10年增长量的3000倍。由于行政管理经费的增长缺乏规范和制约，导致很多地方的财政不管怎么增长，都有可能被吃净花光。有不少地方财政收入几千万元时是"吃饭财政"，当财政收入达到几亿元时仍然是"吃饭财政"。很多百姓期待的事还是做不成。

为了给发展事业挤出资金来，需要党政机关带头落实"两个务必"，发扬艰苦奋斗的传统，遏制行政管理费用的不断飙升。为此建议如下。

（1）坚持以人为本，认真调整现有的财政配置结构，改变"近水楼台先得月"的积习，减少行政管理经费在财政预算中所占比例。

（2）出台相关政策和法规，禁止党政机关设立"小金库"、公款旅游、公款购书、私客公待等。

（3）严禁政府机关异地开会行为，大力减少官办论坛，对所谓的"横向联系"和调研考察要从严掌握，并在财政上做到总量控制。

（4）对办公楼建设用地，出台装修标准及使用面积规定，禁止在办公室设卧室、装桑拿等。并要出台惩戒措施，对违规者予以严惩。

（5）实行保证工作的用车制度，严禁公车私用，降低用车标准，提倡使用国产汽车，限制办公用车的频繁更换。

（6）管理好接待费用，防止弄虚作假、虚报冒领，扭转"上面超标下面补""客家不报东家报"的混乱局面。

（7）妥善安排退休老同志的考察费用，防止把负担压给地方，造成管理不便。

（8）严控各级首长基金和首长批条经费。对机动资金的安排不宜过大，机动资金的使用要明确、细化支出项目，加强财务监督。

（9）解决国家机构超编，减少政府冗员，大力弘扬艰苦奋斗精神，建设节约型党政机关。

（10）从领导干部带头做起，坚决按规定标准进行公务活动，学习吴仁宝"有福民先享，有难官先当"的精神。坚决抵制公款消费和反对铺张浪费，使我们不断增长的财政，能够更多地用于医疗、教育和欠发达地区的发展，使纳税人的钱能够更广泛地惠及百姓，为全面小康做出更大的贡献。

（二）精官方能简政，简政需要精官①

精兵简政，毛泽东指出，这是"一个极其重要的政策"。在战争年代，精兵简政解决了"鱼大水小"的矛盾，实现了轻装上阵，为战胜日本帝国主义发挥了重要作用。

改革开放初期的1982年，邓小平指出，"精简机构是一场革命"，"不管怎样，对这场革命要坚定不移。"

20多年来，党中央国务院进行过多次精兵简政和机构精简。不可谓措施不力，声势不大，但是却没有达到预想的效果。有时候往往还事与愿违，几乎是每搞一次机构精简，就来一次机构人员的大增。近几年不提或较少提精兵简政问题，的确与越精就越臃肿、越简就越繁多有关系。

我们的人口增多了，事业发展了，设置一些管理部门，增加一些管理人员，是必要的，也是能被广大群众理解和认同的。但是，现在的问题是党政机构的过分庞大和管理人员的极度增多，已经超出了发展常规，超出了财政许可。我们很多地方在15年前就喊"财政困难，吃饭财政"，而今GDP翻了两番，财政收入也有了几倍的增长，但依然在喊"财政困难，吃饭财政"。有相当多的县，甚至连吃饭都难保。我们在几个省做义务教育调查时发现，不少县因财政困难，教育难保，就热衷于合并学校，减少教师，甚至不愿聘请大学生做教师，而热衷于付二三百元工资用代课教师。实际上机构臃肿、财政负担过重，已经影响到很多基层工作的开展，影响了我们的二次分配和协调发展，更影响了全面小康建设的顺利推进。

---

① 本部分发表于2005年3月《解放日报》《中国检察报》，收入本书时有修改。

1979年，我国在编干部为279万人，1989年上升为543万人，1997年增加到800多万人。据权威机构统计，我国仅县和县以下的党政干部高达1316.2万人。当今全国吃财政饭的总人数已高达4572万人，另外，还有500万人仰赖于政府赋予的权力实行自收自支。按照吃"皇粮"的概念，民官比已高达26：1，这同西汉时期的7945：1相比，高出306倍；同东汉时期的7464：1相比，高出292倍；同唐朝的2927：1相比，高出110倍，同元朝的2613：1相比，高出100倍；同明朝的2299：1相比，高出89倍；同清末的911：1相比，高出35倍。即使是同改革开放初期的67：1和10年前的40：1相比，吃"皇粮"者所占总人口的比重攀升之快，也是令人担忧的！

为什么我们的精兵简政会出现越精越臃肿的现象呢？为什么总是跳不出越简越繁的怪圈呢？的确需要对精兵简政的难以推进多做一些研究和思考。但是，不管怎样，精兵简政仍是我们当前面临的一项迫切任务，这是不能回避的，也是回避不了的。应该牢记邓小平同志的教诲，"因为没有别的选择，这件事不能犹豫，不能妥协，也不能半途而废"，"不管怎样，对这场革命要坚定不移"。

根据我的切身体验和研究，我认为要实现精兵简政的目标，就必须从精官和减官做起，精官方能简政，简政必须精官。20世纪80年代初，邓小平同志就提出了不仅"庙子"多，而且"菩萨也太多"的大问题。时过25年，我们的"庙子"不知又增加多少？我们的"菩萨"不知又添了几倍？"庙子"是为"菩萨"而建的，"菩萨"多了，"庙子"也自然会多起来；"庙子"多了，"菩萨"就会更多。我们的精兵简政，之所以越精越臃肿、越简越繁多，就是因为随官位不断增多、机构不断扩大，又引起人员不断增加的恶性循环。要跳出越精越臃肿、越简越繁多的怪圈，就要从根本上切断这个恶性循环，这就是要精官和减官。除此之外，没有别的道路。我们今天的党政机构之所以迅速扩张，吃"皇粮"的人员之所以快速增长，其关键还同官位的过快膨胀相关。百姓中流传一句谚语，"星多月不明，官多不安宁"。官位太多，必然导致机构的无限膨胀和财政供养人员的无限增长。

最近媒体报道，江苏的一个镇，仅镇长、书记一级的干部就有50多人。对此个案尽管我们不认为它有代表性，但据江苏有关方面反映，一个镇正副镇长和书记达到二三十人是存在的。另据新华社消息，苏北一些县政府，副处干部少则七八人，多则十几人，而且在一个30万人的小县和一个100万人的大县，其县长的职数基本是相同的。

1989年我到北海工作，当时市政府仅有市长、副市长4人，市委仅有书记、副书记3人，政协仅有政协主席、副主席4人，人大仅有人大常委会主任、副主任4人，而今这些职位人数几乎都翻了一番，特别是市委常委职数比原先增加了3倍多。出现这种情况的重要原因，一是干部提拔过快、过宽。过去很多人出生入死、南征北战几十年，还不一定能当上将军和部长，而今很多干部政绩平平，却在不断晋升。据报道，仅部级干部已经高达数万人。20世纪70年代，北京的部级干部仅有数百人，部长住宅仅两三处。而今不知有了多少处，而且就算不断建起部长楼，也还不够住。二是各级领导干部换得过快，特别是地、县级书记换得过快。我曾工作的某城市，5年换了5个书记、4个市长，新的书记上任后，便更换一批新领导。我曾经历过三任书记的换班，每次都要进行干部的大调整。新官上来了，老的官又不能退位，虽然不能再继续任职，但其职位还要保留。这就冒出了一大批调研员、巡视员、助理和顾问。现在有些市政府的领导助理、顾问、巡视员、调研员比市长、副市长、局长、处长还要多。

官位多不仅造成机构的臃肿和膨胀，而且造成很多该放的权放不下，该管的又无人管。人难见、事难办，往往与官位过多、人浮于事有关。官多了消费就多，且不说车子、房子、工资和奖金，就说用车费、招待费和出国培训考察费，据报道，全国已分别达到了3000亿元、2000亿元和2500亿元。实际上这些钱，用于一般工作人员是极少的，主要还是被各级领导干部消费了。由于"精官"的闸门没把好，升官快、升官易的导向也给社会带来了较大影响。跑官、买官、卖官

也因此不时发生。这给社会带来了浮躁，带来了腐败。不仅影响了经济和社会，也影响学术和教育；不仅影响了今天和眼前，也影响明天和长远。因此精官不只是简政的需要，也是发展的需要；不仅是经济的需要，也是政治的需要。

为了使财政收入为均衡发展做出更大贡献，为了使更多人通过财政享受到社会财富二次分配的利益，也为了改变党政机关的臃肿和人浮于事，我们绝不能让精简机构这场革命半途而废。我们要坚持从"精官"做起，去争取精简机构的全面胜利。只要能按邓小平同志所讲的"只要高级干部带头，这个事情就好办了""高级干部要带头发扬党的优良传统"，用革命的精神去对待政治体制的改革，改革干部的终身制，反对干部的特殊化，这样党风就会更正，社会风气就会好转，我们机构改革的目的就一定能实现。

（三）社会要稳定　信访需畅通①

（1）信访体现了百姓对党和政府的信任，信访工作是化解矛盾的平台，是党和政府向群众送温暖的桥梁。《中共中央关于构建社会主义和谐社会若干重大问题的决定》指出，"构建社会主义和谐社会是一个不断化解社会矛盾的持续过程"。这就告诉我们，客观上出现这样和那样的矛盾是不可避免的，社会是在化解矛盾中前进的。

我国作为一个拥有13亿多人口的大国，在经济社会的快速发展中，不出现矛盾是不可能的。当改革使多数人获得利益的同时，必定会出现少数人利益受损；在多数人为所得利益欢欣和庆贺的同时，也会有少数人难免痛苦和激愤。成功中有失误、振奋中有忧虑、美好中有丑恶，我们应该予以承认。

在这种情况下，利益受到损害者，走进政府部门诉说自身困境，求得问题解决，寻找公平正义，争取正常的权利，恰好说明百姓对党

---

① 本部分发表于2007年《民主与科学》，收入本书时有修改。

和政府是高度信任的。

国家各级信访部门的设立，不仅利于了解社会矛盾、听取群众意见，而且利于传递党和政府对群众的关怀，解决群众的疾苦和困难。从某种意义上讲，信访工作既是洞察社会的哨所，也是联系群众的纽带。我们既可以通过信访找出工作中的不足和失误，又能够通过信访发现贪腐行为，利于矛盾的化解、社会的和谐。因此，做好信访工作，特别是在矛盾多发的现实情况下，高度重视信访工作，其意义是十分深远的，作用是不可估量的。

（2）"截访""控访"造成了信访渠道的梗阻，有违"三个代表"重要思想，有违信访部门设立的初衷。信访工作十分重要，但是令人不解的是，在中央三令五申要重视信访工作，并在地方公安"一把手开门接访"热了一阵子之后，群众信访不是更加容易了，而是更加艰难了，信访工作不是更加亲民了，而是更加脱离群众了。最近媒体报出《"截访"现象值得重视》一文，讲述了一些地方对上访进行"截访""控访""盯梢"的具体情况。与此同时，我也于近日收到江苏和辽宁大连一批老干部的上访信，指出地方信访部门会同公安人员对上访"采取管、压、卡、阻、截，并重点监控的不法手段，在人民心目中造成极坏影响"。另外，我和一位朋友，从永定门大街国家信访局门前路过时，也遇到地方上访者被所在政府的工作人员生拖硬拽强行弄上汽车的情况。

据了解，"截访""控访"十分普遍。"截访"的花费是巨大的。我曾遇过浙江某地的截访人，上访者刚一上火车，截访人就乘坐飞机进京；等火车到达时，截访人已经等在车门口。在一些地方，还把"坚决反对越级上访"的大标语，写在村里的房墙上。我曾经收到过很多群众来信，一些人的问题已经分别反映过几十次、几百次、几千次，但都无人答复。江苏苏北和苏中的国企老干部最近报告说，他们本着共产党人的优良风格，合理合法地进行书信上访和代表上访。为了解决养老金过低问题和其他不公平问题，他们寄出了成千上万封来信，却从来没有收到过任何答复。他们还反映，地方信访局和公安一起，对他们进行全面监控，窃听电话、拆查书信。湖北黄石一乡镇的同志，甚至在当地连信都寄不出，他给我的信是跑到江西发出的。由此可见一些地方的信访工作真的是发生了严重梗阻！

面对这种情况，我始终记得一句话，那就是"始终把实现好、维护好、发展好最广大人民的根本利益作为一切工作的出发点和落脚点"，牢记"只有视个人利益淡如水，才能视人民利益重如山"。而我们的有关部门和信访工作，为什么就不能照中央领导的指示精神去办呢？为什么对我们的百姓如此害怕、如此无情呢？信访工作中的梗阻有违"三个代表"重要思想，更有违设立信访部门的初衷。

（3）畅通信访渠道，防止矛盾累积，要把百姓作为执政的源泉和根基。我们的很多社会矛盾，解决起来并不困难。只是由于长期的"截访""控访"，或者是信访工作尽责不到位，一级转一级，互相推诿，这样不仅矛盾未能化解，而且造成了矛盾堆积。例如前文提及的2005年安徽省公安厅厅长开门接访后，破获了一个积案13年的杀人案。此案例表明，一桩涉及两条生命的杀人案，在13年后用13天就可以破案，可见破此案并不困难。但是我们的有关部门和信访机关硬是拖了13年。这足以说明我们的信访工作，长期以来失去了对人民的感情和责任。同时也说明人民很多的上访问题，只要认真去处理，大多应该是可以解决的。

只要正确去对待，认真去工作，做好信访工作并不难。不是"截"而是"护"，不是"堵"而是"疏"，就没有解决不了的问题。广大百姓是通情达理的，是相信党和政府的。要搞好信访工作和促进信访畅通，关键还在于我们有关部门的同志，能够真正把老百姓作为党执政的根基和源泉。

第十四章　文化道德建言，走在前沿

1998年任玉岭当选全国政协常委后的第一个建言就是《实施道德建设工程，保证社会长治久安》。当时有人很不理解地问他为什么要做这样的发言时，他斩钉截铁地回答，"关注物质文明建设是十分必要的，但是形形色色、五花八门的丑恶乱象，已经造成了社会的浑然无序。再不从根上进行治理，重视道德建设，整个社会就会在是非颠倒、善恶难辨、丑恶不分中被颠覆，出乱子。"

以下是任玉岭关于文化道德建设的一些观点。

一、商无"诚"不兴　业无"信"难隆[①]

（一）信用缺失会给市场经济带来巨大危害

一是严重破坏了金融秩序。信用的缺失造成了"收了货不付款，付了款不发货"的不良现象，赖债、躲债、恶性拒债的现象也比较普遍。据中国银保监会2003年资料，四大银行不良贷款率达到16.86%，总量已达3万亿—4万亿元，不良比例为国际上大银行的10倍以上。

二是商品造假，严重伤害民众。一个朋友对我说，她在外边买了一斤蚕豆，看上去很新鲜，回到家里一煮一锅绿水，再煮还是绿水。像这样向食品中滥加添加剂的现象已屡见不鲜。前些年发生的在食品

---

① 本部分原载于《任玉岭谈经济》，世界知识出版社2013年版，收入本书时有修改。

中添加苏丹红的情况已引起社会关注。实际上，很多添加剂都和苏丹红一样，是致癌物质。一些不法商贩为了使大米变亮，使小米变黄，使西瓜和山楂片变红，使一些食品变绿，不顾百姓的安危，往食品中添加液腊、染料和色素等。更有人为了使面粉和粉丝更白、更漂亮，不惜向其中加入具有高致癌物的吊白块。

迄今为止，商品造假随处可见，假烟、假酒、假药、假食品、假衣物等，造假领域之广、品种之多，铺天盖地。两年前发生在阜阳的大头娃娃事件，曝光出一大批假奶粉，有的奶粉蛋白质含量仅2%。这种以次充好、以假充真、只顾赚钱、不顾后果的商业诈骗行为，不仅造成一些儿童的终身残疾，甚至夺去了一些儿童的生命。2008年在奶粉和牛奶中添加三聚氰胺的事件，导致数万名婴儿患上了肾结石，也有一些无辜的孩子因此夭折。

三是导致腐败严重。一些企业为牟利不择手段，信用缺失造成大量国有资产流失，出现众多豆腐渣工程和一批领导干部锒铛入狱。中央电视台曾相继报道了一些评估公司与企业沆瀣一气，造成国有资产的大量流失。

（二）关于建设社会信用体系的几点建议

一是各级政府要为建设诚信社会率先垂范。政府的行为，干部的作风，对社会风气影响极大，也对诚信社会的建设起着关键的作用。"上梁不正下梁歪，中梁不正倒下来"。因此，诚信社会的建设必须首先从政府抓起，各级干部要做诚实守信的带头人。

二是制定信用管理的法律和制度，加强相关的立法与执法。参照发达国家的经验，建设社会信用体系，必须要建立信用管理制度，条件成熟时要进行立法。当前最需要的是制定公平使用信息法和建立反不正当竞争法等，其目的在于创造信用公开、信息共享的社会环境。立法工作还应包括信用信息公开法、商业秘密法、零售商管理法、供货商管理法、中介机构服务行为法等。这对诚信建设是十分必要的、不可或缺的。除此之外，还要建立失信惩罚机制，使不守信者受到制裁，加大企业和个人失信的成本，迫使企业和个人重视守信、趋向守信，让守信成为社会活动的通行证。

打造诚信社会，还要搞好公正执法。有必要统一司法的判决和执行，对判决的执行，应由法院负责到底，而且不应该收取任何理由的执行费。

三是促进相关服务行业的建设和发展。为了构建信用担保体系、信用评价体系和信用服务体系，必须鼓励中介信用服务业的发展，特别要推进信用管理协会、信用报告协会以及收账协会的建立和发展。当然，审计、会计、评估、担保、咨询等中介服务机构，对诚信社会的构建也必不可少。需要注意的是，要坚决防范中介服务组织自身的诚信缺失行为，坚决打击中介服务机构帮人制假造假、骗钱骗税的行为，更要严防见钱就给证书，以及评估、奖励的利益驱使。努力增强中介服务机构的责任心，做到记录、评估的真实与公正。

行业协会的功能在于联系本行业的从业者，除了推进行业的自律建设外，还要为同行业提供交流的机会，替本行业维权，为本行业争取合法权益。行业协会要用更多的时间，对本行业的信用管理进行专业教育，举办培训与考试，开展信用管理的课题研究。尤其要在协调企业与政府以及各方面的关系中、在推动行业内的合作和走出去、引进来的国际交流活动中发挥推动作用。

四是加强征信建设，完善信用资料。当前的征信工作，即企业资信调查还很薄弱，信用资料的系统建设急需加强。这几年虽然涌现出一些征信工作机构，也对企业法人单位资信状况进行了专项调查和研究，但仍缺乏权威性和兼容性。由于评价信用工作各自为政，互不统属，曾出现过甲部门的"信用优良户"，在乙单位，可能上了信用不良记录的"黑名单"。为了改变这种情况，必须要完善信用资料的统一记录、统一评估、统一发布。确保信用资料的权威性、兼容性和广泛性。

征信工作所取得的信用资料系统，应该覆盖所有社会经济的主体，包括公、私法人和自然人的相关信用资料。社会信用体系，不仅要反映各类企业、个体经营者的信用记录和征信机构对其所做的资信评价，而且也要反映自然人、政府各机构、银行与其他金融机构的资金实力、信用状况和资信评价记录等。

完善信用资料工作，还要求提高信用资料的权威性和准确性。资料提供者应承担相关的法律责任。完善后的信用资料系统应该对社会开放，使资料得到广泛、有效的运用。

五是强化企业内部的诚信建设与管理。企业是国民经济的基本组成，如果每个企业的诚信建设搞好了，整个社会的信用水平就会上一个大台阶。因此，加强企业内部的诚信建设比什么都重要。由于长期受计划经济的影响，我们的企业管理中，对诚信的建设是缺位的，虽然企业里有很多管理机构，但却极少有信用管理部门。这不仅使企业对客户的信息缺乏了解，而且也缺乏对本企业履约情况的监督，有时也造成违约失信的情况发生。

因此，为了打造诚信社会，减少企业上当受骗的情况和使企业在经营中做到诚实守信，防止和避免履约违规，一定要从企业本身的信用管理抓起，要设立专门机构，或责成专人做好对主、客双方的信用调查和监督。企业要建立客户诚信档案，调查、记录和了解客户的信用状况，特别要加强征信和管理，做好对客户的筛选，将不诚信者淘汰出局。与此同时，企业要时刻了解自身的守信情况，除了及时披露本企业的信息，取得社会的监督外，还要针对本企业在守信方面显现的成绩或问题，进行表彰或问责，同时对企业员工开展诚信教育，提高员工诚信水平。

二、搞好公益慈善事业，助推社会和谐发展①

（1）公益慈善事业是社会和谐发展的需要。慈善事业是社会进步的标志、人类文明的产物，它体现了崇高的人道主义精神。公益慈善事业是一项充满爱心、充满激情的事业，它不仅能够对困难人群的生活起到扶贫济困、救人于水火的重要作用，而且可以更好地提升企业的社会责任感和人们的善意、爱心与互助精神，这对于推进社会和谐和道德建设，以及确立高尚的世界观、价值观、人生观都会产生重要作用。

在社会大家庭中，每个人都有对衣食住行和柴米油盐酱醋茶的生活需求，同时也都会遇到生老病死等问题。对多数人来说，这些需求和问题都会在国家和政府的关照下，得到满足和妥善解决。但是，客观上总会有那么一些人，或因经济社会的发展不平衡，或因一些意想不到的天灾与人祸，而使他们在衣食住行、生老病死方面遇上一些这样和那样的困难和问题。对全局来说，这也可能都是小事，但对某些家庭和个人而言，就可能会成为其过不去的坎。

慈善公益事业，正是立足于解决这些人的特殊问题，为国家分忧、为百姓解难的伟大事业。对政策还覆盖不到或政府的能力还不足以解决的一些人的难题，十分需要有公益慈善事业给予关照和解决。世界上很多国家，都高度重视慈善事业。

我国经过70年的建设，尤其是40多年的改革开放，经济社会的发展产生了巨大变化。中国的经济实力、国际地位得到空前提升。中国的贫困人口也因实施全面小康和推进精准扶贫而大幅减少。

但是，不得不看到，由于发展的不平衡和不充分，我们的国家还有很多贫困人口，即使全部脱贫之后，也还可能会有一些家庭或个人

---

① 本部分为任玉岭2019年在公益新生态发展论坛上的讲话，收入本书时有修改。

或因能力所限或因疾病困扰而返贫。我们是一个大国，还有8500万残疾人。为使这些人的吃穿住行、教育、医疗都能够得到保障和改善，国家设置了城乡最低保障，实行了义务教育，规定了治病医疗的报销比例。在对残疾人的资助方面，我国不仅建立了一批残疾人康复中心，还发行了残疾人福利彩票，这些对解决残疾人的困难发挥了重要的作用。但是也要看到，政府的能力还比较有限。政府对贫困人群和残疾人的关怀和照顾，一是覆盖面还不能达到100%，二是关照补贴也还不能解决全部问题。正因为这样，我们还有不少困难群众，解决他们的问题仍需要依靠公益慈善事业的支持和捐助。慈善捐助，在我们国家是十分需要的，是保障民生和构建和谐社会必不可少的。

（2）做好公益捐助是善举也是责任。我们的社会是要持续发展的，发展过程中很多问题的解决都是需要资金的。如果有条件支持社会发展的企业和个人，不承担社会责任，这个社会就难以持续发展下去。进入21世纪后，我在国务院参事和全国政协常委岗位上也曾向中国企业提出了应尽的8项社会责任建议，得到了企业的重视和关注，我也因此获得了有关方面授予的"中国企业社会责任功勋奖"。我认为企业的社会责任一是要发展、二是要纳税、三是要节约资源、四是要重视环境保护、五是要善待员工、六是要热心慈善、七是要搞好创新、八是要坚持诚信。尽好这8方面的社会责任，不仅可以大大增加企业的效率和效益，而且可以提升企业的品牌和声誉。

在把公益捐助作为企业社会责任方面，我们的企业这些年做出了不少贡献。汶川大地震就有多家企业捐出上亿元的资金。以山东省为例，今天所举办的公益活动中就有很多企业做出了积极贡献：晁玉萍同志讲步长制药这几年捐出了几亿元善款；昨天我们到菏建集团去，李信强董事长当即表示愿意加入慈善事业。但就总体情况而言，我们同国外的企业相比还有较大差距。要缩小这个差距，就要解决认识问题。我们有一些企业家拼命赚钱，是为了住豪宅、求享受、封妻荫子，为了让自己的儿孙升官发财，更好享福；也有不少人是为了移居国外，举家外迁。而一些发达国家的企业家恰恰相反，例如钢铁大王卡耐基认为，人老的时候守着一大堆财富是十分悲哀的，他不认为积累私人财富是好事。我的一个美国朋友熊德龙，他在50岁时，除了将其企业资产拿出一小部分给儿子和女儿继续经营外，剩余的大部分不让别人干预，全部用于慈善事业。熊德龙是印尼人，因被侨居美国的中国人收养，所以他要感恩中国，在中国做了很多公益事业，例如云南大学的科技大楼就是由他捐资建造的。20世纪90年代初，我在北海任副市长时，同熊德龙谈起派干部到美国参观考察开阔眼界而又缺乏资金时，他马上决定支持了100个人到美国考察培训的费用。

当然，在中国也有一些企业家是值得我们学习的。例如香港的邵逸夫先生，一生捐建了几千所邵逸夫学校和逸夫楼，为中国教育事业大发展做出了重要贡献。

也有很多个人是重视公益慈善的。例如，武汉老兵马旭一生省吃俭用，把节约下的1000万元捐给了自己的家乡。这种精神是值得永远弘扬的。但就多数国人来讲，公益慈善的意识仍然不足，公益捐助的习惯尚未形成。中国作为礼仪之邦，应该有底气、有骨气提升我们每个人做公益慈善的社会责任感，使我们社会更和谐，使社会给人的感觉更温暖。

（3）做好公益慈善需关注的几个问题。一是必须改变慈善工作中的权钱交易。金钱第一，金钱至上，导致了贪官污吏的产生和权钱交易的发生。据我观察，我们的慈善事业，在有些情况下也变成了权钱交易的手段。有的人做慈善是要求回报的，有的为升官，有的为发财，更有一些人专门在某些领导在场时作秀。把要好项目、要好地块、要好楼盘，甚至把当政协委员、人大代表、工商联副主席等作为交换条件。

汶川地震后，我在新加坡遇到一个泰国商人，他得知我由中国来，马上拿出5000美元（当时相当于4万元人民币）交给我，让我转交给国家的慈善部门用于对灾区人民的救济。这种不分国别、完全出

于善心的捐助是值得我们学习的。

二是善款的使用需更加公开和透明。很多企业家说，不是他们不愿捐款搞慈善，而是捐款后不知钱到哪里去了。负责募集善款的基金会和协会，需克服为小团体利益服务的倾向，需使善款的用途更加公开和透明，更要防止使用过程中出现腐败行为。我们的慈善资金，应该用在更需要的地方，而不应该拿来搞关系和作为"跑部钱进"的回报。前些年深圳发现了一些善款存在的问题后，有人提出应该公开透明的建议时，有些人却说慈善资金不是政府经费，没必要公开。我认为这种回答是极其错误的，国家也是应该在这方面做出规定的。

三是设立更多的慈善商店，搞好对捐赠物品的收集和转运。一些发达国家都设有慈善商店。这为很多人做慈善捐物搭建了平台，我们也应该提倡和支持在各地兴办更多慈善商店。

四是搭建宣传平台，搞好救助对接。善款、善物的走向不明或出现有钱用不出等问题，主要原因是缺乏宣传平台。例如用于治疗罕见儿童疾病的设施和善款，因缺乏平台，缺乏宣传，而较难把钢用在刀刃上。山东省以媒体人为主，组建了慈善基金和民政卫生专家联盟，搭建平台，通过大型公益活动的宣传实现供需对接。这不仅让很多贫困家庭的患儿找到了资金和医院，而且使捐资人看到了资金的走向和价值，对大家都来做慈善起到了推动作用。

附　录

著作等身　书法更强

　　人们常用著作等身来形容一个人的成就，任玉岭就是其中一位。他写下的手稿有3米多高，出版的著作摞起来可以到胸部。其中，科技领域的著作有《石油发酵》《发酵与微生物》《利用生物净化环境》《人类的敌人和朋友》《天涯奇梦》《国家科学技术成果报告》《生物技术在中国》《跨世纪科技》《科学技术的今天与明天》，参与撰稿的有《2000年的中国》《大百科全书生物卷》等；经济领域的著作有《任玉岭谈经济》《任玉岭访谈录》《大国民生》《任玉岭论三农》《任玉岭智库文集》《中国政府参事论丛·任玉岭文集》《任玉岭讲演集》《任玉岭论民生》《任玉岭建言城市化》《政协委员风采录·任玉岭》《资源节约与环境友好型社会建设》；此外，还有《我爱北海》《媒体眼中的任玉岭》《中国近现代名家书法集·任玉岭》《中华三百名城颂》《新编中华三百名城颂》《任玉岭中华三百名城颂高嘉小楷集》《当代艺术名家任玉岭》《任玉岭狂草·怀素自叙帖》《任玉岭草书诸葛亮前出师表》《盛世中华传世名家任玉岭作品精选》《任玉岭书法集》《七十年七大名家》《中国书道》《中国书画领军人物》《中国书法五大名家》《中国艺术传承人物》等多种，主编有《国家智库》《中国智库》《中国沿海科技与经济》等。

一 "共和国第一部书法大红袍"

中华人民共和国成立70周年之际，天津人民美术出版社出版了《中国近现代名家书法集·任玉岭》一书，该书的封面用烫金大字写着"共和国第一部书法大红袍"。

《中国近现代名家书法集·任玉岭》书影

"大红袍"是天津人民美术出版社出版的系列画集的别称，后成为有一定影响力的图书品牌。任玉岭之前，"大红袍"系列多为书画作品。《中国近现代名家书法集·任玉岭》卷，是第一部天津人民美术出版社出版的书法"大红袍"作品。

任玉岭草书作品

中国的书画艺术博大精深、人才荟萃。几十年来，天津人民美术出版社推出了一些"大红袍"专著；而书法方面，由于种种原因，一本"大红袍"也没出版。为庆祝中华人民共和国成立70周年，天津人民美术出版社推动"书法大红袍"的出版。他们同有关方面探讨和研究之后，根据专家推荐，将出版"共和国第一部书法大红袍"的荣耀落在了任玉岭身上。2018年初夏开始，任玉岭边创作，出版社边排版，在双方共同努力下，于共和国成立70周年前夕，出版了《中国近现代名家书法集·任玉岭》。

在这部书的发布仪式上，300多位书界名家、各级领导和书法爱好者到场。面对各方面的关心和赞扬，任玉岭谦虚地讲道，他并不是书法艺术的专业从业者，他的作品能成为"共和国第一部书法大红袍"，要感恩国家、感恩时代、感恩书法界老一代名家的指导与举荐，同时也离不开上小学期间老师的严格要求与自己的长期训练。

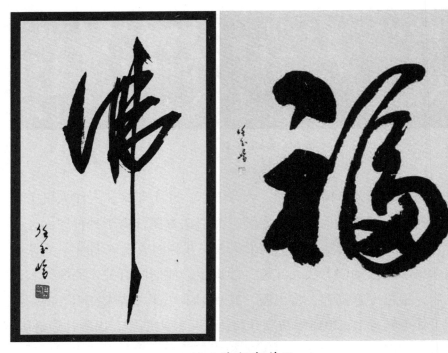

任玉岭行书作品

任玉岭隶书作品

任玉岭是学理工科的，参加工作后，一直忙于本职工作，几十年中，很少有机会动笔写书法。而他今天能成为出版"书法大红袍"

的第一人，是与他的"童子功"和后来的丰富阅历、广博学识等分不开的。

任玉岭出生于农村教师之家，父亲当过教师，抗日战争时期开办过农民夜校，喜欢为人画像和写书法。他的父亲还自学成为中医大夫，经常给穷人看病。这样的家庭环境，不仅塑造了任玉岭的家国情怀，而且使他对翰墨充满了情感。特别在1943年至1948年读小学期间，他天天写大仿和小楷，日复一日的练习和老师的严格要求，使任玉岭打下了书法的"童子功"。

20世纪90年代初，任玉岭进入全国政协特别是进入国务院参事室后，常同中央文史馆的书法大家一起学习、交流。在同吴冠中、欧阳中石、侯德昌等大家的交往中，他受到很多启发和鼓励。2007年任玉岭借夫人上老年大学习字和习画所用的笔墨及教材等，开始了书法创作。在没时间临帖的情况下，他就买来各家的书法单行本或合订本，读帖。正是因为幼时的功底和读帖逾百的收获，使任玉岭创作的作品笔走龙蛇，气夺山川。

任玉岭行书作品

任玉岭行草作品

　　2009年，人民美术出版社国庆60周年进行书画征稿，任玉岭成为征稿对象之一。任玉岭书法专集出版后，出版社又从中选出10人的作品出版了合订本，任玉岭的作品也被选入。之后，任玉岭又得欧阳中石先生"知己相知相会"的赠字，还曾与吴冠中先生有过交谈，这些都使他充满了写好书法的信心和决心。

任玉岭行草作品

任玉岭狂草作品

这部"共和国第一部书法大红袍"收录了任玉岭160多幅书法、4幅画、42方印章，还载有评论家写的《下笔走龙蛇，气势夺山川》的评论文章和任玉岭《书之妙道，神采为上》的代序文章。

在《书之妙道，神采为上》代序中，任玉岭向书法爱好者讲述了写好书法的5点体会：（1）了解一点书法的历史知识，选好学书法的目标定位；（2）选好文房四宝，用好书法创作的基本条件；（3）端正姿势，用好手、腕、心，确保运笔自如和线条有力；（4）学好用好辩证法，方能千姿百态美妙潇洒；（5）搞好传统的继承，让创新根深叶茂。

任玉岭草书作品

任玉岭收录在"共和国第一部书法大红袍"中的作品，有甲骨文、篆书、楷书、隶书、行书、草书和狂草，有大楷、小楷、榜书，有扇面、斗方，涵盖了书法艺术的多个方面。

中国书法源远流长、博大精深，是中国传统文化的精粹，也是中国文化的瑰宝。任玉岭曾说，语言文字是国家和民族的根基，是讲好中国故事、传播好中国声音的载体。随着中国的崛起和中华民族的伟大复兴，中国的文字包括书法，一定会走向世界，进一步发扬光大。

任玉岭向前联合国秘书长潘基文赠送书法作品

　　正是这种民族自信、文化自信，使任玉岭对书法艺术情有独钟，不断钻研和练习。他不仅获得了"辛亥革命100周年书画展"金奖、"中国当代书画百家辉煌成就展"金奖、"海峡两岸书画名家交流展"金奖，阿斯塔纳世博会文化艺术金奖，还获得了"红色艺术家""红色书法家""国家一级书法师"等称号，并成为中国书法协会会员、中国书画家协会名誉主席。

任玉岭榜书作品

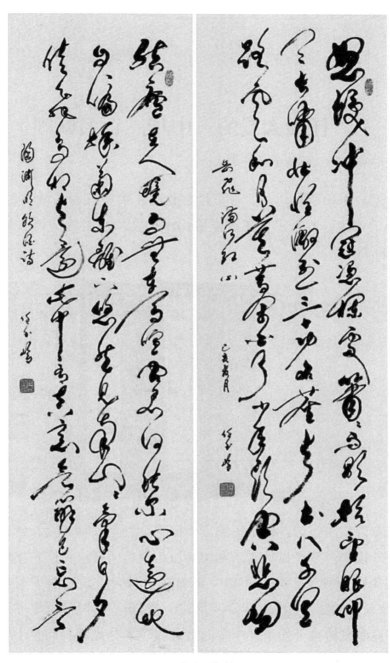

任玉岭狂草作品

二 抒发大爱的《中华三百名城颂》

由解放军出版社出版、任玉岭创作的《中华三百名城颂》，是两册一套的诗集，收录了任玉岭讴歌山水人文历史名胜的诗歌300首，涉及300个城市。

这套诗集出版后，被中国阅读学研究会副会长甘其勋教授推荐为校园课外读物。基于市场需求和增补城市篇目的要求，广东出版集团广东人民出版社予以修订再版。再版时更名为《新编中华三百名城颂》，收录诗的数量达328首，涉及326个城市。再版后，该书不仅由中国扑克收藏协会开发了《中华三百名城颂》扑克牌，而且中国李杜文学网、中国报道网、中国互联网新闻网还分别进行了连载，任玉岭也被推选为李杜文学社名誉主席。

国务院原参事室主任、全国政协常委陈进玉为该诗集所写的序言中说：通读了任玉岭所作的《中华三百名城颂》后，感觉到字里行间流露出的是两个关键词，那就是对国家和人民的"大爱"和"责任"。陈进玉写道，任玉岭的诗集是国务院参事精神的写照，国务院参事"胸怀天下，情系百姓""追求真理，敢于直言""淡泊名利，甘于奉献"的参事精神跃然纸上。他进一步指出，"任玉岭的诗是他心中大爱的抒发，体现了他对祖国大好河山的深爱之情。每一首诗都能让人们领略到一座座城市的悠久历史、迷人风光、杰出人物和今日风采。"

中央文史馆馆员、著名作家老舍之子，时任中国文学馆馆长舒乙对任玉岭这部诗集评价道：任玉岭的每一首诗都是那么朗朗上口，通俗易懂，而且引人入胜。他还指出，任玉岭为了便于读者读懂每一首诗，还特地进行了详细注释，不愧是一部了解各个城市的历史资料集。舒乙认为，"任玉岭所作《中华三百名城颂》诗集是前人不曾做过的，它不仅有创新价值，更因其能够紧贴群众、紧贴实际、紧贴生活，使广大百姓喜闻乐见。因此，这三百首诗将会以其特有的内涵和韵味引起读者的关注，而且会作为文化的创新产品而得以传承。"

任玉岭20世纪50年代在高中学习诗词时，对诗歌产生了兴趣。大学读书时，他因读过苏联马雅可夫斯基的诗集和我国当代诗人郭小川的作品，受其影响，写过一些自由体诗。例如，他为庆祝中国共产党成立90周年写下的《九十年啊，不平凡——为庆祝九十周年而作》，显示了他诗作的风格。

《中华三百名城颂》的灵感，来源于他的书法创作。2009年国庆60周年之际，人民美术出版社出版他的书法集时，希望他创作100幅作品，他就写了很多自己熟悉的李白、杜甫和毛泽东的诗句。一次偶然的想法，他觉得应该自己写一些诗歌作为书法创作的内容。于是，他从2009年开始，结合自己出差开会和调研的经历，用了5年的时间写下了歌颂这300个城市的诗篇。

任玉岭讲，这300首诗的创作用了大约5年的时间，但他的基础远不止5年。诗中所写的300个城市的山水、人文、历史、景观多是他工作50多年来伴随着调研、考察、学习、交流等接触和认识的。正是因为他跑得多、看得多，时间久、感受深，才孕育了创作的激情和灵感。

他对一些城市的接触从20世纪五六十年代就开始了，有些城市他去过几十次、上百次，这些城市的变化就像一幕幕电影留在他的脑海中，让他为之赞美，为之感动。任玉岭说，深圳这个地方，他从1982年第一次看到它，至今已到过100次左右，一个当初仅有一条街道，并被群山和大海包围的渔村小镇，怎样一天天变为国际化大都市的过程都在他的脑海中。事实上，中国的很多城市都是这样由无到有、由小变大，进一步变绿、变亮、变繁荣的。这是任玉岭诗兴大发的背景。

如前面所讲到的，任玉岭认为要实现中华民族的伟大复兴，必须推动文化软实力的提升。正因为这样，任玉岭十分重视对中华优秀传统文化的挖掘和传承。在他看来各个城市的山水、人文、历史、景观都是中华文化的瑰宝，只有让这些广布于大自然和珍藏于博物馆的文化都活起来，为人所知晓、为人所重视的时候，才能更好地确立正确的历史观、国家观、民族观、文化观，才能讲好中国故事，传递好中国声音。

三　任玉岭收藏及作品展览馆

任玉岭做人低调，从没想过搞什么自己的展览馆。在地方的强烈要求下，他在河南信阳、北京昌平、浙江长兴和厦门翔安捐建了4个"任玉岭收藏及作品展览馆"。

2011年，河南信阳职业技术学院校舍落成时，校长梁其贵慕名找到任玉岭说，学校图书馆有4个上千平方米的展馆，除校史、科技、文化3个展馆外，还有1个馆空在那里，希望任玉岭能为学校3万名师生的文化教育考虑，支持他们建一个书法艺术展览馆。任玉岭是1957年由信阳走出河南到南开大学学习的。高中时期的学习经历，使他对信阳有着深厚感情。任玉岭决定把自己的收藏品和部分书法作品捐给这个学校。后定为"任玉岭收藏及作品展览馆"，沈鹏和欧阳中石两位大师分别题写馆名。

任玉岭是一个有心人，几十年中，有意无意地积累下很多纪念品，例如邮票、布票、粮票、各国货币、硬币、城市地图等，甚至蒙、藏等民族赠送的物品达100件以上；又如各种请柬、证书、聘书、贺卡、胸卡、桌签等，都是数以百计，以及一些在朋友交往中的书画作品等。任玉岭整理出78箱展品，找来一辆物流卡车，自己跟卡车，由北京运到信阳，赠给了学校。他同夫人一起，参与了近20天布展工作，在信阳职业技术学院110周年校庆那一天，"任玉岭收藏及作品展览馆"正式开馆。

任玉岭收藏及作品展览馆（信阳馆）

　　任玉岭收藏及作品展览馆在信阳市开幕时，国务院参事、原农业部部长刘坚出席了开幕式，教育部一位副部长、河南省两位副省长都到会祝贺，沈鹏、欧阳中石题写展馆牌匾，中国文物协会、全国任氏宗亲会也把这里作为协会文化教育基地，并赠送了铜牌。

　　该馆展品除了前面提到的各种纪念品外，还包括一大批书画作品，如郭沫若、连战、王光英、赵朴初、陈宗兴、沈鹏、欧阳中石、刘大伟、刘文西、范曾、钮茂生、陈虹、田夫、杨留义、贾平凹、侯德昌、舒乙、曹明冉、倪萍、黄璜、杨建臣及谷善庆、张文台两位上将等人的作品。

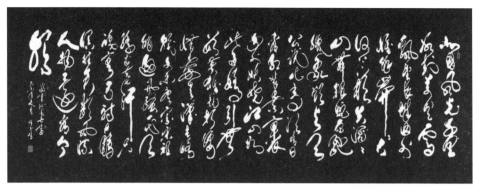

信阳馆藏品：任玉岭书法作品《沁园春·雪》

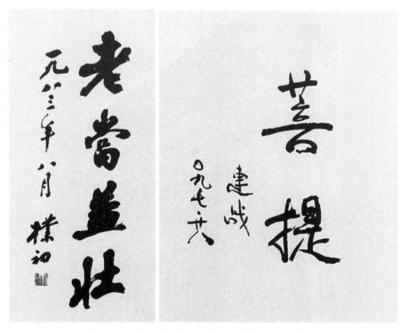

信阳馆藏品：全国政协原副主席赵朴初书法作品及
国民党原主席连战书法作品

　　信阳展馆开馆后的第四年，任玉岭又收到来自全国很多书画名家
给他的交换作品。任玉岭看到这些作品，并想到国家对发展文化事业
的支持和鼓励，决定在北京再搞一个展览馆。在很多朋友的支持下，
昌平的富来宫温泉会议中心主动提供了1000平方米的展厅，承办这个

展览馆，让更多人受益。

经过任玉岭的一番努力，300多幅书画作品和一批新的纪念品很快安排妥当。2017年6月正式开馆时，本来仅邀请了150人出席，没想到到会400多人，包括16位部长、21位将军，全国政协张梅颖副主席和陈宗兴副主席及国务院参事室副主任也特意到会祝贺。有些人从山东、河南、安徽、天津不辞辛苦远道赶来，使任玉岭对做好展馆工作更感责任重大，使命光荣。

任玉岭收藏及作品展览馆（北京馆）

在北京昌平的任玉岭收藏及作品展览馆中，名家作品馆藏众多，有潘天寿、张大千、刘墉、冯国璋、弘一法师的传世之作，还有任

伟、任鉴易、刘宇一、杨留义、刘坚、陈虹、赵朴初、范曾、沈鹏、
欧阳中石等众多名家作品，全国政协副主席陈宗兴、上将谷善庆，
乃至台湾新民党主席宋楚瑜都为该馆赠送了作品，中国剪纸传承人
宋宝树还为这个展馆送上了多幅剪纸作品。这些都提升了这个展馆
的影响力。

北京昌平馆开馆不到半年的时间里，浙江湖州长兴的一个小镇，
给任玉岭寄来了一封由300人签名并按红手印、代表着3万多名群众
的一封信，恳求任玉岭支持他们在这个旅游小镇上建一家"任玉岭
收藏及作品展览馆"。而在任玉岭表示拒绝的信件寄出不久，对方又
寄给他80个刻有任玉岭书法的紫砂壶，让任玉岭陈列在已建成的展
览馆。在这种情况下，任玉岭盛情难却，便答应了对方。经过一年
多的努力，任玉岭捐献收藏品及作品400件，在1300平方米的展厅
内完成了布展，其中包括张学良、丁玲等数十位名家的作品。

任玉岭收藏及作品展览馆（长兴馆，又名"中国任玉岭艺术馆"）

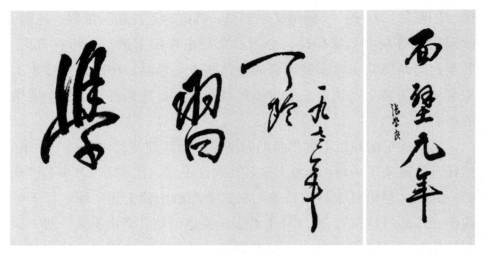

长兴馆藏品：丁玲及张学良书法作品

之后，厦门翔安的同志在浙江长兴参观后，也像长兴一样，提出了建馆要求。经过任玉岭多方征集和创作，厦门馆业已完成布展。

任玉岭收藏及作品展览馆（厦门馆）

现在仍有一些地方，希望任玉岭捐建收藏及作品展览馆。因此，任玉岭创作和收集展品的工作尚在进行之中。祝愿他用辛勤劳动和团结书画界朋友合作创造的优势，再创新的辉煌。

信阳馆藏品：著名画家王志财作品《疑是银河落九天》

信阳馆藏品：中国台湾国画大师葛宪能作品

信阳馆藏品：著名主持人倪萍作品

信阳馆藏品：国画作品《宁可直中取，不向弯中求》

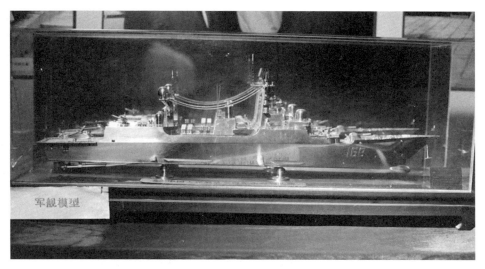

信阳馆藏品：中国海军军舰模型

信阳馆藏品：日本工艺品和泰国工艺品

北京馆藏品：著名书法家石松作品《沁园春·雪》

北京馆藏品：著名画家刘文西作品《黄土地的老人》

长兴馆藏品：朝鲜画家作品

任玉岭书法作品